中国 2049

走向世界经济强国

姚洋 〔美〕杜大伟（David Dollar） 黄益平 ◎主编

北京大学出版社
PEKING UNIVERSITY PRESS

图书在版编目(CIP)数据

中国 2049：走向世界经济强国/姚洋，(美)杜大伟，黄益平主编.—北京：北京大学出版社，2020.8
ISBN 978-7-301-27812-3

Ⅰ.①中… Ⅱ.①姚… ②杜… ③黄… Ⅲ.①中国经济—经济发展战略—研究 Ⅳ.①F120.4

中国版本图书馆 CIP 数据核字(2020)第 119005 号

书　　　名	中国 2049：走向世界经济强国 ZHONGGUO 2049: ZOUXIANG SHIJIE JINGJI QIANGGUO
著作责任者	姚　洋　〔美〕杜大伟（David Dollar）　黄益平　主编
责任编辑	徐　冰
标准书号	ISBN 978-7-301-27812-3
出版发行	北京大学出版社
地　　　址	北京市海淀区成府路 205 号　100871
网　　　址	http://www.pup.cn
微信公众号	北京大学经管书苑（pupembook）
电子信箱	编辑部：em@pup.cn　总编室：zpup@pup.cn
电　　　话	邮购部 010-62752015　发行部 010-62750672　编辑部 010-62752926
印　刷　者	北京宏伟双华印刷有限公司
经　销　者	新华书店
	730 毫米×980 毫米　16 开本　23 印张　333 千字 2020 年 8 月第 1 版　2024 年 12 月第 6 次印刷
定　　　价	108.00 元

未经许可，不得以任何方式复制或抄袭本书之部分或全部内容。
版权所有，侵权必究
举报电话：010-62752024　电子信箱：fd@pup.cn
图书如有印装质量问题，请与出版部联系，电话：010-62756370

2049 年的中国

(代序)

北京大学国家发展研究院、
美国布鲁金斯学会联合课题组

姚 洋 〔美〕杜大伟 黄益平

党的十五大报告首次提出"两个一百年"奋斗目标。此后,十六大、十七大、十八大均对这个目标做了具体的安排,十九大报告则进一步清晰地擘画全面建成社会主义现代化强国的时间表、路线图:在 2020 年全面建成小康社会、实现第一个百年奋斗目标的基础上,再奋斗 15 年,在 2035 年基本实现社会主义现代化;从 2035 年到本世纪中叶,在基本实现现代化的基础上,再奋斗 15 年,把中国建成富强民主文明和谐美丽的社会主义现代化强国。从目前的进程看,我们达成第一个百年奋斗目标,已经是一个大概率事件,2010—2018 年,年均 GDP 增速达到 7.4%,而且到 2020 年,中国将彻底消灭贫困。但是要达成第二个百年奋斗目标,中国还面临许多挑战与不确定性。

1978 年,也就是中国刚刚开始实行改革开放政策的时候,人均 GDP 只有 230 美元,是全世界最贫穷的国家之一。到 2018 年,人均 GDP 上升到 9 770 美元,进入了中高收入水平国家的行列。改革开放这 40 年间,GDP 平均增速达到 9.3%,今天的中国已经是全球第二大经济体。根据作者团队的预测,如果按购买力平价计算,目前中国人均收入大概是美国的四分之一(按市场汇率计算则是 15% 左右),到 2049 年这个比例可能上升到三分之二。但是,从中等收入国家走向高收入国家的路径可能与之前从低收入国家到中等收入国家所走的路径很不一样,上面这个预测是基于一系列假设条件而做出的。要让这个预测成为现实,还需要相对良好的内外部环境,特别是一些关键领域改革措施的顺利推进。

本书的主要目的是深入分析未来 30 年中国在实现第二个百年奋斗目标的进程中将会面临的新挑战,从第二章开始的十五篇文章分别考察了中国经济的不同部门与不同方面可能将经历的转变。虽然每篇文章的结构各有差异,但它们会尝试回答下面三个共同的问题:首先,**什么因素促成了过去 40 年中国经济的巨大成功?** 其次,**中国经济在进一步崛起的过程中将面临哪些新的挑战?** 最后,**政府应该采取一些什么样的政策与策略以保障中国平稳地走向世界经济强国?**

一、经济成就的贡献因素

1949 年中华人民共和国成立以后,政府采取了一系列的战略举措推动中国经济的现代化,包括从 20 世纪 50 年代中期开始实施的社会主义改造与城市工业化。在改革开放之前的 30 年间,尽管中国一度也实现了较快的经济增长,但当时的计划体制在提高人民收入、改善人民生活方面基本上是不成功的。因此,政府在 1978 年决定开始实施改革开放政策,中国经济因而有了翻天覆地的变化。在改革开放的头 30 年,中国年均 GDP 增速达到 9.8%,有的学者将这个惊人的经济增长誉为"中国经济奇迹"。

那么,究竟是什么因素促成了改革开放以来中国经济的巨大成功?最重要的因素应该就是**改革政策**,或者说从中央计划体制向自由市场经济的过渡。这个转型极大地改善了经济资源的配置效率与技术效率。比如,20 世纪 80 年代初在全国推广的家庭联产承包制,在保留土地集体所有的前提下,将农业生产的剩余索取权赋予农民,这样农民的努力就直接与回报挂钩,这大大提高了人们的生产积极性,在短期内大幅提高了粮食与其他农产品的产出。再比如,大量的农村剩余劳动力转移到城市,短时间内既提高了劳动生产率,又为城市劳动密集型制造业的扩张提供了源源不断的廉价劳动力,促进了工业生产的持续扩张。在中国 1996—2015 年间的 GDP 增长中,全要素生产率的贡献占到了 40%。

与改革政策相关的另一个因素是**开放政策**,即中国快速地融入世界经济体系。中国的经济改革正好与世界经济的全球化同步发生,这使得中国经济能够深度参与国际劳动分工。依赖低成本优势,中国经济迅速崛起成为全球最重要的出口大国之一,特别是在全球劳动密集型制造品市场。中国出口占 GDP 的比例从 1978 年的不到 10% 上升到 2007 年的 37%。并且,在 1993 年之后的近 20 年间,中国一直是全球接受外国直接投资最多的国家之一。中国在 2001 年加入世界贸易组织(WTO),这不仅大幅降低了贸易与投资壁垒,还大大加速了国内的经济体制改革。总之,中国是全球化的主要获益国家之一,世界经济特别是发达经济体为中国的经济发展提供了庞大的出口市场、大量的投资资金及先进的生产技术。

其他一些因素对中国经济的成功也提供了重要的支持。一是**有利的人口结构**。在改革开放期间,中国经历了两个"人口红利"阶段:第一个阶段(1976—1990)正好与改革政策同步,而第二个阶段(2000—2010)则恰好与加入 WTO 同步。二是**高储蓄率与高投资率**。改革开放时期的高储蓄率可能与一些因素高度相关,比如,如生命周期假说所指储蓄率通常与经济增长率成正比,有利的人口结构即不断降低的抚养比(被抚养人口与劳动人口之比),东亚共同的文化与习惯,以及因社会福利体系的缺失而形成了预防性的储蓄等。而高储蓄率直接导致了高投资率,从而大大促进了中国的资本积累与技术进步。三是**稳定的宏观与金融环境**。中国在改革开放期间比较成功地保持了宏观经济稳定,具体反映为经济增长、通货膨胀与外部账户失衡等指标的低波动率。改革开放以来的 40 年中,中国是唯一一个没有发生过系统性金融危机的大型新兴市场经济体。稳定的宏观与金融环境提高了投资者信心,改善了经济效率。四是**改革前建立的经济基础**。尽管在改革开放之前的 30 年中,中国的经济表现不尽如人意,但在那段时期建设的基础设施、所形成的完整的城市工业体系、普遍提高的教育水平及实现的男女相对平等等因素,都为 1978 年之后的经济发展打下了有利的基础。

二、理解改革政策

在实现惊人经济成就的同时,中国经济确实也还存在一些令人困惑的现象。在经过 40 年的市场化改革之后,中国的经济政策与制度与成熟市场经济体相比，仍然存在十分明显的差异。比如，虽然国有企业在经济中的比重从改革初期的80%下降到目前的20%，但它们仍然在一些重要经济领域特别是部分服务业和上游产业占据主导地位。政府依然在几乎所有的金融领域实行政策性干预，包括利率、汇率、资金配置及跨境资本流动。在2015年有数据的130个国家与地区中，中国的金融抑制指数（反映政府干预程度的一个指数）排在第14位。与自由市场经济相比，中国的政策干预更为普遍，这类干预常常被一些学者认定为经济低效的根源，甚至被贴上"国家资本主义"的标签。实际上，政策干预也是目前中美贸易冲突的焦点问题之一。

那么，为什么中国政府没有选择以更快的速度消除政策扭曲、走向完全自由的市场经济呢？要理解这些干预政策的动机，必须首先回到改革初期所采取的改革策略上来。苏联与东欧国家转型采取的是所谓的"休克疗法"，即在改革的起点，彻底取消中央计划体制并推动国有企业私有化。不幸的是，这个策略往往导致改革初期的产出崩溃甚至社会混乱，原因就在于一个经济无法在一夜之间一步到位地走向市场经济，市场机制的形成与成熟是一个相对漫长的过程。与之相对应，中国政府在改革开放期间所采取的是"双轨制"的渐进的改革策略，即继续支持国有企业，同时也为民营企业的发展创造更宽松、更有利的环境。这一策略可能会带来一些效率损失，因为国企的效率要低于民企，但它却能够保证转型阶段中国的经济与社会稳定。

这个"双轨制"改革策略派生出了中国特殊的"不对称的市场化"格局：一方面，产品市场几乎完全放开，农产品、制造品和服务的价格都是随行就市，由供求关系决定。另一方面，在生产要素市场，特别是资本、土地和能源市场，依然存在大量的政策干预。这些干预的目的是变相地补贴国有企业，保证"双轨制"改革策略的落地。国企效率比较低，需要外部补贴，但财政没有多余的资源补贴国企，政府就通过干预要素市场，比如国有商业银行将大量的廉价资金配置给国有企业，其实就是一种变相的补贴。这是理解市场化改革期间仍然存在大量政策干预的一个重要逻辑。

有意思的是，这些看上去会造成严重效率损失的政策扭曲，并没有影响改革开放时期的经济发展与金融稳定。一方面，这可能是因为在改革开放期间，政策干预的程度实际上是在不断降低的，也就是说市场化的程度也在不断提高，只是速度比较缓慢而已。比如，中国的金融抑制指数从1980年的1（完全计划体制)降到了2015年的0.6(表明金融市场化大致走完了一半的路程),与之相对比,俄罗斯的金融抑制指数从1990年的1降到了2015年的0.4。另一方面,一些政策干预甚至还发挥了积极的作用。比如,在特殊情况下,国企能够采取一些逆周期的措施,帮助政府稳定宏观经济。实证分析还发现,在20世纪80年代,抑制性的金融政策让中国GDP的增速提升了0.8个百分点,这主要是通过有效地将储蓄转化为投资、支持投资者信心实现的。与实行"休克疗法"的转型国家相比,中国经济的表现要好许多,原因就在于,如果市场机制还不成熟,那么适度的政策干预可能是利大于弊的。

这个中国经验揭示了一条重要的启示:**不要带着教条主义甚至意识形态的有色眼镜看待政策干预**。事实上,**任何政策都是既有正面效应又有负面效应的,政策分析与决策的关键是实事求是地看成本效益分析**。政策干预可以发挥积极作用的原因很简单,因为存在市场失灵,而市场失灵的现象在转型国家更为常见,因为市场机制的成熟是一个渐进的过程。不难想象,如果中国政府在1978年就彻底放弃对金融体系的政策干预,那么在过去40年里中国一定会经历很多次的金融危机。即便在成熟市场经济国家,"市场失灵"现象也绝非罕见。

与此同时,我们也需要时刻记住,**中国经济在改革开放期间取得成功的最根本的推动力量是"市场化改革",而非政策性干预**。如果简单化地将中国过去的经验解读为"干预是个好东西",那就大错特错了。在过去40年间,中国经济一直在稳步地向市场经济靠拢,只是在不同的阶段往前走的步伐不一样。另外,政策干预的成本效益也会发生动态改变,因此决策也要与时俱进,制定灵活的政策来应对。比如,实证分析发现,进入21世纪以来,抑制性金融政策对中国经济增长的影响已经由正转负,这表明进一步推进国企改革与金融市场化已经成为非常迫切的任务。

三、新的经济挑战

考察过去40年中国宏观经济的表现,就会发现2008年全球金融危机是一个重要的转折点。在2008年之前,中国经济实现了快速经济增长,保持了基本金融稳定,同时也形成了严重的经济结构失衡。但在2008年之后,经济增速持续下降,金融系统性风险不断上升,而经济结构却实现了再平衡。有的专家把全球金融危机之后中国经济的表现归纳为所谓的"经济新常态",当然这个转变还在进行之中,也许还将延续几十年。"经济新常态"是一个复杂的经济现象,但关键的启示十分清晰:**未来的经济发展轨迹将会显著不同于过去**。这个转变在很大程度上是由一系列关键性的新挑战所决定的。

第一个挑战是经济增长模式从要素投入型转向创新驱动型。在改革开放的头几十年,中国经济一直拥有显著的低成本优势。只要大量的劳动力持续地从农村流向城市,城市的劳动成本就会一直保持在较低的水平,城市制造业就可以不断地扩张。但问题是,现在农村剩余劳动力已经接近枯竭,人均 GDP 也达到了中高收入水平,因此,现在只能依靠产业升级支持经济持续增长,这就是所谓的"中等收入陷阱"的挑战。随着中国丧失低成本优势,出口占 GDP 之比与工业占 GDP 之比已经双双下降。将来的增长只能靠创新与产业升级。但一个关键的问题是:中国有创新能力吗?

创新能力的提升是多方面因素共同作用的结果。第一个因素是人力资本的积累。虽然中国的大学每年都培养数百万的理工科大学生,但两亿多农民工的平均文化程度只有初中毕业,这在将来可能造成十分严重的劳动市场供求不匹配的问题。一方面,越来越精细化的产业需要越来越多的高技能人才,而另一方面,大量的农民工都是低技能的劳动力。第二个因素是与创新匹配的金融服务。当前的金融体系似乎更擅长支持粗放式的、低端制造业的扩张,因此,金融必须实现转型,有效支持轻资产、小规模的创新型民营企业。第三个因素是知识产权保护。如果知识产权不能得到很好的保护,创新就会失去动力,而这也是目前中美贸易冲突的焦点问题之一。第四个因素是好的产业政策。产业政策可能是必要的,但当前常用的包括大量的补贴与直接挑选胜出者的做法,效果并不好,有时候甚至还起反作用。

第二个挑战是人口老龄化。大概在 2010 年前后,第二轮的人口红利开始让位于人口老龄化,当时的人口抚养比大概是 36%。劳动人口的减少与人口抚养比上升,应该也是 2010 年以来 GDP 增速持续下行的一个重要原因。但人口老龄化的过程才刚刚开始。根据我们的预测,到 2049 年人口抚养比可能会上升到 66%,"最老的老年人口"的比例会大幅提高。2019 年到 2049 年,劳动年龄人口起码会减少 1.7 亿。人口老龄化特别是"未富先老"可能会带来一些重大问题,包括劳动供给减少、消费需求减弱、储蓄率下降及养老金缺口大幅扩大等。

本书指出了一些有效应对人口老龄化问题的策略。目前正逢第四次工业革命之际,如果能够有效地利用人工智能与机器人,起码可以替代2亿以上的劳动力,基本抵消劳动人口减少带来的负面影响。当然,机器替代人的过程不会是一个平衡的过程,对于女性、老年和低技能工人的冲击会更大一些。中国的城市化还有很大的潜力,鉴于目前城市居民的人均消费大概是农村居民的两到三倍,如果目前56%的城市化率能够在2049年提高到80%,那么就可以大大提升中国国内的消费需求,消除老龄化造成的消费疲软绰绰有余。老龄化造成的最难以应对的可能挑战是养老金缺口。根据本书的分析,目前养老金缺口已经达到GDP的2%,如果现有模式不改变,这个缺口很可能会在10年内达到10%。因此,政府、企业与个人需要采取主动的措施收窄未来养老金的缺口。

第三个挑战是逆全球化趋势。虽然在过去40年,中国是全球化的最大受益者之一,但几乎可以肯定的是,未来30年,中国经济增长无法再像过去那样高度依赖外部市场的支持。一方面,中国已经从小国经济上升为大国经济,这意味着不管中国做什么,都会对世界市场造成很大的"溢出效应",也就是通常所说的"买什么,什么贵;卖什么,什么便宜"。所以,中国的政策将面对其他国家的反应方程。未来不可能长期保持过去20%—30%的出口增长速度。另一方面,自2008年全球金融危机以来,一些主要市场经济国家特别是美国,出现了逆全球化倾向,出台了很多贸易保护主义的政策。最初可能是因为虽然全球化带来了普遍的效率提高与收入改善,但一些特定领域、家庭却在全球化的过程中受到了冲击,也没有得到很好的补偿。可以肯定的是,未来全球市场的开放度不会再像过去那么高。

当前的中美经济冲突还包含一个新的维度,即守成大国与新兴大国之间的矛盾。中国的国际经济政策主要包括两个方面的内容,一是经济开放,特别是开放服务业。中国虽已兑现了当年加入WTO时所做出的市场开放包括金融开放的承诺,但不可否认的是,考虑到中国不断提高的经济发展水平以及经济规模,经济开放度确实明显偏低。中美贸易冲突也提出了一个新的问题:中国的经济体制将会变得更加开放还是走向相对封闭?二是参与国际经济治理,包括WTO与国际货币基金组织(IMF)。中国也在推动落实自己的一些政策意图,包括人民币国际化、亚洲基础设施投资银行及"一带一路"倡议等。其实,最为关键的问题是,中美是将达成新的合作共识,还是将走向更为全面的冲突甚至对抗。中美双方的大多数专家都认为最可能的情形是"局部脱钩",而不是全面冷战。问题是,"局部脱钩"可能不是一个稳态均衡,比如高科技脱钩很可能延伸到金融脱钩甚至原材料脱钩。

除了上述三大主要挑战,中国经济在未来 30 年还将面对许许多多、大大小小的其他矛盾,其中之一是**环境与气候变化的挑战**。在中国改革开放的大部分时期,实际采用的环保标准一直比较低,这可能在一定程度上提升了经济增速。随着经济不断开放,一大批污染相对比较严重的企业搬到中国来生产,形成了所谓的"污染天堂"现象。在中国加入 WTO 之后的几年间,出口、污染及碳排放都呈现了加速增长的态势。有经济分析表明,环境破坏与资源枯竭所造成的经济成本可能已经达到 GDP 的 10%,水与空气的污染还严重危及健康。所有这些都会在未来几十年里对中国经济增长模式造成显著影响,包括增长速度、增长结构及增长质量。对此的政策应对将在很大程度上决定未来中国经济的走向。

对创新依赖程度的提高、老龄化、世界经济的开放度降低及对绿色增长模式的追求,都意味着未来几十年经济增长的速度还会不断放慢,增长模式需要彻底转型。中国在改革开放 40 年间所积累的许多经济技能也许就不再有用,过去做得好的很多行业现在已经难以为继。过去几十年,中国经济的高速增长主要依靠出口与投资两驾马车,消费一直比较疲软,现在这个增长格局已经无法持续。

四、预测与政策建议

根据我们的预测,到 2049 年,中国的 GDP 增速可能会放缓到 2.7%—4.4%。但这实际是一个相对乐观的预测,因为到那个时候,按照购买力平价计算的中国的人均 GDP 可能会达到美国的三分之二(按市场汇率计算的人均 GDP 之比可能会略低一些)。如果这个预测大致准确的话,那么在 2019 年至 2049 年之间,将会发生一系列重要的事件:

- 中国可能会在 2025 年前后达到世界银行设定的高收入经济体的门槛,从而成功地跨越中等收入陷阱;

- 按以市场汇率计算的 GDP 总规模来看,中国大概会在 2030 年前后超越美国,成为世界最大的经济体;
- 到 2049 年,中国很可能将达到发达国家的经济发展水平,从而顺利地实现中央所提出的第二个百年奋斗目标。

这个预测的一个直接含义是经济增长减速将是一个长期的过程,而并非像有的学者判定的是纯粹周期性的波动。将来增长速度还会波动,但不可能再次大幅反弹并持续保持在 8% 的水平。在全球金融危机之前,中国政府主要依靠货币政策与财政政策等宏观经济手段稳增长,应该说那些反周期措施一直是十分有效的。但全球金融危机之后,中国经济发生了结构性的变化,虽然政府依然在采取各种反周期措施,但增长速度已经从 2010 年的 10% 以上下降到 2019 年的 6% 左右。这个下行过程还将持续,决策者也好,企业家也好,都应该对未来增速持续下降有充分的思想准备。

但即便是这样一个持续下行的增长轨迹,也不可能自动达成,而需要政府与企业共同做出艰苦的努力。事实上,许多发展中国家在经历了一段高速增长以后就陷入了"中等收入陷阱",永远无法晋升为高收入国家,连经济发展的优等生日本也一度经历了"失去的 10 年或者 20 年"。一些实证研究发现,中国经济的全要素生产率在 2008 年以后急剧下降。我们上述预测是基于中国经济持续保持开放政策、有效应对老龄化等挑战的一系列假设而做出的。中国要持续崛起、走向世界经济强国,一个关键的指标是生产率必须不断地提高。也许正是基于这个原因,最近政府将经济政策的重心从需求端的周期性调控转向了供给侧的结构性改革。

为了在未来 30 年让中国经济保持稳健的增长步伐,作者团队提出了一系列政策建议,比较重要的可以归纳为如下八个方面:

(1) 终结"双轨制"的改革策略,尽快减少甚至消除政策扭曲,真正实现"竞争中性",完成向市场经济的过渡。

"双轨制"改革是一个过渡性的策略,主要目的是保障平稳过渡。这个策略为改革开放以来的经济快速增长做出了重要贡献,但也遗留了不少问题。终结"双轨制"可以以深化国企改革作为核心。首先,政府应该明确国企的作用与范围,除了一些特殊的领域比如国防产业,应该坚持一条原则,就是凡是民营企业可以做好的行业,国有企业就没有必要去争夺市场与资源。其次,政府应该尽可能地为国企和民企创造公平的竞争环境,特别是在进入、竞争与退出等方面,可以将同等的资金成本与同等的投资回报作为衡量公平竞争的标准。政府应该尽量避免直接要求国企承担政策责任,如果需要,也应该用市场化的条件购买企业的服务。最后,政府作为企业的所有者,应该尽量优化资本管理与企业监督。把关注的重点放在国有资本的投资回报,而不是企业的日常管理上。

(2) 主动、积极地应对人口老龄化的冲击,取消生育限制,建设良好、充裕的老年与幼儿护理设施,加强对妇女的职业保护,鼓励生育。

目前看来,老龄化已经无法避免,但政府可以采取一些有效的措施,尽可能地缓解甚至逆转老龄化所带来的影响。第一,积极鼓励生育,除了尽快取消对生育的各种限制,还应该提供经济支持,增加幼儿园,提高医疗服务质量,以及改善育龄妇女的职业保障等。第二,大力增加对教育、培训和医疗的投入,加快人力资本的积累。第三,完善养老金制度,建立一个更加全面、完整的养老系统,适当延迟退休年龄。第四,可以考虑更为长期的可持续的养老模式,包括家庭养老与社区养老服务等可能更为中国老人接受的方式。

(3) 保护知识产权、增加基础研究投入,改善诸如补贴与国产化率等产业政策工具,建设基础设施,消除政策障碍,支持创新与产业升级,并充分重视对国际市场的溢出效应。

未来 30 年,经济增长的可持续性基本上就取决于中国经济的创新能力。首先,人力资本积累变得更加重要,这不仅指科学家、工程师和技术员的培养,也包括对低技能劳动人员的培训。其次,需要建立一个更加有效的研发系统,增加公共与民营部门在研发上的投资,保护知识产权的同时奖励科学家,更好地将创新转化为规模生产能力。最后,要重新设计产业政策,把重点放在克服市场失灵、鼓励创新上。产业政策应该推动符合中国比较优势的产业的发展,而不是背道而行,更多地利用减税手段,尽量减少补贴,避免行政性地"选拔胜出者",放弃"国产化率"这类容易引发贸易保护主义担忧的做法。将政府的资源集中配置到克服创新的障碍方面,比如增加基础教育与科研投入、改善基础设施。

(4) 公共财政的重点应从支持经济稳定转向提高经济效率与改善收入分配。通过增加划拨国有资产、推迟退休年龄等措施平衡养老金账户的总收入和总支出,缩小不同退休人群养老金的差别。

中国需要从多个方面进一步推进公共财政改革。一是财政开支的重点应该从过去的经济建设转向社会福利,税收收入的构成需要调整。比如增加个人所得税的比例、降低企业所得税的比例。迫切需要引进诸如房地产税等新税种,支持收入再分配与基础设施建设。二是通过划拨更多的国有资产到社保基金、适当延迟退休年龄和尽可能地缩小不同退休人群养老金差别等手段,降低社保基金缺口的压力。三是积极化解部分地方政府过度负债的问题,除了限制各类预算外收入的收取,中央政府也可以采取直接的措施来平衡地方财政的收支,缓解债务压力。四是进一步推动高度集中的央地财政关系的分权,增加地方政府的财政收入在财政总收入中的比例。

(5)发展多层次的资本市场,大力推进商业银行和保险公司等传统金融机构的改革,改革监管体系,平衡金融创新与金融稳定之间的关系。

经济创新必然呼唤金融创新。资本市场在支持创新活动方面有先天的优势,因此未来30年应该大力发展多层次的资本市场。不过在可预见的未来,直接融资的比重不太可能出现爆发式的上升。因此,支持创新的重任还是要落在间接融资渠道的肩上。因此,保险公司与商业银行的转型将是提升金融支持经济能力的关键。首先,需要进一步推进利率市场化,保证金融交易中实现市场化的风险定价。其次,也需要支持各种创新,适应创新型企业融资与居民投资的需求。商业银行已有一些比较成功、值得推广的做法,比如深耕模式、信贷工厂、投贷联动等。更值得关注的是中国一些网络银行利用大数据和机器学习等做风控模型,已经取得了很好的效果,值得进一步完善与推广。最后,金融监管也应该与时俱进,平衡创新与稳定之间的关系。

(6)彻底打破城乡长期分隔的局面,取消户口制度,改革农村土地的产权安排,支持农民工市民化,努力提高城市化水平。

城市化将是未来30年经济增长的一个重要推动力量。如果城市化率可以从56%提高到80%,就可以创造许多新的消费与投资需求,缓解甚至完全抵消人口老龄化给经济增长造成的减速效应。到目前为止,大部分农民工进城,支持城市经济发展,但将他们的家庭成员留在了家乡,这不仅造成了诸如留守儿童等严重的社会问题,也遏制了消费与投资的增长。现在是时候考虑彻底取消户口制度了,这项改革很可能会产生类似于恢复高考和农村实行大包干等的全局性效应,既可以改变不公平的城乡分隔局面,也可以大力增加城市居民消费需求与城市基础设施投资。不过,城市化的重点应该是更好地发展大城市,而不是建设更多的中小城市。当然,城市化需要以一个全国统一的社会保障体系为基础,农村应该进一步推进土地制度的改革,让进城的农民有财富、有资产,而不是一贫如洗。

(7)采取市场化的政策手段,比如征收污染税与实行碳排放交易,让中国经济走上绿色与低碳排放的发展轨道,提高生产与生活的质量。

政府已经在环境保护与气候变化方面采取了许多举措,效果不一。不过,如果现行的努力能够坚持下去,未来环境改善、减少碳排放方面的效果可能会好于预期。目前,中国已经是全球最大的再生能源技术的生产者。2018年,政府引入了环境税,并在再生能源领域启动了拍卖机制。我们的主要政策建议是环保政策要从行政性施政走向市场化施政。2018年全国展开的环保风暴提供了一个很好的例子,政策的动机非常好,但运动式的执行直接导致了一些地区的经济崩盘。这样的举措过于激烈,容易造成很大的震荡,不利于经济稳定,当然最后也很难有效达成最初的政策目的。

(8)继续坚持独立自主的开放政策,明确进一步开放的承诺与时间表,构建全面开放的新格局,在与国际经贸体制的互动中,灵活处理发展中国家地位议题。

当前中国的国际经济政策决策受到外部贸易冲突的严重干扰,我们认为政策的关注点还是应该放在独立自主地建设高质量的经济开放的新格局上。客观地说,外部冲突的原因之一在于,与大部分发达经济体相比,中国经济的开放度比较低,而中国已经是一个世界经济大国。因此,下一步对外经济政策的一个目标应该是与主要经济伙伴重建互信,一个好的做法是单方面地明确进一步开放的步骤与时间表。中国可以考虑在适当条件下主动放弃国际贸易政策框架下的"发展中国家地位",因为进一步开放是与开放新格局的既定方针一致的,而且在不远的将来,中国很快就将成为一个高收入经济体。当然,在开放的过程中,也需要我们高度重视经济与金融的稳定。毫无疑问,开放的创新体系是最优选择,但在当前的国际经济环境下,需要未雨绸缪,防范"供应链"产生新的风险。中国当然也应该更加积极地参与国际经济治理,包括建设性地参与WTO和IMF等国际组织,同时基于友好、合作的精神,推动一些自主的国际倡议,比如亚洲基础设施投资银行与"一带一路"倡议等。

目录

第一章　中国经济增长回顾　姚洋　/ 001

　1. 伟大的成就　/ 003

　2. 增长驱动力　/ 005

　3. 结构变化　/ 015

　4. 展　望　/ 021

第二章　增长收敛与发展前景　王勋　/ 025

　1. 引　言　/ 026

　2. 开放对增长收敛的重要意义　/ 027

　3. 理论背景与相关实证研究　/ 035

　4. 数据和分析框架　/ 038

　5. 中国经济潜在增长率预测：2015—2050　/ 040

　6. 结论与政策含义　/ 051

第三章　老龄化与社会政策　白晨　雷晓燕　/ 065

　1. 背景：从人口红利到人口老龄化　/ 066

　2. 中国人口老龄化的趋势与特征　/ 068

　3. 人口老龄化的影响与挑战　/ 074

　4. 政策应对与建议　/ 078

第四章　绿色经济转型　姜克隽　田欣　徐晋涛　/ 085

　　1. 引　言　/ 086

　　2. 从环境角度描述中国的增长模式　/ 091

　　3. 绿色经济转型　/ 093

　　4. 结论和建议　/ 096

第五章　建立现代金融体系　黄益平　/ 101

　　1. 引　言　/ 102

　　2. 金融改革和发展的独特模式　/ 105

　　3. 金融抑制的正面和负面效应　/ 109

　　4. 原来的方法不再奏效　/ 111

　　5. 建立现代金融体系　/ 114

第六章　公共财政改革　林双林　/ 119

　　1. 引　言　/ 120

　　2. 改进税收体系　/ 121

　　3. 优化政府支出结构　/ 125

　　4. 改革养老保险体系　/ 127

　　5. 医疗保险体制改革　/ 130

　　6. 控制地方政府债务　/ 133

　　7. 调整央地财政关系　/ 136

　　8. 总　结　/ 138

第七章　居民消费　王敏　俞秀梅　/ 143

　　1. 过去 40 年的居民消费　/ 144

　　2. 我国不同人群的消费特征　/ 146

　　3. 中国 2049 年消费预测　/ 153

　　4. 结论及政策启示　/ 161

第八章　产权改革　李力行　/ 165

1. 引　言　/ 166
2. 国有企业改革的简要历史　/ 169
3. 近期关于国有企业改革的政策　/ 173
4. 新的挑战：2019—2049　/ 176
5. 竞争中性：一个被广泛认可的原则　/ 178
6. 政策建议　/ 179

第九章　人工智能与劳动力市场　褚高斯　周广肃　/ 185

1. 引　言　/ 186
2. 2049年人工智能实际替代概率计算　/ 189
3. 未来人工智能对就业的影响（到2049年）　/ 197
4. 结论和政策建议　/ 204

第十章　创新能力　郑世林　庄芹芹　汪勇　/ 209

1. 引　言　/ 210
2. 中国创新事业的发展历程　/ 211
3. 中国与创新型国家创新能力的比较分析　/ 215
4. 中国2049年主要创新指标预测　/ 220
5. 中国提升创新能力面临的挑战　/ 223
6. 总结和相应政策建议　/ 226

第十一章　政府角色与产业政策　王勇　/ 231

1. 产业升级面临的主要挑战　/ 232
2. 如何制定合适的产业政策　/ 239
3. 中美关于产业政策的分歧　/ 240
4. 未来30年，我国应当如何调整产业政策　/ 243

5. 结　论　/ 246

第十二章　对外开放　余淼杰　钟腾龙　/ 249

1. 引　言　/ 250
2. 广度开放阶段（1978—2000）/ 251
3. 深度开放阶段（2001—2016）/ 255
4. 全面开放阶段（2017年至今）/ 262
5. 促进高水平全面开放的政策建议　/ 264

第十三章　经济外交　查道炯　董汀　/ 267

1. 讨论框架的界定　/ 269
2. 中国经济外交的"两位一体"　/ 270
3. 未来议程　/ 276

第十四章　国际技术竞争　彼得·佩特里（Peter Petri）/ 285

1. 创新时代的中国　/ 286
2. 不断追赶的中国　/ 287
3. 开放式创新：理想的方式　/ 297
4. 对竞争的管理和管制　/ 301
5. 超出竞争之外的政策　/ 306

第十五章　中国在全球金融体系中的角色
埃斯瓦尔·S. 普拉萨德（Eswar S. Prasad）/ 313

1. 引　言　/ 314
2. 资本账户开放　/ 315
3. 人民币的国际使用　/ 318
4. 储备货币　/ 319

5. 金融市场发展和改革　/ 321

6. 成为"避风港"货币需要制度改革　/ 323

7. 中国对全球金融市场的影响　/ 324

8. 结束语　/ 326

第十六章　中国在国际经济组织中的角色　杜大伟（David Dollar）/ 329

1. 贸易、外商直接投资和世界贸易组织　/ 330

2. 多边开发银行和"一带一路"倡议　/ 334

3. 国际金融和国际货币基金组织　/ 341

4. 结　论　/ 345

CHINA'S ECONOMIC GROWTH
IN RETROSPECTIVE

第一章
中国经济增长回顾

姚洋（北京大学国家发展研究院）

过去几十年中,世界上最为重要的事件之一便是中国经济的崛起。当70年前中华人民共和国成立的时候,中国的人均收入仅略高于世界平均水平的五分之一,而今天,中国人同样能享受到世界普通公民的生活水平。目前,中国是全球第二大经济体和最大的出口国。中国的经济崛起并不是简单复制,众多总量及结构性转型已经悄然发生,其中一个结果是,中国拥有世界上最完整的生产网络之一。本章简要回顾中国的经济发展历程,并解释驱动经济发展的主要经济因素。

就纯粹的经济学而言,中国奇迹般的增长速度或许并不是什么奇迹,而是严格遵循新古典经济学说的表现:高储蓄、高投资、人力资本积累、技术进步和深入的工业化等。在高增长期间,中国也处在有利的人口结构和国际环境之中。中国的不同之处,在于采用这些学说的方式。在1978年之前,中国经历了较长的计划经济时期,尽管存在许多错误,但这一时期的重工业仍为国民经济奠定了坚实的基础,支撑了改革开放时期的快速发展。中国从经济开放中受益,但它是以自己的速度开放,并保持了很强的重商主义色彩,其特点是有管理的汇率,不对称的进出口政策,以及在某些战略性部门对外国直接投资施行市场换技术政策。尽管在1995—2005年出现了一波改革浪潮,但国有企业仍然在经济中发挥着重要作用,并享有获得信贷和市场准入的特权。

展望未来30年,中国经济可能面临两大挑战:一个是人口结构的恶化,另一个是更加不确定的国际环境。人口结构的恶化将弱化资本积累对可持续增长的驱动力,从而创新将变得愈加重要,因此国内政策必须做出相应调整。在国际方面,中国经济规模的扩大要求国家采取新的国际经济关系战略。以上这两种变化悄然而至,本报告的主要目的就是对这些变化做出预判,并提供相应建议。

首先,本章将从历史角度回顾中国的经济成就,之后讨论中国在改革开放时期快速增长的四个驱动因素,即计划经济时期的准备、有利的人口结构、高储蓄和资本积累及效率的提高。接下来,本章将介绍中国经济结构的变化及其后果。最后,本章将简要讨论中国在实现第二个百年目标时必须解决的两个棘手问题,即老龄化和变化的国际环境。

1. 伟大的成就

中国经济在唐宋时期达到顶峰,在明清两代陷入停滞,虽然农业部门仍有增长,但人口的增长使人均收入下降。从19世纪中叶开始,中国经济经历了长达一个世纪的低迷,这个颓势直到中华人民共和国成立才得以扭转。表1.1直观显示了中国在过去300年里相对于世界的衰落和复兴。在1820年之前,中国的人口和GDP与世界保持同步增长;在此之后,中国人口占世界总人口的份额开始下降,但GDP的份额下降得更快。到1950年,中国的人均GDP仅为世界平均水平的21%,中国共产党接手的是一个破败贫穷的国家。尽管在2001年时,安格斯·麦迪森(Angus Maddison)对中国2015年的人均GDP的预测过于乐观,但中国自1950年以来的成就依然显著。

表1.1 1700—2015年中国与全球的比较

	1700年	1820年	1900年	1950年	2001年	2015年
人口(百万)						
中国	138	381	400	547	1 275	1 387
全球	603	1 042	1 564	2 521	6 149	7 154
中国占全球比例(%)	23	37	26	22	21	19
GDP(10亿,1990年国际元)						
中国	83	229	218	240	4 570	11 463
全球	371	696	1 973	5 326	37 148	57 947
中国占全球比例(%)	22	33	11	5	12	20
人均GDP(1990年国际元)						
中国	600	600	545	439	3 583	8 265
全球	615	668	1 262	2 110	6 041	7 154
中国占全球比例(%)	98	90	43	21	59	116

数据来源:Maddison(2001)。

值得注意的是，从历史角度来看，中国的经济复苏并非始于1978年，而是始于1949年。图1.1显示了1954—2018年中国GDP的增长率。在1954—1977年期间，中国经济平均年增长率为6.14%。根据表1.1提供的资料，在1950—2000年期间，中国的年增长速度较全球平均水平高2.1个百分点。但是，前30年的增长波动较大，并且，由于计划经济时期国家优先发展重工业，人为抬高的重工业产品价格使得经济增速被高估。可持续的增长只发生在1978年以后。在1978年到2018年的40年间，中国经济以每年9.44%的速度增长，由此，按实际价格计算，2018年中国的经济总量是1978年的37倍。

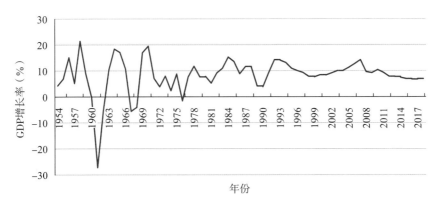

图1.1　1954—2018年中国GDP增长率

数据来源：国家统计局网站。

显然，中国经济的增长速度远超世界上其他国家，尤其是在1978年以后。由此，按名义价格计算，中国在世界经济中的份额急剧增加，从1978年的不到2%增加到2017年的15%（见图1.2）；1978年，中国占世界贸易的份额还微不足道，但到2017年中国出口已经达到世界的11%。如果第二章的预测是正确的，那么2049年中国的国内生产总值占全球的比例将恢复到1820年的水平，中国的人均收入将是世界平均水平的两倍。

1978—2018年，中国人的生活水平实际提高了26倍，在人类历史上只有少数经济体能够做到这一点。虽然收入差距仍然很大，但收入的上涨已经提升了大多数人的生活水平，贫困人口大幅减少。1978年，中国有30%的人口（即2.5亿人口）生活在官方贫困线（每年100元）以下，到20世纪80年代末，贫困率降低了三分之二。今天，只有不到4%的农村人口生活在贫困线（每年约2 000

元)以下;政府的目标是到 2020 年消除绝对贫困。①

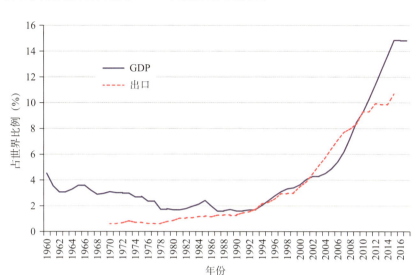

图 1.2　1960—2017 年中国 GDP 和出口占世界比例

注:国内生产总值和出口均以现价美元计算。

数据来源:Penn World Table 9.0。

2. 增长驱动力

正如 20 世纪 50 年代的经典增长理论所建议的——劳动力、资本积累和技术进步是经济增长的关键驱动因素,中国在遵循这一建议方面做得非常出色。从这一角度来看,中国经济奇迹般的增长并不真的是奇迹。中国在计划经济时期就开始遵循这一建议,通过前期的努力,中国积累了大量资本,打下了有利于改革开放时期经济腾飞的坚实工业基础。

2.1　计划经济时期的准备工作

虽然中国在前 30 年中经历了许多失败,部分失败几乎是致命性的,但是,通过艰苦的努力,中国在那个时期依旧形成了相对扎实的工业基础,尤其是在

---

① 如无特别指出,本文数据均来自国家统计局公开出版物。

重工业部门。1952年,工业是各部门中最小的,其增加值占国内生产总值不到20%;到1975年,工业超过农业和服务业成为最大的部门,其增加值已经占全国GDP的46%。中国采取的进口替代政策,是当时学界和政策界向发展中国家提供的最先进的政策处方,但与其他国家不同的是,中国维持了高储蓄率且实施了更严密的计划。尽管当时的中国是世界上最贫穷的国家之一,但在大多数情况下,中国仍然保持了25%至30%的国民储蓄率。此外,政府还能够将储蓄用于目标部门,尽管效率低下,但到1978年,中国建立了一个相对完整的工业体系,从一个农业国转变为一个快速工业化的国家。

关于计划经济时期重工业发展的成绩,一直存在争议。姚洋、郑东雅(2008)通过一个基于中国数据校准的动态一般均衡模型发现,由于重工业部门拥有基于迂回生产所形成的技术外部性,对重工业部门存在最优补贴率(31%)和最优补贴期限(12年)。与这两个最优值相比,计划经济时期实施的补贴率高出最优值6.6个百分点,补贴期限也比最优值长13年。

除工业发展之外,计划经济时代还提高了普通公民的教育水平和健康水平。表1.2对比了1978年中国和印度的人力资本和工业发展情况。当时,中国的人均GDP水平较印度低了四分之一,但中国的人力资本及工业发展水平更高。具体而言,中国采取了与印度完全不同的方法来改善人力资本:印度更加重视高等教育,而中国的目标是提高普通公民的教育水平,因此,尽管在2002年之前印度每年培养更多的大学毕业生,但是成人识字率却比中国低得多。中国这一策略在早期经济腾飞阶段取得了回报,因为当时正需要大量非技术工人。中国在1998年之后开始扩大高等教育规模,这正好与中国进入中等收入阶段后(中国在2002年成为中等收入国家)需要更多的技术工人相呼应。需要明确的是,中国起初的人力资本改善并非为了推动经济增长,而旨在促进社会平等,但不管怎样,这一策略对其后的经济腾飞做出了显著贡献。

表1.2 1978年中国和印度的比较

	中国	印度
人均GDP(以2000年美元为基准)	155	206
成人识字率(%)	65.5	40.8

(续表)

	中国	印度
高校招生率(%)	0.7	4.9
期望寿命	66	54
婴儿死亡率(‰)	54.2	106.4
GDP中制造业占比(%)	40.0	17.0
就业中制造业占比(%)	17.3	13.0

注：中国的识字率为1982年数据，印度为1981年数据。

数据来源：Yao(2014)。

2.2 劳动力和人口

回顾过去，中国共产党领导层在20世纪70年代末做出的两项决定在很大程度上决定了中国后来几十年的发展轨迹：一项是改革开放，另一项是计划生育。这两项决定并不是政策协调的结果，而是出自巧合。虽然改革开放是一项有意识的决定，但计划生育更多的是对中国即将出现"人口爆炸"的恐惧的应激反应——当时中国的人口总量估计已经接近10亿，这一信息震惊了中国领导层。然而，在接下来的30年里，这两项决定相互强化：计划生育创造了有利的人口结构，进而助力于释放改革开放的潜力。大量年轻人从农村流向城市，为中国经济出口导向型的增长和工业化做出了巨大贡献。

图1.3展示了1960—2017年间中国的劳动年龄人口比例。在1976年之前，该比例约为55%。到20世纪80年代末增加到65%，主要是因为计划生育导致新生儿增长速度放缓。20世纪80年代见证了农业家庭经营的复兴和农村工业化的发轫，劳动年龄人口比例的上升让农业积累了更多的储蓄，促进了农村工业的发展。进入90年代之后，劳动年龄人口比例的上升趋势被1962—1976年间出生的婴儿潮形成的人口回声（即第二代子女）削弱，但到21世纪的头10年，另一波上升发生，劳动年龄人口比例在2009年达到了74.2%的顶峰。到目前为止，这是一个国家能经历的最有利的人口结构（Bloom et al., 2007）。21世纪的头10年是中国近代史上经济增长最快的10年，这种增长在很大程度上是由劳动密集型的出口所推动的，而后者又获益于上述有利的人口结构。自

2009年以来,劳动年龄人口比例下降的速度几乎与其之前上升的速度一样快,同时,中国也开始退出出口导向型的增长模式,不再像以前那样迫切需要有利的人口结构。从某种意义上说,中国非常幸运,因为它在改革开放前30年的增长轨迹几乎完全和人口结构转型的变化轨迹合拍。剩下的问题是,中国是否能够完成人口结构不断恶化条件下所需要的经济转型。

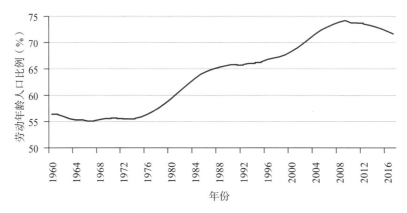

图1.3 1960—2017年中国劳动年龄人口比例(15—64岁人口占总人口比例)

数据来源:Wind。

改革开放前30年人口红利增长的一个重要后果是,大量的外来务工人员从农村迁移到城市,其中大多数是年轻人。他们最初在劳动密集型的出口工厂工作,之后转向服务业。图1.4显示了1993—2017年间外来务工人员数量与城市人口比例。根据国家统计局的定义,外来务工人员是指在其所在县之外工作的人员,城市居民是指一年在城市居住超过180天的人员。数据显示,一方面,除了1997年亚洲金融危机造成的下滑之外,2014年前外来务工人员数量一直处于增长状态,2014年之后稳定在1.7亿左右,约占中国劳动力总数的四分之一;另一方面,城市人口比例从1993年的不到30%稳步上升到2017年的近60%。

有利的人口结构从几个方面帮助了中国改革开放前30年的发展。它的直接贡献是产生大量的劳动力供应,使中国能够实现大规模的劳动密集型出口。在21世纪的头10年里,中国的出口增长了6.33倍,达到1.5万亿美元,这一时期正好是人口红利显著增长的时期(见图1.3)。根据田巍等(2013)的估计,

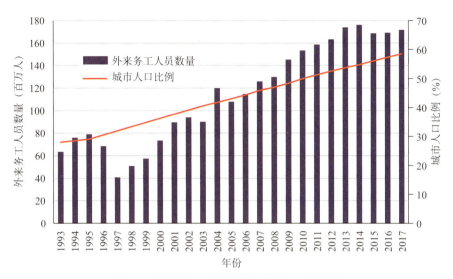

图 1.4　外来务工人员数量与城市人口的比例

数据来源：人力资源和社会保障部。

2000—2006 年劳动年龄人口比例的上升对中国出口增长的贡献为 14.6%。人口红利的第二个贡献是低工资。在中国加入世界贸易组织（WTO）之前，农村显然存在大量剩余劳动力，工人的实际工资增长缓慢，因此，工业可以享受刘易斯式的增长，即在劳动成本没有大幅增加的情况下实现扩张。然而，经过 21 世纪头 10 年的高速增长，剩余劳动力已大大减少。[①] 事实上，中国的人口红利自 2009 年开始减少，这无疑是近年来中国经济放缓的原因之一。但是，目前的劳动年龄人口比例仍高于 2000 年的水平，其水平效应可能会持续一段时间，其中一个结果是对消费品的较高需求，这是有利的人口结构的第三个贡献。给定收入水平，年轻人比老年人消费得更多，在中国开始更多地依赖国内消费来促进增长之后，这一点尤其重要。

总体而言，人口红利贡献了中国经济四分之一的增速（Cai and Wang, 2005）。通过国际比较可以发现，中国的人口结构在未来十年仍将保持良好的态势，但在这之后，当 1962—1976 年间出生的婴儿潮一代变老的时候，情况将迅速恶化，这是 1979—2015 年实施严格的计划生育政策的结果。本报告的前

---

① 参见 Garnaut（2010）以及同期 *China Economic Journal* 上的其他文章。

提之一就是,老龄化是不可避免的,中国在未来30年内唯一能做的就是找到适应老龄化的方法。后续章节的讨论和建议都是基于这个前提的。从长远来看,在影响国家增长潜力方面,人口因素的作用将超过其他因素,中国是否能够实现其第二个百年目标,在很大程度上取决于它能否成功减轻老龄化带来的负面影响。

2.3 储蓄与投资

无论是在1978年之前还是之后,资本形成对于中国经济增长都一直处于中心地位。在1978年之前的几个五年计划期间,国民储蓄率在22%到33%之间,考虑到当时中国非常低的收入水平,这是一个非常高的比率。1978年以后国民储蓄的变化经历了五个阶段(见图1.5):第一个阶段是1978—1982年,国民储蓄率下降,这是放弃重工业发展战略的结果。第二个阶段是1983—1994年,这个阶段的国民储蓄率显著增加。第三个阶段是1995—2000年,国民储蓄率再次下降,原因是国有企业的重组降低了城市家庭收入和企业储蓄。第四个阶段是2001—2010年,国民储蓄大幅增加,到2010年,国民储蓄占GDP的比重达到52.6%,仅有少数国家达到过这个水平。这段时期吸引了大量学者进行研究,许多人试图解释为什么在此期间中国的国民储蓄率增长得如此之快,其中预防性储蓄和高房价是最突出的两个解释(如Chamon and Prasad,2010;陈彦斌、邱哲圣,2011)。然而,预防性储蓄无法解释为什么包括家庭储蓄率在内的储蓄率在第三个阶段下降,因为在这一时期,旧的以企业为基础的社会保障体系因国有企业重组而基本崩塌;房价也无法解释为什么包括家庭储蓄率在内的储蓄率在2011年之后房价高速增长阶段开始下降。

弗兰科·莫迪利安尼(Franco Modigliani)的生命周期假说(Life Cycle Hypothesis,LCH)或许能为上述五个阶段提供一个统一的解释。LCH做出的最重要的预测是,一个国家的国民储蓄率与其GDP增长率成正比。在莫迪利安尼最后一篇发表的论文(Modigliani and Cao,2004)中,他和合作者用LCH来解释1950年之后中国国民储蓄率的变化,发现GDP增长率的上升可以很好地解释1978年之后储蓄率的上升。在同样的逻辑下,第四阶段储蓄率的上升是经济增速加快的结果,而2010年后储蓄率的下降是经济增长放缓的结果。

图 1.5 国民储蓄与资本形成占 GDP 的比重

数据来源：国家统计局。

与中国高储蓄相关的还有一场关于中国对全球贸易失衡贡献的国际争论。本·S.伯南克（Ben S. Bernanke）在 2005 年称，来自亚洲的"过剩储蓄"是造成美国贸易逆差的一个原因（Bernanke，2005）。从那时起，中国的高储蓄率引起了国际关注，一般观点是，中国的高储蓄导致了全球贸易失衡，并且，高储蓄让中国不得不保持巨额的经常账户盈余。图 1.5 还显示了中国资本形成占 GDP 的比重。根据定义，储蓄和资本形成之间的差额就是一国的经常账户盈余。在 1994 年以前，中国的储蓄和资本形成基本上是平衡的，但自 1994 年以来，储蓄一直大于资本形成，2004—2010 年间的差异尤其明显，也正是在这一时期，中国积累了大量的官方外汇储备。然而，中国的经常账户盈余占 GDP 的比重自那时开始下降，到 2015 年和 2016 年，这一比例仅在 2%左右。

中国的固定汇率制度（Fixed Exchange Rate System，FERS）经常被美国政客和一些国际组织拿来作为中国 2004—2010 年经常账户巨额盈余的主要原因。虽然 FERS 可能的确帮助中国出口了更多产品，但值得怀疑的是，这是否是中国经常账户巨额盈余的主要原因？因为一个国家的经常账户是国际平衡（出口—进口）和国内平衡（储蓄—投资）的结果，后者是由多种因素决定的，汇率在其中可能不那么重要。①

---

① 经济基本面与宏观政策可能是更为重要的影响因素，参见 Yao(2014)。

无论如何,自2010年以来,中国经济的再平衡正在发生。与经常账户盈余比重下降相映照的是,国民储蓄率的下降速度超过了2010年之前的增长速度。在2010—2017年的7年间,这一比率平均每年下降1.63个百分点,2017年下降至41.2%,按照国际标准,这一比率仍然很高,但下降带来的再平衡意义重大,国际和国内市场的结构调整促成了这种变化。在国际市场上,美国等发达经济体的调整减缓了消费的增长,这在很大程度上是全球金融危机的后续结果。出口不再是中国经济增长的动力。在国内市场,中国经济经历了几次重要的结构性变革,其中去工业化最为显著,去工业化的后果之一是储蓄增长放缓,第3节将对此进行更加详细的讨论。

2.4 全要素生产率

自从保罗·克鲁格曼(Paul Krugman)质疑所谓的东亚奇迹(Krugman,1994)以来,中国的经济增长完全由资本积累推动成为共识,对索洛残差的计量分析似乎也证实了这一观点。例如,发表于2012年的一项对150项研究的5 308个观测值所进行的整合分析发现,自1978年以来,中国全要素生产率(TFP)的年增长率仅为2%,占中国GDP总体增长率的20%(Tian and Yu,2012),这与发达经济体40%至50%的贡献率形成鲜明对比(Kim and Lau,1996)。然而,索洛残差存在许多问题,其中最重要的一点是它没有考虑资本积累中蕴含的技术进步。不可否认的是,工厂在采用新设备时提高了技术效率,然而在计算索洛残差时,由于资本存量的增长是一阶的,由资本存量增长所带来的技术进步极有可能被归结到了资本存量的增长上去。

计算索洛残差的一个替代办法是计算工资增长率和资本回报率(ROC)的复合增长率。为此,考虑标准的规模报酬不变的索洛模型:

$$Y = AK^{\alpha}L^{1-\alpha} \tag{1.1}$$

其中,Y是国内生产总值,K是资本存量,L是劳动力存量,A是TFP,α是资本的产出弹性($0<\alpha<1$)。然后使用恒等式$Y=rK+wL$(其中r是资本回报率,w是工资率),可以得到:

$$\hat{Y}_t = \alpha \hat{K}_t + (1-\alpha)\hat{L}_t + [\alpha \hat{r}_t + (1-\alpha)\hat{w}_t] \qquad (1.2)$$

因此,TFP 的增速为:

$$\hat{A} = \alpha \hat{r}_t + (1-\alpha)\hat{w}_t \qquad (1.3)$$

它是以劳动力和资本产出弹性作为权重的工资增长率和 ROC 增长率的加权平均。尽管工资和 ROC 可能会受到周期性因素的影响,但从长远来看,它们反映了经济基本面。

由于没有统一的工资数据,因此本章用资金流量表报告的劳动收入代替工资,将劳动收入占国民收入的比重作为劳动力的产出弹性$(1-\alpha)$。ROC 由卢锋(2018)根据宏观数据计算得到。表 1.3 列出了 1996—2015 年的数据。在此期间,劳动收入平均每年增长 9.2%,略低于 GDP 增速;ROC 的变化波动性较大,与经济周期基本一致,在 2000 年之前和 2008 年之后下降,但在 2000—2008 年之间急剧上升,但样本期间平均每年下降 0.4%。[①] 劳动收入增长对 GDP 增长的平均贡献率为 4.3%,而 ROC 增长的平均贡献率为-0.2%。由式(1.3)计算的 TFP 增长率在表 1.2 的倒数第二列,平均每年为 4.1%。最后一列为它对 GDP 增长的贡献率,每年都在变化(2001 年和 2004 年超过 100%),但平均值为 41.9%,与发达经济体相当,远高于其他研究得出的结果。

近年来,人们担心资本效率的下降趋势,经常被引用的证据是边际资本产出比(ICOR)不断提高。在 2008 年之前,中国的 ICOR 约为 4,接近其他东亚经济体的水平;在那之后,这个数字一直增加,并达到 6。[②] 然而,自 2008 年以来,中国大约一半的资本投入用于改善福利(张斌,2019),包括高速铁路、地铁、公用事业和公园绿化设施,这些设施通常需要政府补贴才能运营,如果将这些领域的投资排除在外,中国的 ICOR 将大幅下降。

[①] 在 20 世纪 90 年代上半期,资本回报率在 10%左右,在 90 年代下半期开始下降,2000 年下降至 8%,之后开始上升,并在 2007 年达到 13.7%的历史高点。在全球金融危机之后,下降再次发生,在 2015 年下降至 10%以下。这一时期的下降速度要快于 20 世纪 90 年代下半期,平均每年下降 6.2%,详见卢锋(2018)。

[②] 根据国家统计局公布的数据计算。

表 1.3　1996—2015 年间由 ROC 和劳动收入增速估计的 TFP 的变化情况（%）

年份	GDP增速	劳动收入占比	劳动收入增长率	劳动贡献的GDP增速	资本收益占比	ROC增长率	ROC贡献的GDP增速	TFP增长率	TFP对GDP增速的贡献
1996	10.0	53.4	14.7	7.9	46.6	−0.5	−0.2	7.6	76.1
1997	9.3	52.8	8.1	4.3	47.2	−3.5	−1.7	2.6	27.9
1998	7.8	53.1	8.5	4.5	46.9	−7.1	−3.3	1.2	15.5
1999	7.6	52.4	6.1	3.2	47.6	−2.4	−1.1	2.0	26.8
2000	8.4	51.4	6.3	3.2	48.6	−2.7	−1.3	1.9	22.8
2001	8.3	51.5	8.5	4.3	48.5	18.3	8.9	13.2	159.4
2002	9.1	50.9	8.0	4.1	49.1	3.9	1.9	6.0	65.7
2003	10.0	49.6	7.2	3.6	50.4	5.0	2.5	6.1	61.1
2004	10.1	45.5	1.0	0.4	54.5	25.0	13.6	14.1	139.1
2005	11.3	41.4	1.2	0.5	58.6	−2.8	−1.6	−1.1	−9.9
2006	12.7	40.6	10.5	4.3	59.4	3.9	2.3	6.6	51.9
2007	14.2	39.7	11.8	4.7	60.3	4.0	2.4	7.1	50.0
2008	9.6	43.2	19.1	8.2	56.8	−15.9	−9.1	−0.8	−8.5
2009	9.2	46.6	17.9	8.3	53.4	−7.2	−3.8	4.5	49.2
2010	10.4	45.0	6.6	3.0	55.0	7.1	3.9	6.9	66.0
2011	9.3	44.9	9.1	4.1	55.1	−3.0	−1.6	2.5	26.4
2012	7.8	45.6	9.4	4.3	54.4	−4.7	−2.6	1.7	21.7
2013	7.7	46.0	9.6	4.5	54.0	−1.5	−0.8	3.6	47.3
2014	7.4	46.5	9.9	4.6	53.5	−5.4	−2.9	1.7	23.5
2015	6.9	47.9	10.1	4.8	52.1	−19.0	−9.9	−5.1	−73.4
平均	9.4	47.4	9.2	4.3	52.6	−0.4	−0.2	4.1	41.9

数据来源：国家统计局，卢锋（2018）。

尽管福利改进类的投资增长较快,但自 2005 年以来资本回报率的下降仍然值得警惕。这个下降对 TFP 的增速有负面影响。在 2005 年以前,TFP 增速平均为 6.1%,但 2006—2015 年降低到 2.5%。表 1.3 告诉我们,这个下降是由于资本回报率的下降导致的。目前,中国制造业部门的资本回报率在 15% 左右,和美国的差不多,但高于日本(卢锋,2018)。然而,中国的下降趋势似乎没有停止的信号。为稳定资本回报率,中国需要大力改进资本配置效率,特别是减少国有企业对金融资源的浪费。

3. 结构变化

自全球金融危机以来,中国经济经历了显著的结构性变化,其中的两个主要变化是告别出口导向型增长模式和去工业化。伴随这两个变化,一方面,再平衡已经发生,除了储蓄率和投资率下降之外,劳动收入比重已经停止下降,服务业比重增加;另一方面,整体增长放缓,并更多地依赖国内消费。

3.1 增长模式的转变

第十二章将详细讨论中国出口导向型增长模式及其转型,本节仅从宏观角度对其做一些讨论。在 1978 年以前,中国经济封闭,出口很少。1978 年以后,出口的变化可以分为三个阶段(图 1.6):第一个阶段是 1979—2001 年,这一时期虽然出现了比较大的波动,但出口平均增长率还是可观的,达到了 16%,原因之一是中国出口的起点较低,到 2001 年中国加入世界贸易组织时,中国的出口额仅为 2 662 亿美元。第二个阶段是 2002—2008 年,由于加入 WTO,中国的出口以每年 27.3% 的速度增长,在短短 7 年时间里,其总量增加了 5.37 倍,达到 1.43 万亿美元,结果就是中国成为世界上最大的出口国。第三个阶段是 2009 年以后,在此期间,出口增长率下降到每年 6.8%,2009 年、2015 年和 2016 年甚至出现负增长。然而,中国的出口增长仍然快于世界贸易增长,2017 年中国的出口额超过世界第八大经济体(巴西)的 GDP 总量,达到 2.26 万亿美元。大型经济体的出口/GDP 比例通常不高,如美国约为 10%,日本约为 17%;2007 年中国的这一比例达到 36%,此后开始下降。由于中国的国内生产总值增速一直在放缓,如果中国的出口增速在未来继续放缓,就不足为奇。

图1.6 1979—2017年中国出口总量及其增长率

数据来源:Comtrade数据库。

2002—2008年之间,出口对中国经济的整体经济增长做出了巨大贡献。据刘遵义等(2007)的研究,通过净出口和上下游联系,出口带动的贡献占中国GDP的11%—15%,这意味着,在这一期间出口增长贡献了3—4个百分点的经济增速,占同期中国GDP增长的30%到40%。相比之下,自2008年以来,出口的平均贡献率已降至约1个百分点左右,在某些年份其贡献甚至是负的。这一迹象表明,尽管出口仍然是中国经济的重要组成部分,但它已不再是增长的强劲驱动力。

在内部,中国经济经历了几十年来最重大的结构性变化——经过60年来艰苦的工业化进程,中国在全球金融危机爆发前后进入去工业化阶段。图1.7和图1.8分别展示了三大产业的就业和增加值比重。中国遵循了成功经济体结构转型的共同模式:第一产业在国民经济中的比重下降,第三产业比重上升,第二产业的比重先升后降。第二产业的走势是工业化及随后的去工业化进程的标志。第二产业的增加值占比在2006年达到峰值(48%),2012年就业占比达到峰值(30.3%)①。由于就业占比通常比增加值占比更具黏性(图1.7和图1.8),可以得出结论,2012年中国已经结束了工业化的高速增长期,进入了去工业化阶段。

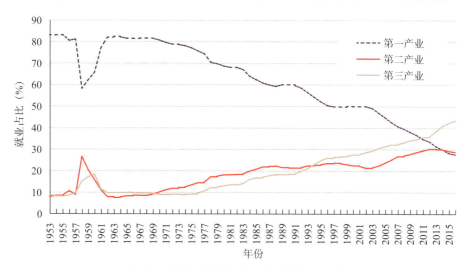

图1.7　1953—2016年各产业就业比重变化

数据来源:国家统计局网站。

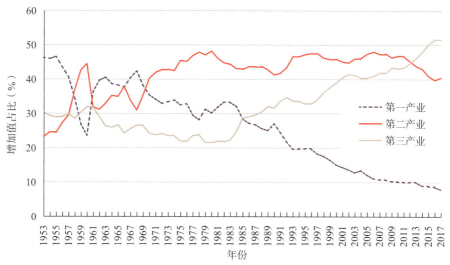

图1.8　1953—2017年各产业增加值占GDP比重变化

数据来源:国家统计局网站。

---

① 对国家统计局关于劳动份额统计数据的真实性存在争议,国家统计局有可能高估了农业劳动力的数量,因为大量农民只是在部分时间从事农业。其他成功经济体的工业劳动力份额经常达到了35%(例如韩国)。从中国对发展工业的巨大热情来判断,很有可能中国也是如此。

然而，中国的去工业化进程可能是提前了。刘亚琳等（2018）通过校准一个动态的多部门模型发现，如果没有全球金融危机，中国的工业化将持续到2017年左右。作为对比，正是在2017年左右，中国的人均GDP达到韩国1990年的水平，而1990年是韩国的工业就业比例达到峰值的一年。出口导向型的增长模式大大加速了中国的工业化进程，在21世纪的头10年里，第二产业增加了10个百分点的就业份额，相当于之前40年的增长。退出出口导向型增长模式确实对中国增长带来了不利影响。①

3.2 结构转型的后果

退出出口导向型增长模式的首要后果是增长放缓。当出口能够推动增长时，工业扩张几乎没有任何上限，因为需求与国内消费无关；在告别出口导向型增长和去工业化开始之后，服务业成为经济增长的最强劲动力，而其需求必须在国内产生。在2001—2010年，工业增长对中国经济增长的平均贡献率为47.5%，而服务业增长为45.8%。2011—2017年间，服务业占比上升至62.2%②，工业占比下降至32.6%。这是中国增长模式的巨变，在最低限度上，这意味着中国许多旨在促进工业发展和出口的政策必须中性化，但不幸的是，目前为止这一变化还没有发生。

当然，这并不意味着工业发展不再重要。研究表明，持续的产业升级对于中等收入国家成为高收入国家至关重要（Su and Yao，2017）。但是，现在的产业升级不能靠资本积累自动完成，相反，它需要依靠领先的创新。本书的主题之一就是中国如何面对创新的挑战。

然而，创新不太可能带来非常快的增长。20世纪70年代和80年代的日本就是一个很好的例子。日本在20世纪50年代和60年代采用了出口导向型的增长模式，其经济平均增长率超过9%，但第一次石油危机迫使其放弃了这个模式，就像全球金融危机迫使中国这样做一样。此后，日本经济成功地转型为以

---

① 然而，可能的另一种解释是，在这十年中，工业化过于迅猛，实际上每一指标在2012年时就达到了高峰。换句话说，中国的工业化被压缩在了一个极短的时间段内，因此，在2012年时，去工业化是自然发生的。

② 根据国家统计局数字计算。

创新为基础的经济;事实上,日本在20世纪70年代和80年代主导了世界创新舞台。然而,在1973—1993年,日本的平均增长率仅为3.5%,1993年以后增长更是几乎停止了。由于存在由收入差距引起的内部趋同,中国或许能够比日本做得更好,但这需要内陆省份赶上沿海省份的效率,而这本身并不是一项容易完成的任务(Yao and Wang,2017)。因此,中国可能不得不降低对增长率的预期。

不过,去工业化并不只带来了坏消息,前面讨论的再平衡是去工业化的好结果之一。尽管储蓄率下降也导致经济增长的放缓,但总体而言,消费比重的上升使中国经济回归到更加平衡的增长轨道上。当然,最重要的好消息是劳动收入的比重上升(见图1.9),收入分配变得更好了,这在图1.10上能够体现出来。

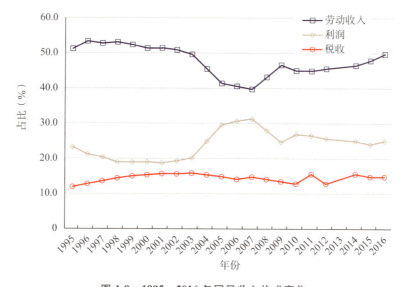

图1.9 1995—2016年国民收入构成变化

数据来源:国家统计局。

在1995—2007年间,劳动收入占比下降了10个百分点以上,其下降的大部分被企业利润占有。这产生的后果就是收入分配恶化——收入和财富集中到数量较少的资本所有者手中。一个相关的结论是,储蓄率在此期间之所以上升,是因为高收入资本所有者往往有更高的储蓄倾向。自2007年以来,劳动收入占比开始上升,到2016年,这一比例回升了10个百分点。

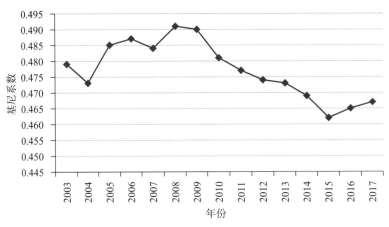

图 1.10　2003—2017 年基尼系数变化

数据来源：国家统计局网站。

劳动收入占比的变化是由多种因素所造成的，其中最重要的有两个：一个是人口转型。劳动收入占比下降的时期是劳动年龄人口占比上升的时期，劳动力变得更加充沛，工资被压低。到 2007 年左右，中国到达刘易斯拐点，农村人口向城市迁移的速度开始放缓，最后，到 2010 年人口状况出现逆转。另一个重要因素是结构变化（刘亚琳等，2018）。在工业化时期，劳动力从农业向工业和服务业转移，工业就业比重提高，但是，工业是资本密集程度最高的部门，其资本回报率高于农业和服务业，由此产生的结构效应降低了劳动力收入在整体经济中的比重。在去工业化时期，劳动力开始从农业和工业向服务业转移，结果，劳动收入占比开始增加。

众所周知，中国的收入差距很大。根据国家统计局公布的数据，2008 年基尼系数达到了 0.49 的峰值（见图 1.10）①，这使中国成为世界上收入不平等最严重的国家之一。然而，基尼系数自 2008 年以来开始下降，虽然在 2016 年和 2017 年略有上升。尽管经济增速的地理转移是一个因素（自 2008 年以来内陆省份的增速超过沿海省份），但使得收入更加平等的最重要的原因可能是劳动收入在国民收入中所占比重的上升。改善收入分配不仅是政府的目标之一，也有利于国内消费。经过 2003—2012 年的大幅扩张，中国经济积累了大量的过

---

① 一些独立的调查发现了更高的基尼系数，例，中国家庭追踪调查（CFPS）发现基尼系数在 2010 年达到了 0.52（ISSS，2012）。

剩产能,缺乏有效需求已成为加速增长的制约因素,当普通人的收入在国民收入中所占比重提高的时候,国内消费就会增加。

4. 展　望

中国将很快实现第一个百年目标。展望未来30年,中国在实现其第二个百年目标即成为高收入国家的过程中,将面临较大的阻力。出口导向型发展模式和大规模扩张模式已不再是发展的选项。幸运的是,中国经济已成功开始启动"再平衡",创新已成为中国经济增长的强劲动力。面向未来,中国需要处理好下面的挑战:

第一个挑战是TFP增速的下降。尽管创新将达到一个新的高度,但创新不足以保证TFP的高增长率。在许多领域,中国已经达到或接近世界技术前沿,因此,中国的技术进步率下降是一件自然的事情。另外,资本回报率的下降给TFP很大的下行压力。尽管资本回报率的大部分下降可以用人口结构的恶化和外部需求的下降来解释,但金融领域的资金错配也要负很大的责任。国有企业获得不成比例的资金,但它们的资金利用效率却比民营企业低很多。因此,国有企业和金融市场改革对于中国的可持续增长至关重要。

第二个挑战是人口老龄化。老龄化是一头灰犀牛,没有什么措施能够避免,中国需要做的是适应它,并学习如何在一个老龄化社会中继续保持合理的增长速度。这需要国家的政策框架发生范式变革,本书将有几章专门讨论这一变革。

第三个挑战是国际环境的变化。由于具有庞大的人口规模,因此当中国的收入水平上升时,世界都会随之改变。当全球30%至40%的增长来自中国时,每个国家都将不可避免地感受到其影响,最近的中美贸易摩擦可能是全球对中国崛起进行长期调整的开始。尽管中国对全球需求的依赖正在减弱,但其完整的生产网络和蓬勃发展的国内市场阻碍了中端产业向国外转移。雁阵理论有可能在中国失效,全球增长的列车或许将在"中国站"停留很长一段时间。这将不仅是世界其他国家面临的问题,而且也是中国必须面对的一个重要问题。中国需要考虑如何为世界带来繁荣,而不是仅仅向其他国家出口商品。

参考文献

Bernanke B S. 2005. The global saving glut and the U.S. current account deficit[C/OL]. The Sandridge Lecture. Virginia Association of Economists. Richmond, Virginia. (2005.03.10)[2020. 01.25]. https://ideas.repec.org/p/fip/fedgsq/77.html.

Bloom D, Canning D, Mansfield R, et al. 2007. Demographic change, social security systems, and savings[J]. Journal of Monetary Economics, 54(1): 92-114.

Cai F, Wang D. 2005. Demographic transition: Implications for growth[Z]. Working paper, Institute of Population and Labor, CASS.

Chamon M, Prasad E. 2010. Why are saving rates of urban households in China rising? [J]. American Economic Journal: Macroeconomics, 2(1): 93-130.

Garnaut R. 2010. Macro-economic implications of the turning point[J]. China Economic Journal, 3(2): 181-190.

Kim J-Il, Lau L. 1996. The sources of Asian Pacific economic growth[J]. Canadian Journal of Economics, 29: S448-S454.

Krugman P. 1994. The myth of Asia's miracle[J]. Foreign Affairs, 73(6): 62-78.

Maddison A. 2001. The World Economy: A Millennial Perspective[M]. Brussels: OECD.

Modigliani F, Cao S L. 2004. The Chinese saving puzzle and the life-cycle hypothesis[J]. Journal of Economic Literature, 42(1): 145-170.

Su D, Yao Y. 2017. Manufacturing as the key engine of economic growth for middle-income economies[J]. Journal of Asian Pacific Economy, 22(1): 47-70.

Tian X, Yu X. 2012. The enigmas of TFP in China: A meta-analysis[J]. Courant Research Centre: Poverty, Equity and Growth-Discussion Papers, 23(2): 396-414.

Yao Y. 2014. The Chinese Growth Miracle[M]// Aghion P, Durlauf S. Handbook of Economic Growth. Amsterdam: North Holland: 943-1032.

Yao Y, Wang M. 2017. Internal Convergence and China's Growth Potential[M]//Song L, Cai F, Johnston L. Technological Progress and China's long-run Growth. Canberra: Australian National University Press, Chapter 5.

北京大学社会调查中心(ISSS). 2012. 中国民生报告 2010[M]. 北京:北京大学出版社.

陈彦斌,邱哲圣. 2011.高房价如何影响居民储蓄率和财产不平等[J].经济研究,10: 25-38.

刘亚琳,茅锐,姚洋. 2018. 结构转型、金融危机与中国劳动收入份额的变化[J]. 经济学(季刊),17(2):609-632.

刘遵义,陈锡康,杨翠红等.2007.非竞争型投入占用产出模型及其应用——中美贸易顺差透视[J].中国社会科学,5:91-103.

卢锋.2018.资本回报率(手稿).北京大学国家发展研究院.

田巍,姚洋,余淼杰等.2013.人口结构与国际贸易[J].经济研究,11:87-99.

姚洋,郑东雅.2008.重工业与经济发展:计划经济时代再考察[J].经济研究,4:26-40.

张斌.2019.提高财政支出应对有效需求不足[C].国家发展研究院第132次格政系列,2019-01-18.

CONVERGENCE AND PROSPECTS

第二章
增长收敛与发展前景

王勋（北京大学国家发展研究院）

1. 引 言

中国经济基本面及对未来增长前景的影响,是学界和决策层普遍关注的热点问题。中美贸易摩擦增加了全球化和世界经济的不确定性,国际货币基金组织 2019 年 1 月因贸易紧张状况将 2019 年全球增速下调了 0.2 个百分点至 3.5%(IMF,2019)。中国近期过猛的"去杠杆"和强监管的政策也一定程度上增加了国内经济的下行压力,人口老龄化加快将不断增加养老、社保压力并影响经济转型。这些因素均引起了外界对中国未来经济政策走向的关注,以及对经济短期走势和长期趋势的担忧。因此,系统研究中国经济的长期增长潜力和影响中国经济向高收入经济体收敛的决定因素,具有重要的现实意义和政策指导含义。

尽管近年来已有不少关于增长前景估计的研究,然而鲜有研究深入分析经济收敛的决定因素及其对潜在经济增长的影响。本章主要聚焦生产率收敛的动态演变,以及决定新兴开放经济体对外部知识和先进技术接受转化能力的基本因素。本章在文献上有三方面的贡献:第一,我们利用跨国生产率收敛规律,结合中国人口转型的动态特征,采用供给侧的方法估计中国长期增长潜力;第二,我们进一步分析了影响开放经济体向高收入经济体收敛的动态决定因素,明确了实施高层次对外开放、在城市化进程中注重人力资本积累等举措的重要意义;第三,我们在开放经济体追赶模型的基础上,利用非线性面板数据模型估计了中国增长前景和相对人均 GDP 的收敛情况,提出了估计潜在增长率的一种新框架。

经济增长的理论和事实均表明(Parente and Prescott,2002;Lucas,2009;等等),开放经济体的人均实际收入具有相对收敛的规律,也就是说,处于相同发展阶段的开放经济体表现出相似的生产率收敛特征。具体地,开放经济体初始的相对人均收入越低,之后人均收入的平均增长率就越高。然而,人口因素并没有表现出类似的规律。因此,在预测潜在增长率的过程中,需要同时考虑相对收敛的规律以及不同国家人口结构的独特特征。

因此,我们的估计方法是利用生产率收敛规律估计中国人均 GDP 增长率,并结合根据中国人口结构特征预测的人口增长数据,测算中国的潜在 GDP 增长率。首先,基于已有关于开放/封闭经济体的分类研究(Sachs and Warner,1995;Lucas,2009),我们从113个经济体中,根据相对人均GDP,识别了与中国处于相同发展阶段的可比经济体。其次,通过收集可比经济体的历史数据,估计随时间改变的经济收敛率,并将其拟合值作为中国人均GDP增长预测的基础。即在非线性模型中,以中国的开放可比经济体的人均GDP增长率作为被解释变量,以相对人均GDP以及人力资本、城市化、老年抚养比、少年抚养比等为控制变量进行回归。最后,结合中国的人口增长预测,测算中国潜在GDP增长率。

本章的主要发现如下:第一,开放经济体和封闭经济体的增长绩效存在显著差异。在经济合作和交流的过程中,对外开放为发展中国家提供了获得来自发达国家技术转移和知识溢出的重要机会。第二,对于实施对外开放的发展中国家,尤其是中国和其他处于转型中的新兴经济体,城市化和人力资本积累对提升发展中国家赶超能力至关重要。第三,老龄化越来越成为制约中国经济可持续增长的因素,这意味着政府应考虑适时取消已实施多年的人口控制政策。第四,根据模型预测,在低情形下,中国GDP潜在增速将从2016—2020年的6.66%逐渐下降为2.66%。在中等(高)情形下,将从2016—2020年的6.96%(7.20%)逐渐下降为3.39%(4.16%)。第五,根据预测结果,中国经济规模有望在2030年左右超越美国,相对人均GDP有能力在21世纪中叶提升至美国的60%以上。

本章的其他部分安排如下:第二部分分析开放对发展中国家增长收敛的重要意义,第三部分介绍与增长收敛理论和中国经济增长预测相关的研究,第四部分给出用于中国增长预测的数据和实证框架,第五部分为不同情形下中国GDP潜在增速的预测结果,第六部分总结全文并讨论政策含义。

2. 开放对增长收敛的重要意义

2.1　开放经济体的经济表现与收敛特征

对外开放是发展中国家缩短与发达国家差距的前提条件。诸多研究表明,对外贸易和吸收投资的增长对提升国内就业（Autor et al.，2013）、工资水平（Melitz，2003）、要素再配置的效率（Melitz and Redding，2013）及技术升级（Bloom et al.，2016）有显著效果。发展中国家经济的起步和腾飞，离不开在积极参与全球贸易投资分工体系中充分发挥自身的比较优势。而在贸易与投资过程中，来自发达国家的技术转移和知识溢出，直接影响着发展中国家的创新与收敛能力，进而有助于提升发展中国家对外开放中经济增长的效率。

为直观检验开放政策对经济绩效的影响，我们借鉴Sachs-Warner分类标准（Sachs and Warner，1995），根据贸易及相关政策将1980—2010年间113个经济体分为开放经济体和封闭经济体（表A2.1给出了这些经济体及确认为开放的时间）。值得注意的是，1978年后中国实施了对外开放、对内改革的经济政策，特别是2001年中国加入WTO后，中国逐渐成为国际市场上重要的贸易伙伴和外商直接投资的流入国。鉴于此，我们将这一阶段的中国也视作开放经济体。

图2.1清晰地展示了开放经济体和封闭经济体的增长绩效。横轴是1980年的人均GDP（以2011年的国际元衡量，以美元计价），纵轴是1980—2010年30年间人均GDP的平均增长率。可以发现，开放经济体基本上分布在右上方。这表明多数情况下，在初始阶段发展水平相当的经济体中，在随后30年中实行对外开放政策的经济体的经济增速显著高于采取封闭政策的经济体。中国在此期间的经济绩效更加显著。根据Maddison 2018数据库[①]，中国1980年人均GDP为1 539美元，随后30年间，中国人均GDP年均增长达6.2%。

2.2 开放经济体的增长收敛特征

进一步地，成功实现跨越的高收入国家的历史数据展现出非常明显的增长收敛特征，即初始阶段人均收入水平越低的开放经济体，由于起点相对较低，随后的经济增长速度越高。为了更清楚地说明这一点，我们选择了5个亚洲开放经济体（日本、新加坡、韩国、中国台湾和香港地区）和14个欧洲开放经济体（爱尔兰、奥地利、比利时、丹麦、芬兰、法国、德国、意大利、荷兰、挪威、瑞典、瑞士、英国和西班牙），在更长的时间维度上描述了1960年的初始发展水平与随后50

---

① Bolt and Van Zanden（2014）详细介绍了该数据库。

年经济增速的关系,发现增长收敛的特征仍然显著(见图2.2)。

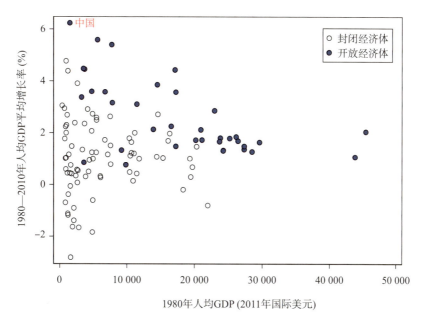

图 2.1　人均 GDP 与增长率:113 个经济体

数据来源:Maddison 2018;作者计算。

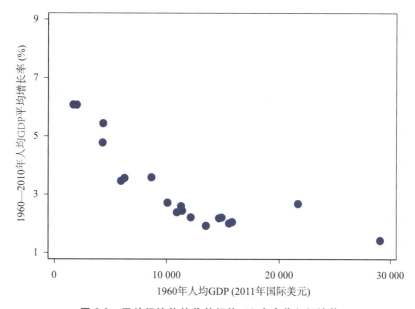

图 2.2　开放经济体的收敛规律:19 个高收入经济体

数据来源:Maddison 2018;作者计算。

图 2.2 显示了与 Lucas(2009)中所描述的(Lucas 只描述了西欧经济体的收敛特征)相似的特征事实。在开放政策等条件下,低收入的经济体会逐渐向高收入经济体收敛。1960 年人均 GDP 越低的经济体,在随后 50 年的开放发展中,按人均 GDP 衡量的经济增速越高。向右下方倾斜曲线也表明,存在使得开放经济体之间的人均收入和增长率相互收敛与趋同的内在经济力量和机制。

1978 年后,中国经济体制开始逐渐改革并实行对外开放。而 20 世纪 50 年代至改革开放前,中国基本上采取了中央计划经济体制,并对西方国家采取了相对封闭的政策。由于市场机制难以有效发挥作用,计划体制下虽然经济体系得以建立,但其中资源配置的扭曲导致经济效率低下,经济运行的制度成本不断上升。图 2.3 展示了改革开放前后中美人均 GDP(取对数)的差距变化情况。如图 2.3 所示,1950 年至 1978 年间,中国的人均 GDP 年均增长约 3%,与美国人均 GDP 增速没有明显差别。然而,改革开放后至 2014 年,中国的人均 GDP 年均增速超过 6%。尤其是 2000 年后,中国人均 GDP 与美国的差距呈现加快缩小的趋势。

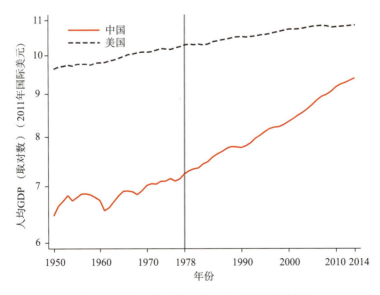

图 2.3　1950—2014 年中美人均 GDP(取对数)

数据来源:Maddison 2018;作者计算。

2.3 增长收敛回归

为更加规范地检验开放的重要性,以及何种形式的开放对增长收敛更有效果,在经典增长理论的实证研究(如 Barro,1991;Barro and Sala-i-Martin,1997;等等)基础上,我们设定如下增长收敛模型:

$$GR8010_i = \alpha\ GDPPC80_i + \beta\ OPEN80_i + \gamma\ OPEN80_i \times GDPPC80_i + \Pi\ X_i + \epsilon_i$$

其中,$GR8010_i$ 为经济体 i 在 1980—2010 年 30 年间人均实际 GDP 平均增速。$GDPPC80_i$ 为经济体 i 在 1980 年的人均 GDP,表示各经济体初始的人均收入水平;$OPEN80_i$ 为经济体 i 在 1980 年实施的贸易或金融开放政策,1 表示开放,0 表示封闭。交互项 $OPEN80_i \times GDPPC80_i$ 衡量了开放经济体的增长收敛性;X_i 表示影响长期经济平均增长的其他控制变量,如初始的人力资本指数、以政府消费占 GDP 比例衡量的政府规模、以资本品价格与各国平均水平的偏差表示的价格扭曲程度、以政治稳定性表示的制度环境等。

表 2.1 汇报了增长收敛模型的基本回归结果。前三列分别引入了初始人均实际 GDP(取对数)的增长率,初始贸易开放状态以及初始人均实际 GDP(取对数)和初始贸易开放状态的交互项。第二列结果显示,初始贸易开放状态的估计系数显著为正,说明采取贸易开放政策的经济体,随后 30 年的人均实际 GDP 增长率要显著高于采取贸易封闭政策的经济体;第三列初始人均实际 GDP 和初始贸易开放状态的交互项的估计系数显著为负,说明开放经济体表现出增长收敛的特征,即初始的人均 GDP 越低,随后的人均 GDP 增长率越高。第四列加入了初始的资本项目开放状态及其与初始人均实际 GDP 的交互项,以考察金融开放是否会显著影响经济体的增长绩效和增长收敛。结果显示,这两项的估计系数均不显著。

表 2.1 增长收敛回归:开放对增长绩效重要性

被解释变量	GR8010			
	(1)	(2)	(3)	(4)
log Initial GDP per capita_1980	−0.936***	−1.062***	−0.378	−0.387
	(0.339)	(0.283)	(0.375)	(0.466)

(续表)

被解释变量	GR8010			
	(1)	(2)	(3)	(4)
Trade Open_1980		1.623***	16.242***	16.065***
		(0.491)	(3.987)	(3.913)
Trade×log Initial GDP(1980)			−1.611***	−1.590***
			(0.436)	(0.427)
CA Open_1980				0.692
				(4.019)
CA Open×log Initial GDP(1980)				−0.072
				(0.460)
小学入学率(1980年)	0.009	0.011	−0.005	−0.005
	(0.010)	(0.010)	(0.010)	(0.012)
中学入学率(1980年)	0.034***	0.024***	0.031***	0.032***
	(0.010)	(0.009)	(0.007)	(0.008)
政府规模	−0.059	−0.071	−0.077**	−0.076**
	(0.047)	(0.045)	(0.033)	(0.034)
资本品价格偏差	−0.582**	−0.399**	−0.299*	−0.277
	(0.225)	(0.196)	(0.178)	(0.191)
政府稳定性	0.904***	0.564***	0.444**	0.416*
	(0.222)	(0.204)	(0.191)	(0.236)
观测值	67	67	67	66
R^2	0.374	0.474	0.593	0.590
与贸易封闭经济体相比，贸易开放经济体的经济绩效	—	1.623***	2.207***	2.213***

注：被解释变量为67个国家1980—2010年间平均的人均实际GDP增长率。控制变量包括log Initial GDP per capita_1980(取对数的初始人均实际GDP)；Trade Open_1980(初始的贸易开放状态)，开放为1，封闭为0；CA Open_1980(初始的资本项目开放状态)，开放为1，封闭为0；反映初始人力资本水平的小学入学率和中学入学率；政府规模；反映价格扭曲程度的资本品价格偏差；反映制度环境的政府稳定性。***，**，*分别表示在1%，5%和10%水平上显著。

以上实证分析表明,相对于金融开放,贸易开放是经济体增长绩效和增长收敛更为显著的影响因素。以第三列为例,与贸易封闭经济体相比,贸易开放使得开放经济体的人均实际GDP的增长率比采取封闭政策的经济体平均高出2.2个百分点。

2.4 影响增长收敛的重要因素

已有研究已经识别了一些经济从贫穷向富裕收敛的相关因素。除了人口结构,人力资本和城市化进程是讨论最多的两个因素。尽管有的学者认为人力资本和城市化之间是相关的,但是二者之间有明确的不同含义。人力资本作为重要的生产要素,衡量的是经济体中劳动力的质量,如劳动力的知识储备、生产技能和管理经验等;而城市化进程衡量的是劳动力由农村向城市转移的过程中,信息和知识的聚集效应。

人力资本通常用相应的受教育年限来衡量(Wang and Yao,2003)。对于追赶经济体而言,其人力资本越多,接受技术转移需要的交流能力和吸收掌握适宜技术与知识的能力就越强。经验表明,城市是信息和知识的交流中心、技术资金的流入中心(Lucas,2009)。除了国内劳动力转移的其他障碍,如中国的户口制度,还需要必要的人力资本积累,才能使劳动力从农村转移到城市并长期稳定下来。

因此,城市人口的集中和劳动力的质量,对于采取开放政策的发展中国家实现顺利追赶具有重要意义。然而,现实情况下,大部分人口或就业通常分布在农村地区,而农业又属于低技术部门,大量人口从事农业生产,阻碍了人力资本的积累。以中国为例,改革开放之初,82%的人口聚集在农村,当时中国的人力资本还不足美国的一半(49.3%),仅为日本的55%。发展中国家采取对外开放政策后,城市就逐渐成为吸引外商直接投资和外部先进知识和技术的中心。在此过程中,教育体系的改善将有助于人力资本的积累,从而进一步推进城市化进程。

图2.4和图2.5分别用113个经济体的数据,展示了城市化和人力资本与人均GDP(取对数)的关系。这两幅图均表明高收入经济体均具有较高水平的人力资本和城市化率,低收入经济体则相反,面临较低的人力资本和城市化率。2014年,中国的城市化率和人力资本在样本数据中处于中等水平,在一定程度

上也说明中国在进一步扩大开放的政策下,未来实现成功追赶的潜力仍然较大。附录中图 A2.1 和图 A2.2 分别画出了城市化和人力资本与相对人均 GDP(各经济体与美国人均 GDP 比值)的关系,结果同样说明了人力资本与城市化在经济增长与追赶中可能的重要作用。

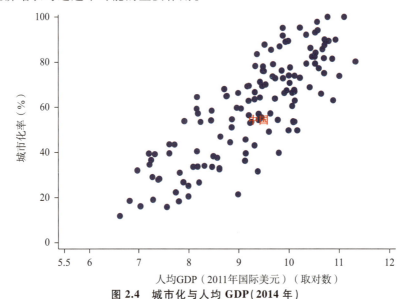

图 2.4　城市化与人均 GDP(2014 年)

数据来源:Maddison 2018;作者计算。

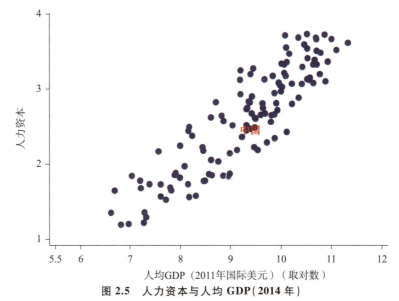

图 2.5　人力资本与人均 GDP(2014 年)

数据来源:Penn World Table 9.0;作者计算。

3. 理论背景与相关实证研究

3.1 有关增长收敛的理论

新古典增长理论表明,人均 GDP 增长率通常与初始阶段的人均产出或人均收入负相关(Ramsey,1928;Solow,1956;Cass,1965;Koopmans,1965;等等)。更具体来说,如果经济体在偏好和技术上相似,那么存在促使人均产出和收入收敛的潜在因素,使得低收入经济体会比高收入经济体增长更快。这种收敛规律也适用于解释一个国家内部不同地区之间增长差距缩小的事实。Barro and Sala-i-Martin(1992)研究美国相邻的 48 个州的经济增长变化,发现从人均收入和产出的角度各州之间均呈现出经济收敛的证据。

长期内促进人均产出增长的关键因素是技术进步。由于资本边际收益递减,初始阶段低于平衡增长路径的经济体增速更快。Tamura(1991)的内生增长模型说明了收敛具有两方面的含义,即人均收入增长率的收敛和人均收入水平的收敛。Becker et al.(1990)发现收敛是局部的条件收敛。Barro and Sala-i-Martin(1997)也表明,不断提高的模仿成本导致了发展中国家和领先经济体之间的有限赶超。他们在投资部门引入了外部的人力资本效应,发现收入收敛产生于人力资本收敛。Rodriguez et al.(2005)发现初始阶段人力资本较高的经济体更容易成功地走向快速发展的道路。Lucas(2009)在一个"AK"模型中提出开放经济体的人均 GDP 与其人力资本存量成比例,并证明了开放经济体的人均收入具有收敛规律。

3.2 关于中国经济增长预测的实证研究

长期增长预测的相关研究所采用的方法不尽相同。然而,根据经典经济学理论,短期内由于存在价格黏性,工资和价格调整相对缓慢,短期均衡取决于总需求和向右上方倾斜的短期总供给,未预期到的通胀具有实际效果。而长期内工资和价格可以灵活调整,预期通胀与实际通胀相等,长期总供给曲线是在自然失业率决定的潜在产出水平上的垂线,均衡的产出水平取决于充分就业的潜在产出水平。此时,需求冲击只会改变长期均衡时的通胀水平,而不会有实际效果。可见,长期增长所预测的潜在产出,是长期总供给曲线决定的充分就业的潜在产出。关注需求侧的长期增长预测,忽视了经济的潜在生产能力。

当前,国内外学者使用多种方法,并从多个角度深入研究了中国的潜在增长率。一些研究通过跨国数据的经验证据,以此预测中国的潜在经济增长。Eichengreen et al.(2012)通过对跨国数据的分析发现,随着高速增长经济体人均收入达到一定水平(2005年不变国际价17 000美元)时,该经济体最终会减速,相比之前至少降低2%,并认为中国在2015年前后将达到这一水平。Li et al.(2017)使用跨国数据拟合人均受教育水平和人均收入之间的关系(1980,1990,2000,2010,2014),将该拟合直线确定为中国人均收入理想的增长路径,推断出2015—2035年中国人均GDP平均增长率大致为3%。Pritchett and Summers(2014)通过对跨国历史数据的分析发现,从经验上看,向均值回归是世界范围内国家经济增长的最显著特征。他们使用中国历史数据估计出经济收敛的系数,并以此采用外推方法,预测出2013—2023年和2023—2033年的中国人均GDP平均增速分别为5.01%和3.28%。但是,Eichengreen et al.(2012)认为人均收入和经济增长率下降之间不是一个机械的关系,高速增长持续多长时间还取决于经济政策。这一观点得到了一些研究的支持。Cai and Lu(2013)在增长核算框架中考虑了人口结构因素("人口红利"),推断出中国2016—2020年经济潜在平均增速能达到6.1%,并通过模拟发现,采用提高劳动参与率和全要素生产率的供给侧政策能够提高中国潜在增长率。陆旸和蔡昉(2016)将"人口红利"和"改革红利"同时引入增长核算方程,推断出在基准情形下,2016—2020年的潜在经济增速为6.6%,到2046—2050年将降至2.47%。尽管"人口红利"优势逐渐消失,他们模拟了若"十三五"初期实施各项改革,如生育率增加0.34、增加培训、生产税减少20%、劳动参与率提高1%和全要素生产率提高0.2等,则这种综合"改革红利"将促使中国潜在增长率在基准情形基础上增加1—2个百分点。关于采用增长核算法对中国经济潜在增速的预测,还包括Holz(2008)、中国社会科学院中国经济增长前沿课题组(2012,2014,2015)等。增长核算法的优点在于利用了经济增长的供给侧特征,但局限性在于预测结果取决于生产函数设定以及要素产出弹性,这些因素的确定在学术界尚无统一结论。

部分学者采用时间序列分析法测算中国潜在经济增长。Jiang et al.(2017)使用混频数据和动态预测方法对中国过去历史数据进行拟合和预测,发现该方法优于传统预测方法,但该研究并未对中国未来潜在增速进行预测。王少平和杨洋(2017)利用 VMA 模型识别长期和短期冲击并分解长期趋势,推断出新常态下中国经济增速将从10%左右减速至6%—7.5%之间。时间序列分析法的优点在于应用简便、拟合性较好,但面临缺乏经济学理论基础的局限性,不能体现潜在产出的供给面特征。此外,一些大型机构采用了基于经济理论的大型结构模型预测中国经济增长。比如,国务院发展研究中心"中长期"课题组(刘世锦,2015;刘世锦等,2015;中国发展研究基金会,2018)和世界银行(World Bank,2012)使用了 CGE 模型,IMF(2017)采用了 DSGE 模型。这些方法同时考虑了需求和供给面的因素,适合于经济波动分析,在预测短期经济增长时更为有效,不适合长期潜在增长率的预测。

本章基于跨国生产率收敛理论和中国人口结构的特征变化,采用供给侧的方法预测中国的长期潜在增长率。具体地,我们利用开放经济体之间的追赶溢出模型,估计中国随时间可变的收敛溢出效应,得到中国 2015—2050 年间的人均 GDP 及其增长率的预测值。更主要的是,这种方法有效避免了具体生产函数设定以及生产要素分类选择的讨论。相比上述文献,本章采用的预测方法与 Lucas(2009)、白重恩和张琼(2017)相似。由于前者并未研究中国经济增长问题,现主要说明本章与后者的区别,这具体表现为四个大的方面。其一,本章假定预测模型中的收敛效应参数可变,借鉴 Barro and Sala-i-Martin(1997)和 Holz(2008)的研究,设定收敛效应的决定方程,刻画城市化率、人力资本指数、少年抚养比和老年抚养比对经济收敛的影响,从而使得模型考虑因素更为丰富和贴近现实。其二,本章将实际 GDP 分解为人均 GDP 和总人口两部分,而不是劳均 GDP 和劳动力。该分解的优势在于总人口变动能参考联合国人口署对中国人口预测的权威报告,而对劳动力的预测困难很大,如白重恩和张琼(2017)以中国 1978—2014 年就业人数占总人口比重与劳动年龄人口占总人口比重之间的拟合关系来预测 2015—2050 年中国就业人数占总人口比重,进一步结合联合国人口署的人口预测,预测出中国就业人数。这种处理方法存在的问题在于,1978—2014 年这段时期变量之间存在的二次型关系在 2015—2050 年可能不再存在,这就使得除了人口预测误差之外,还增加了新的误差来源。其三,本章对领先经济体稳态增长率参数的估测更为稳健,不仅使用了更多可比经济体样本进行估计(以相对人均 GDP 为标准,与 2014 年中国内地可比的经济体包括日本、新加坡、韩国及中国香港和台湾地区;而以劳均 GDP 为标准,可比的经济体仅有日本、韩国和中国台湾地区),还利用美国不同时期历史数据实际增长率的平均值作为参照标准,以进一步确定稳态增长率参数选择的合理性和可靠性。其四,本章对潜在 GDP 增长率进行了分解,分别测算出各组成成分在 2016—2050 年期间对中国潜在 GDP 增速的贡献,以此明晰影响中国未来经济增长的有利因素和不利条件,为政府部门实施针对性的政策措施提供一定参考。

4. 数据和分析框架

本章采用两套衡量人均实际 GDP(以 2011 年国际元衡量,以美元计价)及其增速的数据,分别来自 Maddison 2018 和 Penn World Table 9.0 (PWT 9.0)[①]数据库,以提高估计的稳健性。其他变量的来源是,人力资本指数来自 PWT 9.0,城市化率(其中中国台湾地区的城市化率数据来自当地"行政院主计处")和人口抚养比的数据来自世界银行的世界发展指标(World Development Indicators,WDI)数据库,人口增速及 2015—2050 年不同情形下人口增速预测的数据来自联合国 2017 年世界人口展望(WPP 2017)。

本章的目标是估计未来 30 年中国 GDP 潜在的增长率变化。实际 GDP 可以由下式表达:

$$Y = \frac{Y}{N} \times N \tag{2.1}$$

其中,Y 和 N 分别表示实际 GDP 和总人口。因此,GDP 潜在增长率可以分解为人均 GDP 增长率和总人口增长率两部分。关于总人口数据,本章借鉴联合国世界人口展望的历史和预测数据,因此我们主要关注潜在人均 GDP 及其增长率的预测。

[①] Feenstra et al. (2015)详细介绍了该数据库。

本章借鉴 Lucas 的模型框架,预测中国未来 30 年的人均 GDP。Lucas 认为,开放经济体由低收入向高收入的收敛规律,可用少数参数进行刻画,且具有显著的拟合效果。具体地,世界上有两类经济体:领先经济体和采取开放政策的发展中国家。Lucas(2009)提出了一个具有技术溢出的追赶增长模型,假定经济的人均产出与其知识存量成比例。领先经济体知识存量的变化路径如下:

$$\dot{K}(t) = \mu K(t) \tag{2.2}$$

其中,$\dot{K}(t)$ 为领先经济体知识存量随时间的变化率。而处于追赶中的发展中国家的知识存量变化既取决于自身的知识存量,也取决于开放条件下发展中国家吸收发达国家的知识溢出的能力。因此,发展中国家知识存量的变化率为:

$$\dot{k}(t) = \mu\, k(t)^{1-\theta} K(t)^{\theta} \tag{2.3}$$

其中,θ 为发展中国家的收敛效应,反映了发展中国家吸收领先经济体知识溢出、技术转移进而进行自主创新的能力。如果发展中国家采取封闭政策,则此时 $\theta=0$;而如果采取开放政策的发展中国家实现了成功追赶,则 $\theta=1$,说明发展中国家的知识存量收敛到了领先经济体的水平。可见,连接发展中国家和领先经济体的渠道是双向的对外开放。只有对外开放,发展中国家才有可能走上经济收敛的道路。由于假设知识存量与人均收入成比例变化,因此,领先经济体的人均收入处于均衡增长路径,增长率为 μ。采取开放政策的发展中国家的人均收入增长率满足:

$$\mu \left(\frac{K}{k} \right)^{\theta} \tag{2.4}$$

由于 $K>k$,采取开放政策的发展中国家增长快于领先经济体,其增长率取决于相对的人均 GDP 和收敛率 θ。按照习惯的做法,假设美国为领先经济体,人均 GDP 低于美国的为追赶经济体。因此,追赶经济体 i 的人均 GDP 增长的动态变化为:

$$g_{y_{i,t}} = \mu \left(\frac{y_{us,t-1}}{y_{i,t-1}} \right)^{\theta_{i,t}} \tag{2.5}$$

其中,$y_{i,t}$ 表示经济体 i 在 t 年以 2011 年国际元衡量、以美元标价的人均

GDP, g_y 为人均 GDP 的增长率。经济体 i 在 t 年的相对人均 GDP 为该经济体在 t 年的人均 GDP 与美国在 t 年人均 GDP 的比值。与 Lucas（2009）不同，我们允许追赶经济体的收敛率 θ 随时间改变。根据 Barro and Sala-i-Martin（1997）和 Holz（2008）等的研究，我们设定收敛效应的决定方程如下：

$$\theta_{it} = \beta_1 \text{urban}_{it-1} + \beta_2 \text{hcapital}_{it-1} + \beta_2 \text{depyoung}_{it-1} + \beta_2 \text{depold}_{it-1} + \varepsilon_{it} \quad (2.6)$$

其中，urban_{it}，hcapital_{it}，depyoung_{it} 和 depold_{it} 分别表示城市化率、人力资本指数、少年抚养比和老年抚养比。我们将 (2.6) 式代入 (2.5) 式，利用非线性 NLS，采用数值迭代的方法估计模型 (2.5)，并用估计参数 $\hat{\beta}_i$ 得到关于收敛率 θ 的拟合值。

因此，模型 (2.5) 是我们估计和预测的基准模型。为估计中国人均 GDP 的增长率，首先需要参数 μ（反映领先经济体美国在稳态下的人均 GDP 的增长率）和 θ_t（中国未来各年的收敛率）的估计值。为此，我们分三步：第一，以相对人均 GDP 为标准，识别与当前中国处在相同发展水平的可比开放经济体。例如，根据 Maddison 2018，2014 年中国相对于美国的人均 GDP 为 23.1%，基本上等价于日本 1953 年与美国的相对人均 GDP（23.0%）。第二，利用可比开放经济体的历史数据，估计参数 μ 和 $\theta_{i,t}$。第三，根据 $\hat{\mu}$ 和平均的收敛率 $\sum_i \hat{\theta}_{i,t}$，以及美国未来人均 GDP，结合中国初始的相对人均 GDP，可得到中国未来人均 GDP 及其增长率的估计值。

5. 中国经济潜在增长率预测：2015—2050

由于最新版本的 Maddison 和 PWT 数据库分别更新到 2016 年和 2014 年，为了预测区间的一致性，我们设定 2014 年为预测中国潜在增长率的初始年份，2015—2050 年为预测区间。首先根据已有文献关于开放经济体的界定和中国 2014 年相对人均 GDP 数据，我们从 113 个经济体中，识别了 5 个与中国内地处在同等发展水平的开放可比经济体，分别是日本（1953）、新加坡（1960）、中国香港地区（1960）、中国台湾地区（1978）及韩国（1984/1986）。表 2.2 给出了根据 Maddison 2018 和 PWT 9.0 识别出的开放可比经济体的具体信息。

表 2.2 中国内地可比的开放经济体

经济体	相对人均 GDP		
	年份	Maddison 2018	PWT 9.0
中国内地	2014	0.231	0.243
日本	1953	0.230	0.249
新加坡	1960	0.241	0.251
中国香港地区	1960	0.239	0.249
中国台湾地区	1978	0.238	0.241
韩国	1984/1986	0.231	0.250

数据来源：Maddison 2018；Penn World Table 9.0.；作者计算。

5.1 预测中国人均 GDP 潜在增长率：2016—2050

如前所述，我们利用中国内地可比的开放经济体的历史数据，即日本（1953—2014）、新加坡（1960—2014）、中国香港地区（1960—2014）、中国台湾地区（1978—2014）和韩国（1984—2014），首先估计参数 μ 和 θ_t。根据模型设定，我们采用非线性 NLS 的方法通过数值迭代得到估计参数。表 2.3 给出了模型的估计结果，其中第 1—3 列是采用 Maddison 2018 的数据得到的估计结果，第 4—6 列是采用 PWT 9.0 数据得到的估计结果。为减少模型可能存在的反向因果关系，我们分别用滞后一期的变量进行回归。考虑到可能存在的异方差，我们采用了聚类到经济体的标准误。

表 2.3 估计结果

被解释变量	人均 GDP 增长率					
	根据 Maddison 2018			根据 PWT 9.0		
Constant μ	0.0262***	0.023	0.02	0.0275***	0.023	0.02
	(0.005)	—	—	(0.005)	—	—
Human Capital	0.332***	0.309***	0.289***	0.354***	0.322***	0.299***
	(0.093)	(0.084)	(0.083)	(0.092)	(0.082)	(0.081)
Urbanization	1.581***	1.789***	1.983***	1.628***	1.889***	2.091***
	(0.433)	(0.340)	(0.343)	(0.419)	(0.003)	(0.352)

(续表)

被解释变量	人均GDP增长率					
	根据 Maddison 2018			根据 PWT 9.0		
Dependence (Young)	−1.247*** (0.454)	−1.418*** (0.388)	−1.577*** (0.391)	−1.253*** (0.447)	−1.464*** (0.398)	−1.625*** (0.401)
Dependence (Old)	−7.451** (3.363)	−6.051** (2.513)	−4.805*** (2.511)	−8.975*** (3.475)	−7.103*** (2.627)	−5.733** (2.623)
Observations	240	240	240	238	238	238
R^2	0.693	0.692	0.691	0.693	0.692	0.690
Adjusted R^2	0.686	0.687	0.685	0.687	0.687	0.685

注：括号内为聚类到各经济体的稳健标准误。*，**，和***分别表示在10%，5%，1%水平上显著。第1列和第4列中的 μ 是利用可比经济体的历史数据估计所得。第2列和第5列，以及第3列和第6列中的 μ 分别根据 Maddison 2018 中美国经济增长的历史数据设定为 $\mu=0.023$ 和 $\mu=0.020$，其他参数是用 NLS 方法通过数值迭代所得。

表 2.3 的第 1 列和第 4 列表明，根据五个可比开放经济体的历史数据，估计得到的美国人均 GDP 的增速大致在 2.62%—2.75%。有意思的是，根据 Maddison 2018 中美国的历史数据，两次危机之间，即大萧条后到美次贷危机之前(1935—2006)，美国人均 GDP 平均增速为 2.68%。而这个经济增速正好落在 2.62%—2.75% 这一区间内。我们根据可比经济体历史数据估计的美国人均 GDP 的增长率，与美国两次危机之间的现实人均 GDP 增长率是吻合的，这在一定程度上说明了模型较好的稳健性和拟合效果。

美国稳态的人均 GDP 既可以从追赶开放经济体的历史数据中估计得出，也可以根据美国历史数据直接设定，以作为不同情形分析的基础。根据美国历史数据，第二次世界大战后到次贷危机之前，即 1961—2006 年美国人均 GDP 的平均增速为 2.28%；战后到最近，即 1961—2016 年美国人均 GDP 平均增速为 2%。因此，在表 2.3 的第 2 列和第 5 列，以及第 3 列和第 6 列，分别将 μ 根据美国历史数据设定为 2.28% 和 2%，然后根据可比开放经济体的历史数据估计 β_i。表 2.3 各列的估计结果均表明，人力资本和城市化率的估计参数在 1% 的水平上显著为正，说明人力资本存量的增加和城市化率的提高，会显著提升追赶经济体吸收来自领先经济体的知识溢出、接受技术转移从而提升自身自主创新的能力。少年抚养比和老年抚养比的估计参数显著为负,说明其他因素不变的情况下,这两个比例上升,会降低追赶经济体吸收和掌握来自领先经济体知识和技术的能力。

这些估计结果与增长理论和经验证据是一致的。由于按相对人均 GDP 衡量,这些开放经济体的初始值与中国 2014 年处于相同的发展阶段,因此,根据增长收敛规律,我们将 θ_{it} 的拟合值按经济体进行算术平均 $\sum_i \hat{\theta}_{i,t}$,作为中国 2015—2050 年这一阶段收敛率的预测值。图 2.6 给出了分别利用 Maddison 2018 和 PWT 9.0,在美国人均 GDP 增长率 $\mu = 0.026$ 的情形下,估计的收敛率的动态变化轨迹。估计的收敛率呈现出先上升后下降形状,说明随着追赶经济体逐渐接近领先经济体,收敛速度开始由升转降,这支持了 Barro 和 Sala-i-Martin 提出的由于不断上升的学习、消化和创新成本而导致的有限条件收敛理论。

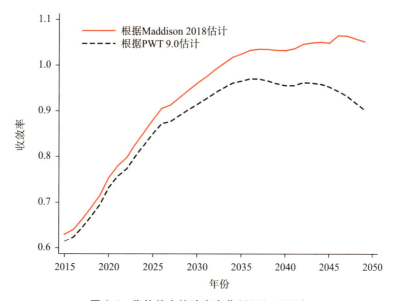

图 2.6 收敛效应的动态变化(2015—2050)

注:结果基于美国人均 GDP 高增长率($u = 0.026$)和高生育率计算。

数据来源:Maddison 2018;Penn World Table 9.0;作者计算。

在得到 μ 和 θ_t 后,结合中美人均 GDP 的初始值,可以计算预测区间内中国人均 GDP 的增长率。图 2.7 给出了利用 Maddison 2018 数据估计得到的 2015—

2050年人均GDP增长率。表2.4汇报了2016—2050年每5年人均GDP增长率的平均值。预测显示，$\mu=0.020$ 的情形下，中国的人均GDP将从2016—2020年的6.39%—6.51%逐渐下降为2046—2050年的3.48%—3.55%。$\mu=0.023$（$\mu=0.0262/0.0275$）的情形下，中国人均GDP的增长率将从2016—2020年的6.49%—6.64%（6.61%—6.66%）逐渐下降为2046—2050年的3.78%—3.86%（4.17%—4.19%）。

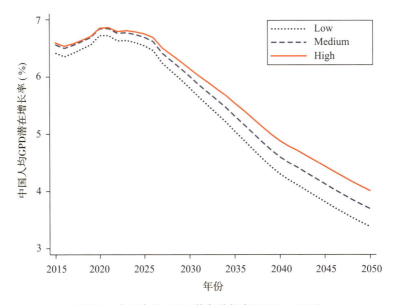

图 2.7　中国人均 GDP 潜在增长率（2015—2050）

注：Low、Medium 和 High 分别表示在美国人均 GDP 增速为 2%、2.3% 和 2.6% 三种情形下中国人均 GDP 增速。

数据来源：Maddison 2018；作者计算。

表 2.4　中国人均 GDP 潜在增长率 5 年平均（2016—2050）　　　　　单位：%

区间	$\mu=0.020$		$\mu=0.023$		$\mu=0.0262/0.0275$	
	根据 Maddison	根据 PWT	根据 Maddison	根据 PWT	根据 Maddison	根据 PWT
2016—2020	6.51	6.39	6.64	6.49	6.66	6.61
2021—2025	6.62	6.48	6.76	6.60	6.80	6.73

(续表)

区间	$\mu=0.020$		$\mu=0.023$		$\mu=0.0262/0.0275$	
	根据 Maddison	根据 PWT	根据 Maddison	根据 PWT	根据 Maddison	根据 PWT
2026—2030	6.11	5.96	6.29	6.13	6.40	6.32
2031—2035	5.35	5.22	5.60	5.45	5.79	5.74
2036—2040	4.59	4.48	4.88	4.76	5.14	5.12
2041—2045	4.01	3.92	4.32	4.22	4.61	4.62
2046—2050	3.55	3.48	3.86	3.78	4.17	4.19

注：表中结果分别为 $\mu=0.020$，$\mu=0.023$，$\mu=0.0262$（第 5 列），$\mu=0.0275$（第 6 列）情形下中国潜在人均 GDP 增长率的 5 年平均值。

数据来源：Maddison 2018；PWT 9.0；作者计算。

5.2 中国 GDP 潜在增长率预测：2016—2050

GDP 潜在增长率可以分解为人均 GDP 增长率和总人口增长率。本章中人口的预测数据来自联合国人口展望 2017。联合国人口展望在不同的生育率情形下预测了各国人口，即低生育率、中等生育率、高生育率、固定生育率和即时替换生育率。其中，高生育率情形下的总和生育率比中等生育率情形下高出 0.5 个百分点的出生率，而低生育率比中等生育率低 0.5 个百分点的出生率。

图 2.8 描述了中等生育率情形下预测的 2015—2050 年中国和美国的总人口。如图所示，中国的总人口将在 2029 年达到 14.42 亿的最高峰，随后逐渐下降，2050 年总人口将下降到 13.71 亿人。然而，这一时期美国总人口预计将以每年 0.57% 的速度增长。图 2.9 描述了在三种不同生育率情形下预测的 2015—2050 年中国的人口增长率。可见，在低、中、高三种生育率情形下，中国总人口将分别在 2022 年、2030 年和 2045 年转为负增长。可以确定的是，老龄化导致的中国总人口下降，将逐渐成为中国经济可持续增长的重要挑战。

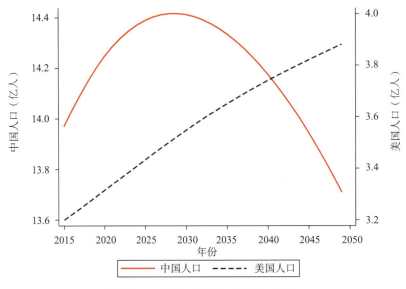

图 2.8　中美总人口对比（2015—2050）

注：此表中人口数据为中等生育率情形下的预测数据。

数据来源：联合国 WPP 2017 数据库；作者计算。

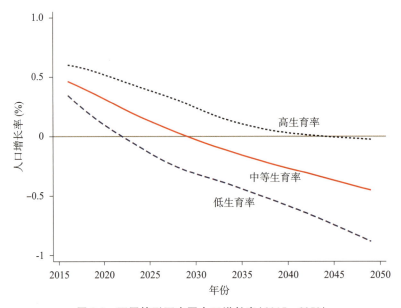

图 2.9　不同情形下中国人口增长率（2015—2050）

数据来源：联合国 WPP 2017 数据库；作者计算。

通过加总人均 GDP 潜在增长率和人口增长率,我们可以得到不同情形下中国未来经济潜在增长率的预测。为节省篇幅,我们这里考虑三种情形,即低情形($\mu=0.020$ 和低生育率),中等情形($\mu=0.023$ 和中等生育率)和高情形($\mu=0.026$ 和高生育率)。图 2.10 展示了这三种情形下 2015—2050 年中国 GDP 潜在增长率的预测值变化。在此期间,低情形下中国的潜在 GDP 增速预计从 2015 年的 6.70% 逐渐下降为 2050 年的 2.46%。中等(高)情形下中国的潜在 GDP 增速预计从 2015 年的 7.06%(7.09%)逐渐下降为 2050 年的 3.22%(3.98%)。附录表 A2.2 列出了 2015—2050 年分别用 Maddison 2018 和 PWT 9.0 预测的每年的中国潜在 GDP 增长率。

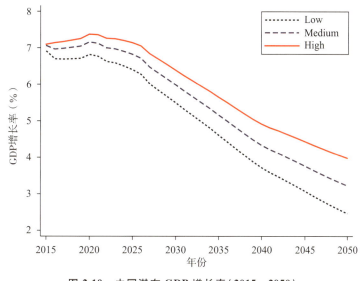

图 2.10 中国潜在 GDP 增长率(2015—2050)

注:Low、Medium 和 High 分别表示低($\mu=0.020$ 和低生育率)、中($\mu=0.023$ 和中等生育率)、高($\mu=0.026$ 和高生育率)三种情形下中国 GDP 增长率的预测。

数据来源:Maddison 2018;作者计算。

表 2.5 给出了分别用 Maddison 2018 和 PWT 9.0 两套数据得到的每 5 年中国潜在 GDP 的平均增长率。在低情形下,2016—2020 年、2021—2025 年、2026—2030 年、2031—2035 年、2036—2040 年、2041—2045 年及 2046—2050 年,中国潜在 GDP 平均增速分别为 6.66%、6.51%、5.78%、4.90%、4.01%、3.28% 和 2.66%。在中等(高)情形下,平均增速分别为 6.96%(7.20%)、6.88%

（7.20%）、6.24%（6.66%）、5.42%（5.91%）、4.59%（5.18%）、3.94%（4.62%）和 3.39%（4.16%）。2016—2050 年，中国潜在 GDP 的平均增长率在低、中、高三种情形下分别为 4.83%、5.35% 和 5.85%。

表 2.5 中国潜在人均 GDP 增长率 5 年平均（2016—2050） 单位：%

区间	低情形 根据 Maddison	低情形 根据 PWT	中等情形 根据 Maddison	中等情形 根据 PWT	高情形 根据 Maddison	高情形 根据 PWT
2016—2020	6.72	6.60	7.03	6.88	7.22	7.18
2021—2025	6.58	6.43	6.96	6.80	7.24	7.17
2026—2030	5.86	5.70	6.32	6.16	6.70	6.63
2031—2035	4.97	4.83	5.49	5.35	5.94	5.89
2036—2040	4.06	3.95	4.65	4.53	5.20	5.17
2041—2045	3.33	3.24	3.99	3.89	4.62	4.62
2046—2050	2.70	2.63	3.43	3.35	4.15	4.17
总平均	4.89	4.77	5.41	5.28	5.87	5.83

注：低、中、高三种情形分别表示 $\mu=0.020$ 和低生育率，$\mu=0.023$ 和中等生育率，$\mu=0.026$ 和高生育率。

数据来源：Maddison 2018；Penn World Table 9.0；作者计算。

5.3 中国经济的收敛与预测效果

中国经济规模将在何时超越美国？根据 IMF 的测算，2017 年中美 GDP 分别达到 12.24 万亿和 19.39 万亿美元。按照我们对 GDP 增速的预测，在低、中、高情形下，中国的经济规模将分别在 2028 年、2030 年和 2032 年超过美国，成为世界第一大经济体。图 2.11 显示了中等情形下按市场汇率衡量的中国经济规模将在 2030 年超过美国。如果世界经济保持年均增长 3.55%（1960—2016 年的年均增长率），根据预测结果，到 2050 年，中国占世界经济的比重将达到 24%。

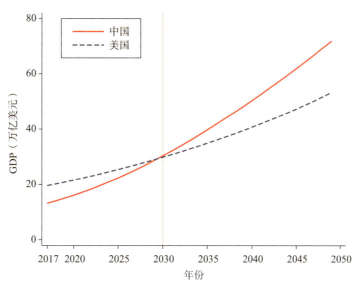

图 2.11 中美经济规模预测（2017—2050）

注：中等情形（μ=0.023和中等生育率）下，按市场汇率衡量的中国经济规模将在2030年超过美国。

数据来源：Maddison 2018；作者计算。

然而，开放经济体的赶超过程是人均收入水平和人均GDP增长率均向领先经济体收敛的过程。人均GDP通常用来衡量相对的发展阶段以进行国际比较。基于 Maddison 2018 的预测显示，按照购买力平价，在高情形下，以2011年国际元衡量的中国人均GDP预计由2015年的11 944美元上升到2050年的87 099美元。图2.12描绘了2015—2050年这一阶段中国相对人均GDP的预测值。结果显示2015年中国的人均GDP相当于美国的24%，经过35年的追赶，在高情形下将达到美国的66.4%，在中、低情形下，由于美国的人均GDP增长率相对高情形要低一些，中国人均GDP将分别达到美国的70.1%和72.1%。在高情形下，到2050年，中国相对美国的人均GDP大致上相当于2007年的西班牙（66.4%）、2013年的意大利（65.1%）和新西兰（64.5%），以及2014年的韩国（66.7%）。

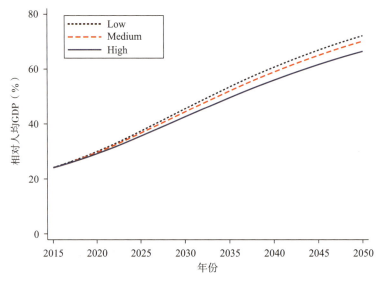

图 2.12　中国相对人均 GDP 变化（2015—2050）

注：Low、Medium 和 High 分别表示低（$\mu=0.020$ 和低生育率）、中（$\mu=0.023$ 和中等生育率）、高（$\mu=0.026$ 和高生育率）三种情形下中国相对人均 GDP 的预测。

数据来源：Maddison 2018；作者计算。

然而，根据 IMF 发布的 2019 年国际经济展望，按照市场汇率衡量，2018 年中国人均 GDP（9 608 美元）为美国（62 606 美元）的 15.3%，按照预测的人均 GDP 增长率，到 2050 年，中国人均 GDP 将达到美国的 40% 左右。

值得注意的是，进一步深化对外开放是中国在未来二 30 年成功收敛到高收入国家的前提条件。在中美贸易摩擦的背景下，一个极端的情况是，中国完全切断与美国的经贸往来。在这种情形下，上述分析框架不再适用，而改革开放前的平均增长率可以作为未来 30 年平均增速的一个参考。根据 Maddison 2018 数据库，中国在 1950—1977 年这一阶段，人均 GDP 年平均增长速度为 2.86%。关闭与发达经济体的经贸往来，将会导致经济遭遇"硬着陆"。假设未来 30 年美国人均 GDP 年均增速为 2%，在这种情形下，中美两国人均 GDP 预测如图 2.13 所示。中国人均 GDP 与美国的比例，将由 2015 年的 23.31% 上升为 2050 年的 31.02%。

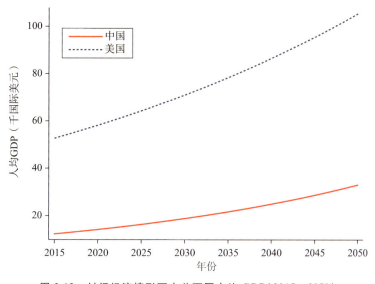

图 2.13 封闭经济情形下中美两国人均 GDP（2015—2050）

注：在本图中，假定 2015—2050 年，中美两国人均 GDP 增速分别为 2.86% 和 2%。

数据来源：Maddison 2018；作者计算。

实际上，中国尚未真正面临去全球化，完全对外关闭市场的极端情形也不可能发生。不过，随着中国进一步的追赶，中美之间既竞争又合作的关系将成为常态。因此，中国未来 30 年的增长前景，应介于封闭经济情形与基于开放经济体增长收敛框架做出的预测二者之间。

最后，为检验我们模型预测的效果，我们对比了 2015—2018 年我国 GDP 的增长率与相应的预测数据。根据国家统计局的数据，2015—2018 年，我国 GDP 增长率分别为 6.9%、6.7%、6.8% 和 6.6%。我们发现，我国 GDP 的实际增长数据，落在了模型预测的低情形和中情形 GDP 增长数据的区间内。这在一定程度上说明了根据开放经济体增长收敛模型进行的样本外预测的可靠性（见图 2.14）。

6. 结论与政策含义

本章在开放经济的追赶溢出模型的框架下，基于跨国生产率收敛规律并利用中国的人口结构动态演进特征，分析了中国未来 30 年的潜在增长率。不同情形的预测结果显示,中国人均 GDP 潜在增速将由 2016—2020 年的 6.39%—6.66%,逐渐下降为 2045—2050 年的 3.48%—4.19%。由于老龄化导致人口增长由正转负,中国 GDP 潜在增速将由 2016—2020 年的 6.60%—7.22%,逐渐下降到 2045—2050 年的 2.63%—4.17%。2016—2050 年整个期间,中国 GDP 潜在平均增长率在低、中、高三种情形下将分别达到 4.83%、5.35% 和 5.85%。

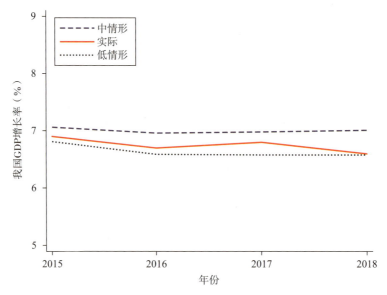

图 2.14　模型预测效果检验:我国实际增长数据与预测数据

数据来源:Maddison 2018;作者计算。

本章阐述了对外开放对发展中国家实现成功追赶的重要意义,并在分析框架中对追赶溢出模型进行了拓展,允许收敛率随时间改变。这样不但可以考察收敛效应的动态变化,更主要的是可以分析影响追赶经济体掌握、吸收来自领先经济体知识溢出和技术转移能力的决定因素。实证估计结果显示,城市化进程、人力资本的积累对于提高追随经济体的赶超能力具有重要作用。我们认为本章的分析和结果,特别是对于中国和其他采取开放政策的转型经济体具有重要的政策参考意义。

增长的理论和经验均表明,对外开放是发展中国家成功缩短与发达国家差距的前提条件。开放促进了发展中国家参与国际分工和开展对外合作交流,为发展中国家提供了接触领先经济体先进知识、技术转移和知识溢出的机会和可能,并有利于提升自主创新能力,这些对发展中国家经济起飞至关重要。在对外开放过程中,发展中国家也应加强自身对知识产权的保护,积极营造有利于鼓励创新和技术转移的制度环境。

进一步开放和改革国内市场,对于未来几十年中国跨越所谓的"中等收入陷阱"、顺利步入高收入经济体行列至关重要。在当前推进的供给侧改革中,国有企业改革和金融体系改革是民营资本和国外投资者关注的核心领域。由于中国的市场结构和制度体系与西方发达国家存在较大差别,中国进一步开放国内市场和对外开展业务的过程中,更应利用和遵守国际市场规则和实践。

人口老龄化将越来越成为中国经济未来可持续增长的挑战和制约因素。中国的老龄化人口已经开始增长。联合国的预测数据显示,在中等生育率情形下,总人口将从2030年开始下降。随着老龄化进程加快,中国的养老体系和社保体系的压力和负担将不断增加,同时人力资源的积累也会受到阻碍。考虑到当前下降的总和生育率和较低的生育意愿,应适时考虑全面取消生育控制政策,并结合实际研究给予二孩及以上家庭以适当补贴。

推进城市化进程和促进人力资本积累是相互促进的过程。人口的质量和人口的聚集对于发展中国家"干中学"和提升创新能力都是不可或缺的。充分发挥城市作为信息和知识汇集中心的作用需要人力资本积累。人力资本的增长和聚集,离不开城市化进程中教育水平的提高和基础设施的完善。在加大基础教育和职业教育投入、改善基础设施建设的基础上,中国也应注重消除人口转移和流动的成本和障碍,促进教育及其他资源的合理流动及提高跨地区的配置效率,为提升创新能力和可持续发展动力提供智力支持与基础保障。

参考文献

Abramovitz M. 1956. Resource and output trends in the United States since 1870[J]. American Economic Review, 46(5):5-23.

Autor D, Dorn D, Hanson G. 2013. The China syndrome:Local labor effects of import competition in the United States[J]. American Economic Review, 103:212-268.

Barro R J. 1991. Economic growth in a cross section of countries[J]. Quarterly Journal of Economics, 106:407-41.

Barro R J, Sala-i-Martin X. 1992. Convergence[J]. Journal of Political Economy, 100(2): 223-251.

Barro R J, Sala-i-Martin X. 1997. Technological diffusion, convergence, and growth[J]. Journal of Economic Growth, 2(1):1-26.

Becker G S, Murphy K M, Tamura R. 1990. Human capital, fertility, and economic growth[J]. Journal of Political Economy, 98(5, Part 2):S12-S37.

Bloom N, Draca M, Van Reenen J. 2016. Trade induced technical change? The impact of Chinese imports on innovation, IT and Productivity[J]. The Review of Economic Studies, 83(1): 87-117.

Bolt J, Van Zanden J L. 2014. The Maddison Project: Collaborative research on historical national accounts[J]. The Economic History Review, 67 (3): 627-651.

Cai F, Lu Y. 2013. Population change and resulting slowdown in potential GDP growth in China[J]. China & World Economy, 21(2): 1-14.

Cass D. 1965. Optimum growth in an aggregative model of capitalaccumulation [J]. The Review of Economic Studies, 32(3): 233-240.

Eichengreen B, Park D, Shin K. 2012. When fast-growing economies slow down: International evidence and implications for China[J]. Asian Economic Papers, 11(1): 42-87.

Feenstra R C, Inklaar R, Timmer M P. 2015. The next generation of the Penn World Table[J]. American Economic Review, 105(10), 3150-3182.

Holz C A. 2008. China's economic growth 1978 – 2025: What we know today about China's economic growth tomorrow[J]. World Development, 36(10): 1665-1691.

IMF. 2017. World Economic Outlook, 2017[R/OL]. [2020.01.25]. https://www.imf.org/en/publications/weo.

IMF. 2019. A weakening global expansion. World Economic Outlook Update[R/OL]. (2019.01) [2020.02.24]. https://www.imf.org/en/Publications/WEO/Issues/2019/01/11/weo-update-january-2019.

Jiang Y, Guo Y, Zhang Y. Forecasting China's GDP growth using dynamic factors and mixed-frequency data[J]. Economic Modelling, 2017, 66: 132-138.

Koopmans T C. 1965. On the concept of optimal economic growth[M]//Study Week on the Econometric Approach to Development Planning, Amsterdam: North-Holland Publishing Co.: 225-287.

Li H, Loyalka P, Rozelle S, et al. 2017. Human capital and China's future growth[J]. Journal of Economic Perspectives, 31(1): 25-48.

Lucas R. 1993. Making a miracle[J]. Econometrica, 61(2): 251-272.

Lucas R E. 2009. Trade and the diffusion of the industrial revolution[J]. American Economic Journal: Macroeconomics, 1(1): 1-25.

Melitz M. 2003. The impact of trade on intra-industry reallocations and aggregate productivity growth[J], Econometrica, 71, 1695-1725.

Melitz M, Redding S. 2014. Heterogeneous Firms and Trade[M/OL]//Gopinath G, Helpman E, Rogoff K. Handbook of International Economics. Amsterdam: Elsevier: 1-54. [2020.02.24]. https://www.sciencedirect.com/handbook/handbook-of-international-economics/vol/4/suppl/C.

Parente S L, Prescott E C. 2000. Barriers to Riches[M]. Cambridge: MIT Press.

Pritchett L, Summers L H. 2014. Asiaphoria meets regression to the mean (NBER Working Paper No.20573)[EB/OL]. [2020.01.25]. https://papers.ssrn.com/sol3/papers.cfm?abstract_id=2510070.

Ramsey F P. 1928. A mathematical theory of saving[J]. The Economic Journal, 38(152): 543-559.

Rodriguez A M, et al. 2005. Learning Externalities, Human Capital and Growth[D/OL]. [2020.02.24]. http://citeseerx.ist.psu.edu/viewdoc/citations;jsessionid=CE629DD8824BA3F33B166B00B43ACA0F? doi=10.1.1.575.714.

Sachs J, Warner A. 1995. Economic reform and the process of global integration[J]. Brookings Papers on Economic Activity, 1: 1-95.

Solow R M. 1956. A contribution to the theory of economic growth[J]. Quarterly Journal of Economics, 70(1): 65-94.

Solow R M. 1957. Technical change and the aggregate production function[J]. Review of Economics and Statistics, 39: 312-320.

Tamura R. 1991. Income convergence in an endogenous growth model[J]. Journal of Political Economy, 99(3): 522-540.

Wang Y, Yao Y D. 2003. Sources of China's economic growth 1952-1999: Incorporating human capital accumulation[J]. China Economic Review, 14: 32-52.

World Bank. 2012. China 2030: Building a modern, harmonious, and creative society[R/OL]. [2020.01.25]. https://www.worldbank.org/en/news/feature/2012/02/27/china-2030-executive-summary.

白重恩,张琼. 2017. 中国经济增长潜力预测:兼顾跨国生产率收敛与中国劳动力特征的供给侧分析[J]. 经济学报,4(4):1-27.

陆旸,蔡昉. 2016. 从人口红利到改革红利:基于中国潜在增长率的模拟[J]. 世界经济. 1:3-23.

刘世锦. 2015. 中国经济增长十年展望(2015—2024):攀登效率高地[M]. 北京:中信出版社.

刘世锦,刘培林,何建武. 2015. 我国未来生产率提升潜力与经济增长前景[J]. 管理世界,3:1-5.

王少平,杨洋. 2017. 中国经济增长的长期趋势与经济新常态的数量描述[J]. 经济研究,6:46-59.

中国发展研究基金会"博智宏观论坛"中长期发展课题组. 2018. 2035:中国经济增长的潜力、结构与路径[J]. 管理世界,7:1-12.

中国经济增长前沿课题组. 2012. 中国经济长期增长路径、效率与潜在增长水平[J]. 经济研究,11:4-17.

中国经济增长前沿课题组. 2014. 中国经济增长的低效率冲击与减速治理[J]. 经济研究,12:4-17.

中国经济增长前沿课题组. 2015. 突破经济增长减速的新要素供给理论、体制与政策选择[J]. 经济研究,11:4-19.

张军. 2015. 中国经济的"非常态"[EB/OL]. (2015.03.18)[2020.02.24]. https://wenku.baidu.com/view/e7cbee82fab069dc51220118.html.

附录

表 A2.1　开放/封闭经济体分类

经济体代码	经济体名称	开放时间	是否开放
AGO	安哥拉	未开放	0
ALB	阿尔巴尼亚	1992	0
ARG	阿根廷	1991	0
AUS	澳大利亚	1964	1
AUT	奥地利	1960	1
BDI	布隆迪	未开放	0
BEL	比利时	1960	1
BEN	贝宁	1990	0
BFA	布基纳法索	未开放	0
BGD	孟加拉国	未开放	0
BGR	保加利亚	1991	0
BOL	玻利维亚	1985	0
BRA	巴西	1991	0
BRB	巴巴多斯	1966	1
BWA	博茨瓦纳	1979	1
CAF	中非共和国	未开放	0
CAN	加拿大	1952	1
CHE	瑞士	一直开放	1
CHL	智利	1976	1
CHN	中国内地	1979	1
CIV	科特迪瓦	未开放	0
CMR	喀麦隆	1993	0
COD	刚果（金）	未开放	0
CGO	刚果（布）	未开放	0
COL	哥伦比亚	1991	0
CRI	哥斯达黎加	1986	0
CYP	塞浦路斯	1960	1

（续表）

经济体代码	经济体名称	开放时间	是否开放
CZE	捷克共和国	1991	0
DEU	德国	1959	1
DNK	丹麦	1960	1
DOM	多米尼加共和国	未开放	0
DZA	阿尔及利亚	未开放	0
ECU	厄瓜多尔	1991	0
EGY	埃及	未开放	0
ESP	西班牙	1959	1
ETH	埃塞俄比亚	未开放	0
FIN	芬兰	1960	1
FRA	法国	1959	1
GAB	加蓬	未开放	0
GBR	英国	一直开放	1
GHA	加纳	1985	0
GIN	几内亚	1986	0
GMB	冈比亚	1985	0
GNB	几内亚比绍	1987	0
GRC	希腊	1959	1
GTM	危地马拉	1988	0
HKG	中国香港	一直开放	1
HND	洪都拉斯	1991	0
HRV	克罗地亚	1993	0
HTI	海地	未开放	0
HUN	匈牙利	1990	0
IDN	印度尼西亚	1970	1
IND	印度	1994	0
IRL	爱尔兰	1966	1
IRN	伊朗	未开放	0
ISR	以色列	1985	0
ITA	意大利	1959	1

（续表）

经济体代码	经济体名称	开放时间	是否开放
JAM	牙买加	1989	0
JOR	约旦	1965	1
JPN	日本	1962	1
KEN	肯尼亚	1993	0
KOR	韩国	1968	1
LKA	斯里兰卡	1991	0
LUX	卢森堡	1959	1
MAR	摩洛哥	1984	0
MDG	马达加斯加	未开放	0
MEX	墨西哥	1986	0
MKD	马其顿	1994	0
MLI	马里	1988	0
MMR	缅甸	未开放	0
MOZ	莫桑比克	未开放	0
MRT	毛里塔尼亚	1992	0
MUS	毛里求斯	1968	1
MWI	马拉维	未开放	0
MYS	马来西亚	1963	1
NER	尼日尔	未开放	0
NGA	尼日利亚	未开放	0
NIC	尼加拉瓜	1991	0
NLD	荷兰	1959	1
NOR	挪威	一直开放	1
NPL	尼泊尔	1991	0
NZL	新西兰	1986	0
PAK	巴勒斯坦	未开放	0
PER	秘鲁	1991	0
PHL	菲律宾	1988	0
POL	波兰	1990	0
PRT	葡萄牙	一直开放	1

(续表)

经济体代码	经济体名称	开放时间	是否开放
PRY	巴拉圭	1989	0
ROU	罗马尼亚	1992	0
RUS	俄罗斯联邦	未开放	0
RWA	卢旺达	未开放	0
SEN	塞内加尔	未开放	0
SGP	新加坡	1965	1
SLE	塞拉利昂	未开放	0
SVN	斯洛文尼亚	1991	0
SWE	瑞典	1960	1
SYR	叙利亚	1965年起封闭	0
TCD	乍得	未开放	0
TGO	多哥	未开放	0
THA	泰国	一直开放	1
TTO	特立尼达和多巴哥	未开放	0
TUN	突尼斯	1989	0
TUR	土耳其	1989	0
TWN	中国台湾	1963	1
TZA	坦桑尼亚	未开放	0
UGA	乌干达	1988	0
URY	乌拉圭	1990	0
USA	美国	一直开放	1
VEN	委内瑞拉	1993年起封闭	0
YEM	也门	一直开放	1
ZAF	南非	1991	0
ZMB	赞比亚	1993	0
ZWE	津巴布韦	未开放	0

注：该表是以1980年为界判断经济体是否开放。如果1980年前已经开放，则该经济体取值为1，认定为开放经济体；如果1980年之后开放，则该经济体取值为0，认定为封闭经济体。

数据来源：Sachs and Warner (1995)。

表 A2.2　中国潜在 GDP 增速预测（2015—2050）　　　　单位：%

年份	低情形		中等情形		高情形	
	根据 Maddison	根据 PWT	根据 Maddison	根据 PWT	根据 Maddison	根据 PWT
2015	6.91	6.81	7.06	6.92	7.09	7.06
2016	6.70	6.59	6.96	6.82	7.13	7.10
2017	6.69	6.58	6.98	6.84	7.16	7.12
2018	6.70	6.58	7.01	6.86	7.21	7.16
2019	6.71	6.58	7.04	6.89	7.25	7.20
2020	6.82	6.68	7.15	7.00	7.37	7.31
2021	6.77	6.63	7.12	6.96	7.35	7.29
2022	6.63	6.48	6.99	6.83	7.26	7.19
2023	6.59	6.44	6.96	6.80	7.24	7.18
2024	6.50	6.35	6.90	6.73	7.20	7.13
2025	6.40	6.25	6.82	6.65	7.14	7.07
2026	6.27	6.12	6.71	6.54	7.05	6.98
2027	6.01	5.86	6.47	6.31	6.84	6.77
2028	5.84	5.68	6.31	6.14	6.69	6.62
2029	5.67	5.51	6.15	5.98	6.54	6.47
2030	5.49	5.34	5.98	5.82	6.39	6.31
2031	5.31	5.16	5.81	5.66	6.23	6.17
2032	5.14	5.00	5.65	5.50	6.09	6.03
2033	4.97	4.83	5.49	5.35	5.94	5.89
2034	4.80	4.67	5.33	5.19	5.80	5.76
2035	4.61	4.48	5.16	5.02	5.64	5.61
2036	4.42	4.30	4.99	4.86	5.50	5.47
2037	4.24	4.12	4.81	4.69	5.34	5.32
2038	4.05	3.94	4.64	4.53	5.19	5.17
2039	3.88	3.77	4.48	4.37	5.04	5.02

（续表）

年份	低情形		中等情形		高情形	
	根据 Maddison	根据 PWT	根据 Maddison	根据 PWT	根据 Maddison	根据 PWT
2040	3.72	3.61	4.33	4.22	4.91	4.90
2041	3.58	3.48	4.21	4.11	4.81	4.80
2042	3.46	3.37	4.11	4.01	4.72	4.72
2043	3.33	3.24	3.99	3.89	4.62	4.63
2044	3.20	3.12	3.88	3.78	4.53	4.53
2045	3.07	2.99	3.76	3.67	4.43	4.44
2046	2.94	2.86	3.64	3.56	4.34	4.35
2047	2.82	2.74	3.53	3.45	4.24	4.26
2048	2.69	2.62	3.42	3.35	4.15	4.17
2049	2.58	2.51	3.32	3.24	4.06	4.08
2050	2.47	2.40	3.22	3.15	3.98	4.00

注：低、中、高三种情形分别表示 $\mu=0.020$ 和低生育率，$\mu=0.023$ 和中等生育率，$\mu=0.026$ 和高生育率。

数据来源：Maddison 2018；Penn World Table 9.0；作者计算。

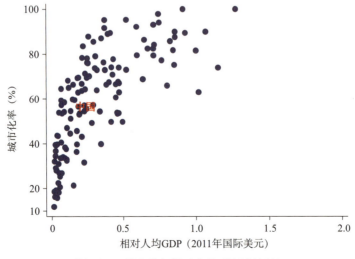

图 A2.1　城市化与相对人均 GDP（2014）

数据来源：Maddsion 2018；作者计算。

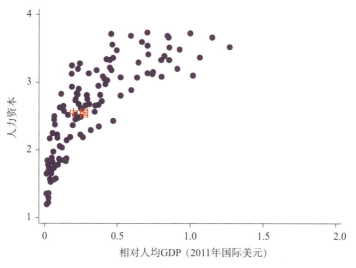

图 A2.2 人力资本与相对人均 GDP

数据来源：Maddsion 2018；作者计算。

AGING AND SOCIAL POLICY

第三章
老龄化与社会政策

白晨(中国人民大学劳动人事学院)
雷晓燕(北京大学国家发展研究院)

1. 背景：从人口红利到人口老龄化

人口结构变迁是解释改革开放以来中国经济快速增长的一个重要因素。从20世纪60年代中期开始，随着总和生育率见顶下滑，中国人口逐步转入"低出生、低死亡、低增长"阶段。70年代至80年代，严格计划生育政策的推行进一步加速了人口结构转变。根据世界银行的估计（见图3.1），这一时期，中国15—64岁劳动年龄人口总量约从4.6亿迅速增加至7.3亿，占总人口的65.3%。由于婴儿出生率被政策人为压低，14岁以下儿童占总人口比重从1970年的40%降至1990年的28.7%，下降了11.3个百分点，加之65岁以上老年人口平均占比始终不到5%，社会总负担较轻，人口总抚养比（特别是少儿抚养比）大幅下降。

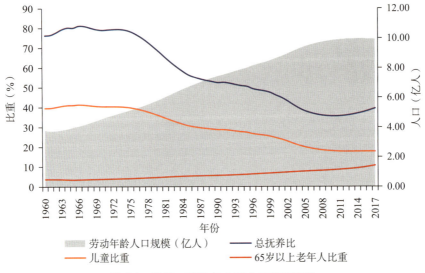

图 3.1　1960—2017年中国人口结构变化

数据来源：Population Estimates and Projections, World Bank Group。

劳动年龄人口的迅速增加与社会总抚养比的持续下降"塑造"了一个富于"生产性"的人口结构（劳动力规模大于消费人口）（Gribble and Bemner, 2012）。重要的是，这种"生产型"人口结构的出现恰与改革开放同步。特别是在改革开放前期，它为推动中国经济的高速增长提供了巨大而持续的人口动能，学术界将其称作"人口红利"(demographic dividend)(Cai and Du, 2009)。根据蔡昉(Cai and Wang, 2005)等学者的估计,1982—2000年,人均GDP有近30%的增长率可以归因于人口红利的贡献。

人口红利对中国经济增长的贡献主要体现在两个方面:其一,劳动年龄人口规模的迅速增加不仅保障了充足的劳动力供给,而且伴随20世纪90年代以来劳动人口的城乡转移,使得农村大量富余劳动力得以从生产率较低的农业部门进入生产率更高的工业部门,进而促进了平均劳动生产率的显著提升(Cai and Wang, 1999)。与此同时,劳动力的充分供给也让中国的劳动力工资得以长期维持在相对较低的水平,这不仅使得收入分配更多地向企业倾斜,增加了企业部门的储蓄,而且还有助于中国企业凭借较低的劳动力成本,在随后经济全球化的激烈竞争中取得更好的比较与后发优势。其二,高储蓄率一直被认为是推动中国经济增长的一大优势,其与人口结构之间也有着密切的联系。人口红利阶段,随着社会总抚养比的持续下降,储蓄意愿与能力更强的生产者数量大幅超越老人与儿童等消费者,使得国民收入中用于消费支出的部分相对减少,用于储蓄的部分相应增加。根据估计,1970—2000年,中国的居民储蓄率及总储蓄率分别从7%和30.5%迅速增长至22%和45.9%(Kraay, 2000;Yang et al., 2011)。储蓄率的提升促进了投资需求与资本积累,进一步提高了经济的供给能力与潜在增长率。除此之外,相对年轻的人口结构,往往被证明更有助于激发社会技术创新与企业家精神,成为经济保持持续活力的一个重要保障。

当然,人口红利的"机会窗口"不会永久开放,伴随总和生育率的持续下降与预期寿命的不断延长(2017年中国平均预期寿命达76.7岁,较改革开放初期增加了10岁多),老龄化进程无疑将大大加速中国人口结构从"生产型"向"负债型"(消费人口大于劳动人口)不可逆的转变,人口红利逐渐消退。

事实上,早在21世纪初,中国人口结构的转变就已经悄然开启。第五次全国人口普查数据显示,总和生育率在2000年左右已经降至1.22。这不仅不及联合国1.55与世界银行1.48的中方案估计,更远远低于国际2.1的替代水平。与此同时,65岁以上老年人口占总人口比重首次超过联合国7%的标准线,这标志中国正式步入老龄化社会。进入21世纪,中国成功入世,在开始迎来它十年经济高速增长黄金期的同时,其人口也开始经历更深层次的结构性转变。根据世界银行与联合国中方案的估计,中国总人口增速逐年趋缓,将在2029年左右达到14亿多的峰值后进入负增长阶段,2049年预计降至13.7亿左右(见图3.2)。在这样的趋势下,劳动年龄人口缩减首当其冲。2004年,东南沿海地区广泛报道的大规模"用工荒"预示了进城务工人员的短缺,劳动力工资随之明显增长。2012年前后,中国劳动年龄人口规模达到顶峰(接近10亿左右)并开始回落。差不多同一时期,总抚养比也结束长达40多年的下降趋势,触底反弹。65岁以上老年人口的比重也在这一时期突破10%,达到1.4亿。这一系列明显的变化,都反映着中国人口结构的深刻转变——人口红利的逐渐消退与老龄化进程的不断加速成为中国经济发展不得不面对的一个重大挑战。

图3.2　1960—2049年中国人口结构变化

数据来源:Population Estimates and Projections,World Bank Group。

2. 中国人口老龄化的趋势与特征

根据中国人口与发展研究中心于2018年最新公布的中国人口预测(以下简称CPP 2018)(贺丹,2018)中方案数据,同时结合联合国人口司与世界银行的相关研究成果,我们发现未来30年,中国人口老龄化将主要呈现以下五个方面的特征。

2.1 老年人口迎来总量高峰，老龄化程度不断加深

由于这一时期正好处在中国第一次(1949—1957年)与第二次(1962—1970年)生育高峰期出生人口先后步入老年的阶段，因此，65岁以上老年人口数量预计将迎来大幅度增长。根据CPP 2018中方案预测(见图3.3)，老年人口预计分别在2018—2022年、2027—2038年迎来两次增长高峰，年均净增860万—1 120万人。特别是第二次增长高峰期，不仅持续10年之久而且增长速度快，每年平均增速达到1 123万人。预计到2049年，中国65岁以上老年人口将接近4亿(3.99亿)，超过总人口比重的四分之一(28.9%)，较同期OECD发达国家平均老龄化水平(25.7%)高出3.2个百分点，超出欠发达国家的平均老龄化水平一倍多。

图 3.3　2018—2049年中国65岁以上老年人口增长预测

数据来源：贺丹(2018)。

2.2 老年人口年龄结构转变，高龄化现象日益凸显

未来30年，中国老年人口的增长主体将从低龄老人逐步转变成高龄老人，高龄化趋势日益加强。如图3.4所示，2018—2038年，老年人口增长仍以低龄

老人为主，占老年人口总量的比重超过三分之二，其中65—69岁年轻老人占比达到30%—40%。然而，这种情况在2040年左右开始发生变化，老年人口的高龄化进程加剧，高龄老人增长速度显著提升，同时，低龄老人规模呈逐年下降态势。到2049年，高龄老人总规模将达到1.37亿人，比同期俄罗斯总人口（1.34亿）还多，超过欧洲（0.72亿）、北美（0.38亿）高龄老人数量总和。其占老年人口的比重从10年前的23.9%上升至34.3%，增加了约4 889万人，与同期欧洲高龄化的平均水平（36.4%）相当，较同期老龄化最严重的日本低8.7个百分点。

图 3.4　2018—2049年中国老年人口规模年龄结构及趋势预测

数据来源：贺丹（2018）。

2.3　劳动年龄人口持续缩减，年龄结构趋于老化

中国劳动年龄人口数量尽管从2012年前后开始下行，但缩减幅度总体还较小。2018—2026年，劳动年龄人口总量仍维持在9.8亿以上。但随着第二次老年人口增长高峰的到来，劳动年龄人口规模从2027年开始进入快速下行通道，以年均780万人的速度缩减，到2049年降至8亿人，减少近2亿，占总人口比重降至60.2%，略高于同期发达国家平均水平。与此同时，劳动年龄人口趋于老化，年龄中位数从2017年的39岁上升至2049年的43岁，提高了4岁左右。随着第三次生育高峰期（1970—1990年）出生人口在这一时期进入壮年，

如图 3.5 所示,2018—2049 年间,15—24 岁劳动年龄人口从 1.62 亿下降至 1.31 亿;25—54 岁劳动年龄人口从 6.64 亿降至 4.43 亿。相比之下,54—65 岁的"大龄"劳动年龄人口预计将从 1.64 亿上升至 2.17 亿,预计到 2045 年左右达到峰值,占劳动年龄总人口比重达到 26.5%,较 2018 年上升了 10 个百分点。

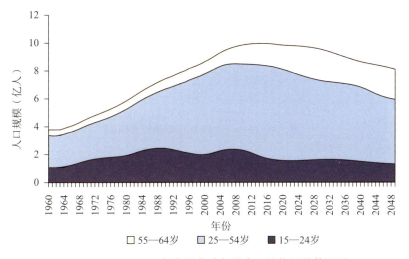

图 3.5　1960—2049 年中国劳动年龄人口结构及趋势预测

数据来源:Population Estimates and Projections, World Bank Group。

2.4　人口总抚养比大幅提升,养老负担超过抚幼负担

这一时期,中国人口总抚养比快速上升,如图 3.6 所示到 2049 年达到 72,即每 100 个劳动年龄人口要抚养 72 人(包括 23 个孩子与 49 个老人),较 2018 年上升了 31 点,与同期欧洲整体水平相当(75),远高于发展中国家平均水平(57)。总抚养比的变动主要来自老年抚养比的大幅上升。相比之下,少儿人口规模受生育政策调整完善的影响,在经历短暂增长后,约在 2022 年达到峰值(2.43 亿),此后进入下行通道。少儿抚养比随之稳步下降,最终稳定在 20—22 的范围。同时,老年人口快速上升使得老年抚养比在 2027 年左右超过少儿抚养比,自此以后,养老负担日益成为劳动年龄人口负担的主要压力来源。到 2049 年,老年抚养比上升至 49.9,高出 OECD 发达国家平均水平(43.9)约 6 个点。

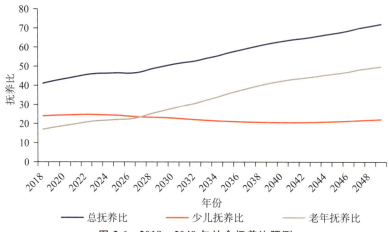

图 3.6　2018—2049 年社会抚养比预测

数据来源：贺丹（2018）。

2.5　家庭规模小型化，空巢老人规模快速扩大

如图 3.7 所示，1982 年，随着严格计划生育政策的施行，中国家庭的平均规模（人数）开始逐渐缩小，家庭小型化趋势持续强化。根据 Zeng（2018）的估计，1982—2015 年，家庭平均人数从 4.4 人下降至 2.89 人，该趋势将进一步持续，到 2050 年，中国家庭的平均规模下降至 2.51 人。其中，农村地区家庭规模的下降速度远远快于城镇，到 2050 年下降至 2.3 人，甚至低于城镇的 2.5 人。

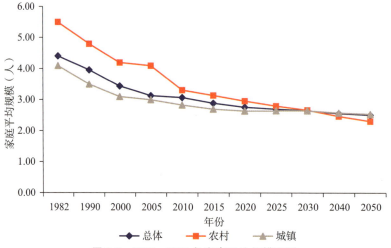

图 3.7　1982—2050 年家庭平均规模预测

数据来源：国家统计局。

受家庭小型化的影响,独居老人(空巢老人)家庭户数在未来30年将大幅增加。如图3.8所示,独居老人家庭户数预计将从2010年的1 754万快速上升至2050年的5 310万。届时,有大约10%的家庭至少有1个65岁以上的老年人。

图3.8　2010—2050年独居老人规模预测

数据来源:Zeng et al.(2019)。

从城乡比较来看,尽管目前农村独居老人家庭户数高于城镇(2015年,农村独居老人大约有1 092万,较城镇高出109万),但此后,预计城镇独居老人家庭户规模将大幅上升,到2025年超过农村达到1 620万,到2050年达到3 976万,超出农村两倍多(见图3.9)。

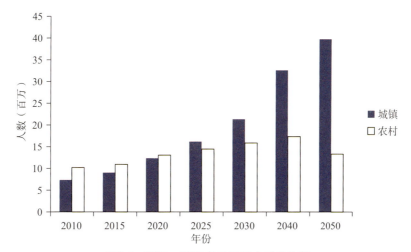

图3.9　2010—2050年独居老人城乡比较

数据来源:Zeng et al.(2019)。

3. 人口老龄化的影响与挑战

从上述特征来看,在总人口逐步转入下行通道、开始惯性负增长的压力下,总和生育率的持续低迷与生育高峰期出生人口大规模步入老年,合力推动了中国人口结构在未来30年的深刻转变。这一时期,不论在规模、速度还是深度(高龄化)上,中国的人口老龄化都将进入前所未有的"加强"阶段。不仅如此,人口金字塔"底部收缩,顶部拉宽"的趋势进一步揭示了老龄化影响下劳动年龄人口规模的持续压缩老化,养老保险基金"入不敷出",以及日益沉重的养老负担等问题。在这样的背景下,人口老龄化及其所带来的人口结构变化都将给中国社会经济的可持续发展带来一系列严峻挑战。

3.1 老龄化对经济增长的影响

首先,老龄人口扩张与劳动年龄人口老化会直接影响劳动力的供给水平。在总和生育率持续低迷的情况下,65岁以上老龄人口规模的不断扩大将持续"压缩"劳动年龄人口的增长空间。前文预测已经揭示,未来30年中国劳动年龄人口因老龄化程度的加深而进入快速下行通道,到2049年劳动年龄人口数量较目前将减少近2亿。不仅如此,在目前强制退休的制度安排下,劳动参与率通常在40—45岁达到峰值后会出现比较明显的下降,劳动年龄人口的日趋老化(45—65岁人口比重占总劳动年龄人口比重上升)无疑会导致实际劳动参与率的持续下降(越来越多的"高龄"劳动人口因为身体、家庭或退休制度安排等原因提早退出劳动市场)与劳动力供给水平的继续下滑。

其次,老龄化程度加深不利于储蓄与投资增长,会降低未来的资本存量。根据生命周期理论,储蓄率往往在劳动年龄阶段达到峰值,且随退休而不断下滑。随着中国人口老龄化进程的不断加剧,储蓄意愿与能力更强的劳动年龄人口减少,而以消费为主、储蓄能力较弱的老年群体大规模增加,居民储蓄规模与储蓄率都难以再像人口红利期那样长期保持在较高的水平。如图3.10所示,2010年前后,中国15—54岁劳动年龄人口与总储蓄率的变化走势基本相一致,均在出现峰值后见顶下滑。不仅如此,老龄人口特别是高龄老人规模的扩张不仅带来医疗、护理及养老保障等非生产性消费支出的大幅增加,进一步"压缩"国民收入中用于生产性公共投资的增长空间,而且还使得企业的高投资也会引发劳动力成本的快速上升和利润率的收缩,进而企业的高储蓄、高投资同样不可持续。最终,储蓄率与投资率的下降进一步导致未来资本存量增速的放缓,成为削弱经济潜在增长动力的一个重要因素。

图 3.10　劳动力供给与总储蓄率、资本形成率(1980—2049)

数据来源:劳动年龄人口比重数据引自中国人口与发展研究中心(2018),资本形成率与总储蓄率引自世界银行数据库。

最后,人口结构的日益老化会影响人力资本的质量与积累。人的知识和技能水平会随着年龄的衰老而不断退化,从长远来看,老年人口的大幅增加以及劳动年龄人口的日趋老化不利于人力资本的积累与质量提升。不仅如此,由于未来30年中国的老年抚养比将大幅超越少儿抚养比,家庭与社会养老负担的加重或将不可避免地挤占对下一代的教育投资,进而影响人力资本的持续积累。

总之,人口老龄化加速了人口红利的消退。根据 Cai and Lu(2016),在经济潜在增长率中方案下,1981—2010年人口红利对中国经济增长的贡献率接近20%,但随着老龄化程度不断加剧,人口红利的经济贡献率在2016—2021年将下降至零,此后,人口红利转而成为人口负债,反而不利于经济可持续增长。

当然,中国经济所面临的老龄化挑战尽管与发达国家有着很多相似之处,但不同的是,中国经历着快速的社会转型,其经济发展与社会保障水平较发达国家还存在很大差距。快速老龄化进程让尚处在"变革"中的中国在"未富"之时就不得不面对与发达国家程度相当甚至更甚的"养老压力",这种"未富先老"局面会在很多方面使老龄化的消极影响进一步放大,给仍在积极谋求保持经济快速增长的中国带来更多的挑战。

3.2 老龄化加剧养老保险的财政压力

为了建立起与市场经济相适应的社会化的养老保险制度,中国政府从20世纪80年代开始就积极推动养老保险从以城市和企业为基础的"现收现付"制逐步向"社会统筹"与"个人账户"相结合(即"统账结合")的部分积累制转轨。遗憾的是,这一转轨至今都没有真正实现。

一方面,尽管目前中国的社会养老保险基金名义上是由社会统筹与个人账户构成,但实际上,"个人账户"上积累的资金由于仍然被用于支付当前退休职工的养老金而成为"空账"。政府持续十余年试点做实空账的努力未果,庞大的"转轨成本"成为养老保险体制改革的一大难题(Li and Lin,2016)。截至2011年,Li and Lin(2013)的估计显示全国个人账户空账率达到34%,空账规模占GDP的2.1%,特别是在国有企业居多的东北老工业区,个人账户的空账率甚至更高。中国社会科学院发布的《中国养老金发展报告2014:向名义账户制转型》(郑秉文,2014)报告显示,以2012年为基准,社会统筹账户的隐形债务为83.6万亿元,个人账户的隐形债务为2.6万亿元。

另一方面,未来30年,随着生育高峰期出生人口大规模步入老年,养老金领取人数将大幅上升而缴费人口却逐渐减少,养老保险基金给付的潜在资金缺口将不断扩大,形成巨大的隐形债务。转轨成本与隐形债务使得当前尚不完善的养老保险制度面临巨大的筹资压力。若不能进一步优化养老保险制度,随着老年人口增长高峰期的到来,筹资压力将"显化"为沉重的财政负担。例如,据世界银行估计,2001—2075年间养老金缺口将达到9.15万亿(Sin and Yu,2005)。中国社会科学院李扬团队的测算发现,2023年城镇企业职工基本养老保险将出现当期收不抵支,2029年累计结余将耗尽,2050年累计缺口将占到当年GDP的91%,当年养老金总支出占GDP比重将达到11.85%(郑秉文,2014)。

3.3 老龄化加剧老年照料与赡养负担

老年人口,特别是高龄老人数量的快速增长使得因生理与心理机能衰退而造成的失能和半失能现象日趋普遍,老年照料与赡养需求及负担因而持续加剧。通常来说,老年人的照料需求可以通过考察老年人日常生活活动能力(activities of daily living, ADL)及工具性生活活动能力(instrumental activities of daily living, IADL)来反映,即随着衰老程度的加剧,其 ADL 与 IADL 都会呈现显著弱化的趋势。例如,基于中国健康与养老追踪调查(China Health and Retirement Longitudinal Study, CHARLS)数据,Giles et al. (2018)研究发现,不论对男性还是对女性而言,65—69 岁中国老人出现 ADL 受损的比率在 9% 左右,80 岁以上高龄老人 ADL 受损需要照料的达到 30%,且还呈总体上升的趋势。

面对老年人群日益增长的照料需求,来自家庭成员的非正式照料一直是中国最主要的老年照料模式。但是,快速老龄化带来的人口结构转变正在严重地削弱着中国未来 30 年老年家庭照料的人口基础。根据全国人口普查资料,2000—2010 年中国有 65 岁及以上老人的家户数增加了近 2 000 万户,而其中新增所谓"空巢老人家庭"(独居或仅与配偶居住)就达到 1 235.5 万户,占增加总数的 62.9%。不仅如此,尽管目前中国老人的平均子女数有 5—6 人,但在 20 世纪 50—60 年代生育高峰期出生的人口中平均每人不到 2 个子女。可以预见,随着这批人在未来 30 年步入老年,"空巢"家庭的数量无疑将迎来更大规模的扩张。在这种情况下,传统的家庭照料势必面临更加严峻的挑战。从长远来看,在机构及社区养老等正式照料服务尚处于起步阶段的情况下,家庭照料负担的加重对劳动力供给与人力资本的积累都会产生非常不利的影响。研究显示,家庭照料不仅会显著地降低 45—65 岁子女,特别是女儿的劳动参与率与工作时长,而且照料负担的加重还会对子女的生理及心理健康产生负面影响。显然,在劳动年龄人口日趋老化的趋势下,家庭照料负担的加重无疑会进一步抑制劳动力供给与人力资本的积累。

放宽生育是中国应对人口老龄化所实施的一项非常重要的人口调节措施。从 2013 年提出启动"单独二孩"到 2015 年"全面实施一对夫妇可生育两个孩子政策"(全面二孩),中国政府试图通过释放生育潜力,缓解老龄化压力,增加劳动力供给。但是,新生人口在经历2014—2017年短暂上升后,到2018年就降至1 523万,不仅较官方预期的1 723万低出200万,而且比CPP 2018低方案预测的1 598万还低。放宽生育政策效果弱化的现实,反映了中国"少子老龄化"的人口困境。随着育龄人口(15—49岁)基数不断下降(见图3.11)以及新的婚育观念与外部压力(婚育机会成本与抚养负担大增)影响下生育意愿的持续走低,单纯依靠生育政策的干预显然不能从根本上解决老龄化问题,"少子化"趋势与老龄化相伴将进一步加剧人口老龄化对社会经济发展的压力。

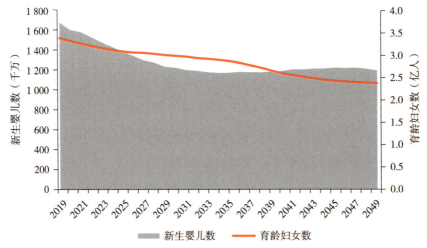

图 3.11　2018—2050年新生儿数量与育龄妇女数

数据来源:贺丹(2018)。

4. 政策应对与建议

面对老龄化给社会经济可持续发展带来的严峻挑战,中国不仅需要通过继续推动社会养老保障与服务体制改革创新,切实解决社会养老保险可持续性、老年人长期照料筹资与供给、医养结合及社会养老服务体系建设等问题,而且还要充分利用现代科技,不断提高人力资源的利用水平与效率,应对劳动力供给下降的挑战。本章主要的政策建议有如下四点:

4.1　全面放开生育政策,积极鼓励生育并完善生育保障与服务体系

尽管目前"全面二孩"政策的实际收效低于预期,但长远来看全面放开生育

并实施更加积极的人口政策对促进人口均衡发展、增加劳动力供给仍然有着十分重要的意义。2017年,中国卫生与计划生育委员会(现"卫生健康委员会")开展的"全国生育状况抽样调查"最新公布结果显示,全面二孩政策在调节家庭结构与出生性别比上的确产生了积极的影响。2006—2016年,二孩家庭比例从36.2%上升至53.9%;出生性别比也从2013年的114.9下降到2016年的112.4。Zeng(2018)团队的预测进一步显示,比之于当前全面二孩政策不变的情况,实施"全面放开生育并鼓励二孩"的人口政策,不仅能够一定程度上缓解人口下降的速度,使得2030—2050年间人口负增长率从-3.35%提高到-2.07%,增加3 000多万劳动力供给;而且,还能够优化家庭结构,降低快速老龄化影响下空巢老人家庭的增长速度。更重要的是,根据国际经验,积极的人口政策不仅是单纯放开生育,而是配套建立起涵盖"家庭支持、婴幼儿托育、生育医疗保障、女性就业保护"等一系列鼓励与支持生育行为的服务与保障体系。具体来说,既要通过福利补贴与税收减免等措施引导市场提供可及性更高、价格更合理的婴幼儿照料看护服务以有效降低生育抚养成本(特别是大城市),同时更要注重建设以家庭为中心的生育福利体制,加大对孕期妇女的医疗与就业保障力度。

4.2 深入发掘"人口红利",推动人口发展从"数量优势"向"质量优势"转变

尽管不断加深的老龄化程度使得中国的人口红利逐渐消退,但人口结构的比较优势仍然存在,人力资本水平仍然有很大的提升空间。2018年,中国劳动年龄人口的绝对规模接近10亿,占世界劳动年龄人口总量的20%左右。即便在2049年这一比重下降至13%,但劳动年龄人口仍在8亿左右,仅次于印度(11亿)。相比之下,人力资本水平仍然有很大的提升空间。根据第六次全国人口普查数据显示,2010年中国劳动年龄人口平均受教育年限为9.3年(其中45—64岁劳动年龄人口受教育年限7.8年),2015年达到10.23年,同发达国家相比仍有较大差距。因此,深入发掘"人口红利",推动人口发展从"数量优势"向"质量优势"转变,是中国积极应对人口老龄化挑战的重要举措。

第一,实施"终身学习"战略,加大教育与培训资源对国民全生命周期的覆盖力度,全面提升劳动力素质。未来30年,少年儿童规模的缩减使得劳动年龄

人口供养在学人口的能力相对提高,45—64岁劳动年龄人口比重的上升,让经验更加丰富与技术水平更加成熟的壮年劳动力成为中坚力量,这些条件有助于通过扩大教育与培训资源大幅提升劳动力素质与人力资本水平。与此同时,应该注重加强大龄劳动力在岗职业培训,提高就业技能和市场竞争力,避免其过早退出就业市场。积极开发老年人力资源,大力开展老年教育培训,鼓励专业技术领域人才延长工作年限,充分发挥其在专业领域的积极作用,同时鼓励老年人积极参与社区治理、社会公益活动,继续发挥余热并实现个人价值。

第二,加快推进数字经济与技术创新。一方面,数字经济的蓬勃发展,不仅有助于促进国家更加注重对高技术人才的培养与训练,提升全民数字素养,同时数字技术与服务业的有机融合,还创造出大量新型工作形态。以共享经济为例,根据官方统计,2019年中国大约有7 500多万平台工人受雇于滴滴、美团等各类共享服务平台。这些新型的工作形态让工作变得更加灵活易得,进而提高了人力资源的利用效率,也为过去通常认为应该退出劳动力市场的大龄劳动者及老年人提供了更多的参与社会经济活动的机会与可能。另一方面,目前,中国已经成为工业机器人销量最大且增长最快的市场。2017年,中国共购买13.8万台工业机器人,占全球销量的36%,超过欧美销量总和(11.2万)。据估计,新增工业机器人在制造业中的大量使用,使得2013—2017年对劳动力的替代至少达到293万。显然,未来30年新技术推动下自动化与人工智能技术对人工的有效替代,无疑能够极大缓解劳动力供给下降对我国经济的影响。

第三,加强健康投入,积极推进健康老龄化。寿命延长并不意味着人力资本存量必然增加,相反健康状况恶化反而会让更多劳动年龄人口因老龄化而提早退出劳动市场。因此,健全医疗卫生保障体系,提高健康干预效能,对提升人力资本无疑有着十分重要的意义。特别对大龄劳动者与老年人而言,一方面,要注重加强职业健康服务和职业病防治,积极开展职业健康检查、改善职业环境和安全保障工作,提高大龄劳动力健康水平;另一方面,要努力完善医养结合制度,提高医疗服务对老年群体的便捷性与可及性,同时加强高发慢性非传染性疾病及认知受损与心理抑郁等精神疾病的筛查、控制及治疗工作,提高对中老年群体健康饮食等行为的干预与引导效能。此外,还应加强社会养老服务体系建设。面对空巢化与少子化趋势,提高机构与社区养老的服务供给,有助于减轻家庭照料负担,对提高子女劳动参与率,特别是促进女性就业有着重要的意义。

4.3 完善养老保险体制,建立灵活退休机制

随着老龄化程度不断加深,预期缴费人口持续下降与养老金领取人口大幅上升,无疑将给现行养老保险体制带来一系列严峻的挑战。在此背景下,首先需要切实建立起与老龄社会相适应的多支柱养老保险体系,通过创新国家、社会、市场协同治理机制,有效分散、化解养老保险"隐形债务"风险。在完善基本养老保险制度的基础上,通过财政与税收优惠等政策积极引导企业发展补充养老保险(企业年金)和个人储蓄型养老保险(例如,个税递延型养老保险),从过去主要依靠家庭养老或"现收现付"的代际转移向更强调个人责任与积累的养老模式转变,这不仅有利于缓解老龄化带来的养老金筹资压力,也能更好地利用因预期寿命延长而出现的新的储蓄动机,保持高储蓄率,增加未来经济的供给潜力。其次需要促进城乡养老保障体系的均衡发展。尽管我们已初步建立起覆盖城乡的社会养老保障网络,但相比之下农村社会养老保障水平仍然很低。考虑到农村地区日益凸显的低生育率现象,以及大规模城镇化影响下青壮年劳动力从农村向城镇的持续迁移,完善新型农村社会养老保险制度、提高保障水平对应对日益严峻的农村养老问题无疑有着十分重要的意义。此外,近年来,欧美国家为了应对老龄化挑战,积极推动退休制度改革。诸如英国政府将退休年龄从60岁提高到65岁(Holman et al.,2018);美国计划将养老金受益年限从65岁上调至67岁(Meier and Werding,2010)。同西方发达国家相比,中国法定退休年龄仍然较低。因此,面对劳动年龄人口的日趋老化,合理延长退休年限,探索建立更加灵活的退休机制正当其时。研究显示,灵活的退休机制不仅能够实现对人力资源的充分利用,提升劳动参与率,增加劳动力供给(Lin and Zhang,2018),而且也有助于缓解养老金的筹资压力(Wang et al.,2019)。

4.4 发展完善长期护理服务与保障体系

目前,中国长期护理服务与保障制度建设仍处在起步阶段,局部地区虽然开始试点工作,但整体发展仍十分有限,远不能满足日益增长的老年照料需求(Feng et al.,2012)。在此背景下,面对传统家庭养老模式日益式微,强化社会养老,充分借鉴德国、日本、韩国等国的成熟经验,结合中国实际情况,加快建设符合中国国情的长期护理服务与保障体系对当前应对人口老龄化、实现经济可

持续发展无疑有着十分重要的意义。总体来说,中国的长期护理服务与保障体系建设应从兼顾效率与公平的原则出发,为更好地满足老年人的照料需求,在资金筹集、服务递送及人员培养上提供持续有效的解决方案。第一,在资金筹集上,探索建立长期护理保险制度,形成国家、社会及个人共担互济的多渠道筹资机制,以重点解决重度失能人员基本生活照料和与基本生活密切相关的医疗护理等所需费用。第二,在服务递送上,注重发挥市场在建立居家、社区及机构等多层次养老服务体系中的基础性作用;政府要积极引导社会力量进入长期护理服务递送领域,通过公司合作等途径,为老年人提供更加便捷可及与多样化的照料服务。第三,在人员培养上,重视专业老年护理队伍的建设,从专业建设、师资配置、生源保障、职业规划、待遇提升等方面完善老年护理人才培养与就业制度,引导鼓励更多人员从事护理工作,弥补当前护理人才匮乏的短板。

参考文献

Cai F, Du Y. 2009. The China Population and Labor Yearbook, Volume 1: The Approaching Lewis Turning Point and Its Policy Implications[M]. Leiden: BRILL.

Cai F, Wang D W. 1999. The sustainability and labor contribution of China's economic growth[J]. Economic Research Journal, 10: 62-68.

Cai F, Lu Y. 2016. Take-off, persistence and sustainability: the demographic factor in Chinese growth[J]. Asia & the Pacific Policy Studies, 3 (2): 203-25.

Cai F, Wang D. 2005. Demographic Transition: Implications for Growth[M]//Garnaut R, Song L. The China Boom and Discontents. Canberra: Asia Pacific Press and ANU Press.

Cai F, Zhao W. 2012. How Does China's Economic Growth after Disappearance of Demographic Dividend? [M]//Cai F. Green Book of Population and Labor. Beijing: Social Science Academic Press.

Feng Z, Liu C, Guan X, et al. 2012. China's rapidly aging population creates policy challenges in shaping a viable long-term care system[J]. Health Affairs, 31 (12): 2764-2773.

Giles J, Glinskaya E, Zhao Y, et al. 2018. Population aging and long-term care needs[M]//Glinskaya E, Feng Z. Options for Aged Care in China: Building an Efficient and Sustainable Aged Care System. Washington, DC: World Bank Group.

Gribble J N, Bremner J. 2012. Achieving a demographic dividend[J]. Population Bulletin,

67（2）：1-15.

Holman D J, Foster L, Hess M. 2018. Inequalities in women's awareness of changes to the State Pension Age in England and the role of cognitive ability[J]. Ageing and Society, 8：1-18.

Kraay A. 2000. Household saving in China[J]. World Bank Economic Review, 14（3）：545-70.

Li C, Lin S. 2013. China's social security debt：How large？[Z]. Working paper no. 15, China Center for Public Finance, Peking University.

Li S, Lin S. 2016. Population aging and China's social security reforms[J]. Journal of Policy Modeling, 38（1）：65-95.

Lin Y, Zhang L. 2018. Reward and punishment mechanisms of the flexible retirement system in China[J]. Advances in Applied Sociology, 8（5）：366-77.

Meier V, Werding M. 2010. Ageing and the welfare state：Securing sustainability[J]. Oxford Review of Economic Policy, 26（4）：655-673.

Sin Y, Yu X. 2005. China：Pension liabilities and reform options for old age insurance[R/OL]. (2005.05)[2020.03.11]. http://documents.worldbank.org/curated/en/653441468141298551/pdf/331160CHA0Working0paper0P0583080Pension.pdf.

Wang H, Huang J, Yang Q. 2019. Assessing the financial sustainability of the pension plan in China：the role of fertility policy adjustment and retirement delay[J]. Sustainability (Switzerland), 11（3）：883.

Yang D, Zhang J, Zhou S. 2011. Why are savings rates so high in China？[EB/OL]. (2011.02)[2020.01.25]. https：//www.nber.org/papers/w16771.

Zeng Y. 2018. Fully Relax the Family Planning Policy and Encourage Second Children to Promote National Development and Family Well-Being[Z]. Working Paper Series (No. C2018008). China Center for Economic Research, Beijing.

Zeng Y, et al. 2019. Research on basic science of aging society[Z]. Working project funded by the national science foundation of China.

贺丹. 2018. 中国人口展望(2018)：从数量压力到结构挑战[M]. 北京：中国人口出版社.

世界银行数据库[DB/OL].［2020.02.25］. https://data.worldbank.org/.

张丽萍，王广州. 2015. 中国育龄人群二孩生育意愿与生育计划研究[J]. 人口与经济, 6：43-51.

郑秉文. 2014. 中国养老金发展报告2014：向名义账户制转型[M]. 北京：经济管理出版社.

卓贤，黄金. 2019. 制造业岗位都去哪了：中国就业结构的变与辨[J/OL].（2019.05.12）[2020.03.11］. http://magazine.caijing.com.cn/20190512/4587222.shtml.

GREEN ECONOMIC TRANSITION

第四章
绿色经济转型

姜克隽（国家发展与改革委员会能源研究所）
田欣（中国海洋石油集团有限公司）
徐晋涛（北京大学国家发展研究院）

1. 引　言

1.1　环境恶化给中国经济带来巨大的损失，造成社会福利下降

在过去的40年里，中国经济不断增长。与此同时，环境恶化造成的福利损失也在不断增加。日益严重的环境污染对中国经济未来的发展方向提出了严峻挑战。正如世界银行和国务院发展研究中心一份联合报告（World Bank，2012）所述，中国的经济增长模式已经不可持续，未来必须寻求低碳、绿色的增长路径。世界银行利用2008年的数据进行估计，表明中国的环境退化和资源消耗成本占GDP的10%，其中空气污染占6.5%，水污染占2.1%，土壤退化占1.1%。Wong（2013）的研究表明，空气污染已经成为中国因病过早死亡的最主要原因。仅在2010年，空气污染就造成了120万人过早死亡，占世界总数的三分之一。

环境恶化的损害并非仅此而已。随着中国迅速成为全球最大的二氧化碳排放国，还应该考虑全球变暖的潜在成本。世界银行的一项研究表明，全球有四个国家由于严重的气候变化导致海平面上升，面临最严重的潜在破坏，中国是其中之一（Blankespoor, Dasgupta and Laplante，2012）。

1.2　中国2050年的国家发展目标

中国政府明确了未来30年三个阶段性发展目标：一是到2020年全面建成小康社会，二是到2035年基本实现社会主义现代化，三是到2050年，把中国建成富强民主文明和谐美丽的社会主义现代化强国。这些目标中都包含生态和环境的内容。在第一阶段，生态文明是实现全面建设小康社会的五大目标之一，要求产业结构、增长方式和消费模式更加符合节能降耗、生态环保的目标。通过更加广泛地发展循环经济，提高可再生能源使用比例，有效控制主要污染物的排放，大幅改善生态环境条件，将有助于实现这一转变。第二阶段包括改善生态环境条件的要求（例如，在2030年前全国所有城市达到空气质量二级标准，其中包括将PM2.5的年平均值降到$35\mu g/m^3$）。第三阶段的目标通过一系列更强有力的指标表示，例如主要城市空气质量中的PM2.5指标要符合WHO标准，即$10\mu g/m^3$。

1.3 中国在环境改善方面做了巨大的努力，包括致力于全球气候行动(《巴黎协定》INDC 条款[①])，但是仍然存在严峻的挑战

2013 年，中国的空气污染异常严重，特别是北京，因此国务院发布了"大气污染防治十条措施"，其中四项措施被认为特别有效，包括(1)提高重点行业的排放标准，进行技术升级；(2)改变产业结构；(3)改进燃煤锅炉；(4)综合防尘。

据估计，前三项措施在 2013—2015 年使得 SO_2 排放量分别减少 39%、29% 和 22%。国家发改委能源研究所(ERI)的研究人员使用 IPAC-AIM 模型对污染物和温室气体减排量进行了估算。前两项措施分别减排 NOx 的 63% 和 20%，此外有 9% 的减排是通过逐步淘汰不符合排放标准的旧车型实现的。四项措施分别使得 PM2.5 减少 31.2%、21.2%、21.2% 和 15.2%。北京逐步淘汰了 122 万辆不符合排放标准的汽车，使 NOx 减排 3.47 万吨，总量减少 71%；PM2.5 减排 2.6 千吨，总量减少 16%。

通过美国国务院十年来一系列的空气污染监测数据，我们可以找到一些证明这些措施有效性的证据。这些监测数据显示出 2008—2017 年中国五个城市的 PM2.5 浓度(单位是 $10\mu g/m^3$)的日变化趋势，如图 4.1 所示。结果表明，这些城市的空气污染一直很严重，尤其是北京、成都和沈阳。北京以前的空气污染最严重，近期日均 PM2.5 指标改善也最显著。北京的年平均水平仍远高于其设定的 2020 年、2035 年和 2050 年的目标。因此，改善空气质量仍然面临巨大的挑战。

1.4 大气污染控制面临的挑战

在 2013 年上半年严重的雾霾天气后，空气污染成为人们关注的热点问题。而控制空气污染措施的相关研究远远早于 2013 年。为了确保空气质量满足 2008 年北京奥运会的要求，中国政府采取了许多措施，包括奥运会前后对北京交通的限制。后来，北京采用车牌摇号的方法来限制牌照发放数目。2013 年以来，以"国十条""京十条"和新的燃油标准为代表，北京启动了多项控制空气污染的措施。平均而言，自 2013 年以来，北京市年均 PM2.5 一直在下降，从 80 多

---

① 即 Intended Nationally Determined Contributions，国家自主贡献减排条款。——编者注

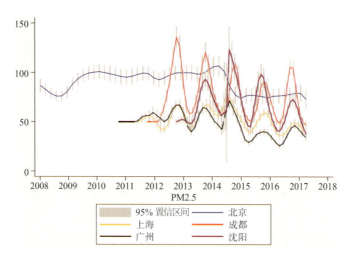

图 4.1 中国五大城市的 PM2.5（2008—2017）

数据来源：StateAir。

下降到 60 以下。然而，如果我们从不同的数据来源分析数据，得到的结论仍不容乐观。

图 4.2a 描绘了北京市公开发布的监测数据，使用空气质量指数（AQI）对 2013—2018 年的空气质量进行比较。数据表明，在不控制任何因素的情况下，2017 年和 2018 年北京的总体空气质量比前几年有所改善。但是，在控制一个重要因素后，所得结论有所不同。图 4.2b 是去掉北风超过 1 级天的数据后的 AQI 曲线，通过对比六年的空气质量曲线，发现空气质量的改善并不显著。

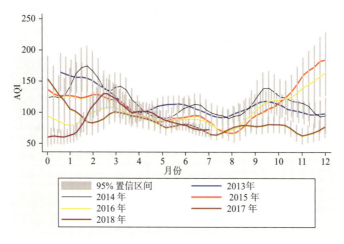

图 4.2a 北京 AQI（2013—2018）

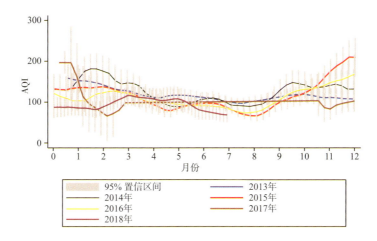

图 4.2b 北京 AQI（2013—2018）（去掉北风超过 1 级天的数据）

数据来源：生态环境部。

1.5 减少温室气体排放面临的挑战

从 1990 年到 2001 年，中国每年二氧化碳排放量增长率适中（2%—4%）。2001 年之后，中国的二氧化碳排放量出现了超常规增长，前期的增长速度每年超过 7%。2010 年的真实排放量与根据 1990—2001 年趋势预测的水平相比，多产生了约 40 亿吨的二氧化碳。与此同时，全球的二氧化碳排放量在 2002—2010 年期间也出现了快速增长，相比于 1990—2001 年趋势预测的水平，全球二氧化碳排放量出现了接近 60 亿吨的排放增量。中国二氧化碳排放量的超常规增量占世界增量的 70%，如图 4.3a 和 4.3b 所示。

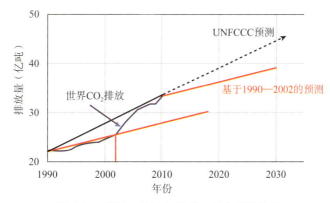

图 4.3a 1999—2010 年世界二氧化碳排放量

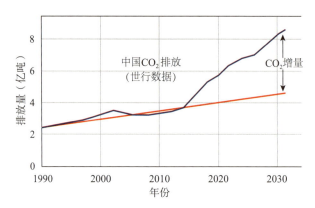

图 4.3b　1999—2010 年中国二氧化碳排放量

数据来源：COP 21 Paris Summit；世界银行。

由于二氧化碳排放量的快速增长，2006 年中国的二氧化碳排放量首次超过美国，成为世界上最大的二氧化碳排放国。2011 年，中国的二氧化碳排放量占全球排放总量的 30% 左右（见图 4.4），而美国的份额则降至约 16%。在巴黎举行的第 21 次缔约方会议上，中国提出了国家自主承诺，承诺中国的二氧化碳排放量将在 2030 年达到峰值，然后逐渐下降。可以预见未来全球努力的一部分是敦促中国改进自主承诺内容，在 2030 年之前达到峰值。

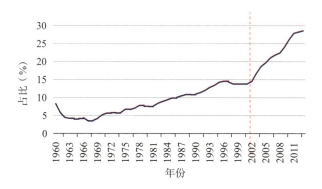

图 4.4　中国二氧化碳排放占世界份额（1960—2013）

数据来源：世界银行。

在气候变化中的另一个新的挑战是中国经济增长给其国际角色带来的影响。中国长期以来率领发展中国家争取在气候变化行动中建立"共同和有区别的责任"原则。与此同时，中国迅速成长为高收入国家，在气候变化方面很快需要进行角色转换,既要承担高收入国家通常需要承担的较多的减排责任,同时又要对发展中国家的减排提供经济和技术援助。

2. 从环境角度描述中国的增长模式

Krugman(1994,2011)认为,中国和其他新兴亚洲经济体的经济增长是依赖要素投入驱动的。Young(2000,2003)认为,中国 GDP 的快速增长主要归因于大量的资本投入和劳动力投入,而全要素生产率的贡献非常有限。他们没有注意到的是,环境损害也是经济增长过程中一个重要的相关因素。近年来,劳动力短缺问题一直是经济转型讨论的焦点问题。随着我国逐渐步入老龄化社会,从劳动密集型产业向资本密集型产业转移成为经济转型的主流思路。然而,产业升级中选择低碳绿色发展道路同样重要。这一点在重大的政策讨论中并未得到足够的重视,这恰恰是本章特别强调的问题。

2.1 环境库兹涅茨曲线

许多文献通过环境库兹涅茨曲线研究了人均 GDP 增长与环境质量的关系,但是这些研究没有得到一致的结论。大部分使用公开发布的排放统计数据的研究表明,无论对省份还是对城市,排放量与人均 GDP 之间均存在预期的倒 U 形关系(Shen and Xu,2000;Zhang et al.,2009;Jiang et al.,2013)。而王敏和黄滢(2015)利用中国城市空气质量指标进行研究,得到了不同结论,他们的研究表明,空气质量指数与人均 GDP 的增长呈 U 形关系,这与经典文献中预测出的倒 U 形关系(Grossman and Krueger,1995)不同。由于人们对于排放数据的质量存在普遍的怀疑,因此对基于排放数据的研究结论应该持保留态度。根据空气质量数据得到的结论有两种解释:(1)中国的城市仍然处于早期发展阶段,还没有发展到足以达到 U 形曲线的转折点;(2)与世界其他国家相比,中国经济受到体制和结构刚性的制约较多,经济增长向低排放道路转型难度更大。

2.2 中国加入 WTO 与"污染避难所效应"

Tian and Xu(2019)从贸易自由化和环境变化的角度研究了中国的增长模

式。他们首次用经济学方法研究了在 2001 年年底中国加入 WTO 所引发的"污染避难所效应"。通过采用二氧化碳排放量预测模型和合成控制法,预测了"反事实"情形(假设 2001 年中国未加入 WTO)下中国的二氧化碳排放量,并且估计了入世后中国实际的二氧化碳排放量与反事实情形下中国排放量之间的差距。他们采用同样的方法估计了美国等主要贸易伙伴的真实二氧化碳排放量与反事实情形之间的差距。结果表明,中国加入 WTO 后二氧化碳排放量显著增加,美国、德国和日本等主要贸易伙伴的二氧化碳排放量下降。这是"污染避难所效应"的显著证据。该论文研究了中国主要出口行业的特征,研究发现引领出口增长的不是典型的劳动密集型行业(例如纺织业),相反推动出口增长的主要行业是电子设备行业和通用机械行业。这似乎是一个谜团,因为人们普遍认为中国的比较优势来源于丰富和低成本的劳动力,因此从自由贸易中获得最大利益的应该是劳动密集型行业。通过核算主要出口行业的碳足迹,合理解释了这个出口谜团。他们发现,出口最多的行业,即电子设备行业和通用机械行业,碳足迹也最大。如果碳足迹是多种环境指标的代表性指标,那么可以得到如下结论:大量的环境投入,例如空气和水,解释了这些中等资本密集型出口行业的崛起。最后,他们对出口行业进行增长核算,进一步验证了碳足迹是出口增长的主要贡献因素,并且加入 WTO 之后碳足迹的贡献有所增加;与此同时,全要素生产率也以较低的速度增长,并且全要素生产率是出口行业碳足迹的替代品。

综上所述,目前还没有令人信服的证据表明中国已经达到了库兹涅茨曲线的转折点,推迟变化可能归因于无效的法规和僵化的产业结构。加入 WTO 为中国经济增长提供了巨大的推动力,但是这也加剧了中国的环境问题。由于中国缺乏有效的环境管理体系,高碳足迹行业在加入 WTO 后增长最快,由此推动了一系列中等资本密集型行业在入世后的繁荣发展,例如电子设备行业和通用机械行业。这些行业在加入 WTO 后引领出口繁荣看似让人困惑,但是通过碳足迹和增长核算,发现中国在加入 WTO 后的增长模式是由环境要素的高投入推动的,其实际效果超过劳动力的影响。改变这种增长模式需要纠正市场中环境要素的价格扭曲,提高全要素生产率的贡献。

3. 绿色经济转型

3.1　中国气候变化的目标

中国在 2015 年《联合国气候变化公约》第 21 次缔约方会议上对《巴黎协定》做出了重要贡献，明确表示中国的二氧化碳排放量将在 2030 年达到峰值，在 2030 年之后逐渐下降。然而，中国承诺的这个减排水平被许多人认为是不够的，因为中国近十年来的二氧化碳排放量占到全球的约 30%。如果没有更多的努力，《巴黎协定》中设定的"把全球平均气温较工业化前水平升高控制在 2 摄氏度之内"，或者"把升温控制在 1.5 摄氏度之内"的目标将无法达到。可以想象，即将到来的谈判会重点关注中国减排目标的提升。

中国也面临另一个重要变化。中国一直引领发展中国家主张坚持"共同但有区别的责任"原则。然而，随着人均 GDP 的不断增长，中国很快会成为一个高收入国家，并注定像其他高收入和工业化国家一样承担更多的责任。因此，从 2020 年起，预计中国的二氧化碳减排力度将进一步加强，融资和促进国际倡议的责任也将加强。

在过去的十年里，中国为减少二氧化碳排放做出了巨大努力。中国已经实现了在 2009 年哥本哈根第 15 次缔约方会议上设定的目标，即在 2005—2020 年将二氧化碳排放强度（单位 GDP 的二氧化碳排放量）降低 40%—45%。许多人认为，2013 年以后中国的二氧化碳绝对排放量开始稳定，这与中国煤炭消费总量下降相对应。如果按照这种趋势继续发展，可以预计中国的二氧化碳排放会更早达到峰值。

《巴黎协定》中国的减排目标是二氧化碳排放量将在 2030 年达到峰值，并且碳排放强度相比 2005 年下降 60%—65%。2017 年，中国碳排放强度比 2005 年下降了 46%，比哥本哈根第 15 次缔约方会议规定减排目标的计划时间提前。根据模型预测结果发现，为了实现 2 摄氏度目标，中国的二氧化碳排放量应该在 2025 年达到峰值（Jiang et al.，2013）。对于 1.5 摄氏度目标，所需的达峰时间应该提前一些，即 2020 年（Jiang et al.，2018）。到 2020 年，中国的碳排放强度可能会降低50%。

有一种观点认为到2050年,可再生能源和核能发电等清洁能源将成为中国能源的主要形式。近年来,可再生能源实现了跨越式发展,超过了人们的预期。在2016年和2017年,中国太阳能光伏和风力发电的新增装机容量占世界总装机容量的50%以上。有观点认为,先进的核能也将进入快速发展的轨道。可再生能源和一些终端能源技术的成本都在急剧下降,例如电动汽车、照明、超高效家用电器等。

另一个增强信心的措施是可再生能源成本的降低。经过二十多年的快速发展,2018年风力发电的边际成本与燃煤发电相当,2020年太阳能光伏发电成本将处于类似的水平。采用第三代技术以后,核能发电成本也大幅度下降。技术变革和成本大幅降低使得大规模的碳减排在经济上具有可行性。随着这些技术的进步,在2020年之后,碳定价可能变得没那么重要。

关注技术进步有利于中国未来的经济增长。根据《能源企业全球竞争力评估报告(2017)》(中国人民大学国际能源战略研究中心,国家发改委国际合作中心国际能源研究所,2018),中国新能源公司(57家)在世界最具竞争力的新能源公司中占主导地位,比中国传统能源公司(5家)更加具有竞争力。中国新能源公司具有很大的市场潜力。新能源业务的增长将有助于中国2025年制造业重组和发展战略。

可再生能源的快速增长和产业结构的变化让我们相信,到2020年二氧化碳排放量达到峰值和到2050年二氧化碳排放量绝对值减少65%都是可行的。我们的预测结果表明,2020年后,中国的终端能源需求将保持非常低的增长率(0.7%—1.4%),这些需求可能全部由可再生能源满足。

3.2　引导绿色转型的经济政策

自1978年环境问题开始得到正视以来,中国的环境规制集中于行政措施。典型的行政措施包括技术标准、排污许可证和强制关闭污染企业等。政府经常通过国家层面的行动来遏制日益严重的污染问题。1997年1月1日,中国政府在淮河流域开展零点行动,对重点水污染企业进行处罚,超过4 000家企业一夜之间被关闭。随后,为了促进技术升级和污染控制的规模效应,国家对15个主要污染行业设置了企业规模限制。2006—2010年,在政府财政的大力支持下政府制定了污染物定量指标。为了实现环保既定目标,大量的小型污染企业也被关闭。从2017年开始,由于严重的空气污染,中国开展了第三轮全国环保行动,政府对污染严重的地区进行环保督察,并且追究地方官员的责任。但是这些环保行动虽然在短期内有效,却并没有引起污染行业减排行为的系统性变化。

在"十二五"期间,中国开始认真探索通过经济政策来保护环境。中国开展了七个碳交易试点项目,同时,启动了环境税法草案,并且在2018年全面实施环境税。自2006年以来,中国政府对污染控制、可再生能源和旨在减少污染和碳排放的技术创新等方面给予了大量的补贴。

只有通过严格的评估才能回答这些经济政策是否有效。Chen和Xu(2018)对中国七个碳交易试点进行了较为严格的经济学评估。他们的研究结果表明,一方面,在七个碳交易试点中,有两到三个试点[湖北和广东(包括深圳)]实现了显著的二氧化碳减排和交易发生率;另一方面,对于其他试点没有找到明显的证据。当碳排放许可证在市场上分配和交易时,地方政府有责任监测参与企业的碳排放变化,这意味着政府投入和财政成本的增加。碳排放许可证的发放一般来说是免费的,这对于地方政府的激励是很低的。正如许多研究发现的那样,中国地方政府已经背负了许多政策负担,额外的责任只意味着更高的成本和更少的利益,因此预期的绩效较低。尽管如此,中国政府仍然决定在全国范围内实行碳交易,并在2017年宣布将碳交易计划变成全国性行动,最初的范围集中于电力部门。

中国环境税在2018年1月1日正式生效。在此之前,中国实行了多年的排污收费政策,即根据规定的污染物排放率向企业收费。长期以来,由于费率太低并且没有认真执行,因此排污收费制度一直受到批判(曲格平,1991;Xu,Hyde and Amacher,2003;Xu,Hyde and Ji,2010)。这项政策最大的弱点可能是,征收费用由当地环保机构收取并且用于补充工资,因此对当地的财政影响较小。在这种情况下,大多数地方政府领导选择站在企业的一边,在污染控制方面并没有采取有效行动。

正式的环境税法对排污收费制度作了两个重要的改进:第一,税收收入作为一般性财政收入纳入地方财政部门。第二,地方政府对环境税税率有很高的自由决定权,基准税率相当于以前的污染费,而最高税率是基准税率的十倍。这是一个教科书式的税收设计方案,因为它不仅寻求获得环境税的"双重红利",而且照顾了地区发展水平的差异。

现在评估新开征环境税的政策实际效果还为时过早。过去的研究试图将经济激励(例如污染费)与企业行为结合起来。Xu, Hyde and Amacher(2003)和陈晓兰(2013)研究了污染收费对企业排污行为的影响。他们的研究发现污染企业确实在边际上对经济刺激做出了反应,征收更高的排污费减少了污染物排放。陈晓兰(2013)和 Chen and Xu(2019)都估算了企业的边际减排成本曲线。Chen and Xu(2019)的研究结果表明,相对于主要污染物的减排目标,目前的税率仍然过低。为了实现中国政府在当前五年计划期间的减排目标,平均税率应该是当前最高税率的3倍。与之相对应的是,我国环境税收入可达到财政总收入的5%—10%。

对可再生能源的补贴使中国成为世界上最大的可再生能源生产商和供应商,并且拥有了世界上最大的装机容量,在技术上也取得了巨大的进步。在过去十年里,中国可再生能源发电边际成本下降了90%。在可再生能源在总能源中所占份额方面,中国也提前达到了目标。然而,财政负担和电网吸纳率低下一直困扰着可再生能源的发展。为了解决这些问题,中国政府调整了方案,停止了可再生能源发电上网电价政策。相反,自2017年年底以来,中国通过对可再生能源转用竞标上网方式,在促进技术进步方面取得了立竿见影的效果。2018年春季,在青海出现了最低拍卖价格低于火电厂价格的案例。在此基础上,青海省两次试行完全依靠可再生能源维持全省生产生活,创造了持续15天的纪录。这些政策变化和技术进步的例子给未来加速提升可再生能源占比展示了光明的前景。

4. 结论和建议

在经历了40年奇迹般的经济增长之后,中国的经济增长模式被普遍认为不可持续,与此相伴的环境破坏日益严重、碳排放居高不下,社会福利损失巨大。中国必须采取果断措施来扭转这一趋势,走上绿色低碳的发展道路。

本章研究了中国经济增长与环境恶化之间的关系。现有的环境库兹涅茨曲线研究无法清楚地描述快速增长的环境轨迹。这表明,中国的绿色转型存在着巨大的体制和结构障碍,中国需要在体制和结构改革方面做出更大的努力。

本章还以加入WTO为契机,对中国经济增长模式进行了刻画和分析。结果表明,加入WTO使中国成为其主要贸易伙伴的"污染避难所",在加入WTO之后,中国的二氧化碳排放量显著增加。此外,中等资本密集型行业在加入WTO后引领中国出口增长,这个谜团可以通过碳足迹的较快增长加以解释。这表明牺牲环境也许是中国加入WTO以后经济奇迹般增长的关键因素。

相应地,中国将承担巨大的国际责任。从世界上最贫穷和最大的发展中经济体转变为高收入经济体,中国不仅需要改善国内环境,而且还需要领导世界应对共同的环境威胁。以减少温室气体为例,为了使世界实现在《巴黎协定》中设定的1.5摄氏度或2摄氏度的目标,中国将不得不修改其国家减排目标,并且尝试在2025年或者更早的2020年使二氧化碳排放量达到峰值。

过去十年,中国在环保方面有许多进展:中国成为世界上最大的可再生能源生产国和供应商。中国可再生能源在总能源中的份额目标提前达到。随着政策的变化,可再生能源的增长速度有望加快。这一发展,加上其他领域的技术突破,使得中国有能力提前实现二氧化碳排放量达峰,并且走上快速减排的道路。

未来30年对于中国经济和环境转型至关重要。从高污染密集型、高碳排放型经济向绿色低碳型经济转变,是中国经济转型的重要组成部分。中国的目标是空气和水的质量达到世界卫生组织的高标准,碳排放比目前水平减少60%以上。与此相关的能源结构也必须发生根本性的变化。

为了促进这一转型,需要制定系统的政策和对监管体系进行改革。在政策的设计和实施中,从主要依赖行政手段转向依靠市场和经济手段非常重要。过去十年和未来十年是变化的关键时期。中国在设立碳交易七个试点项目方面进行了大规模的政策试验,结果喜忧参半。中国已于2018年开始征收环境税,政策效果有待进一步考察。中国已经从上网电价转向可再生能源拍卖,这显示出巨大的前景。随着越来越多的生态和环境项目的启动,这样的机制、制度创新会日益重要,是保障中国经济稳定持续地实现绿色低碳转型的关键。

参考文献

Blankespoor B, Dasgupta S, Laplante B. 2012. Sea-level rise and coastal wetlands: Impacts and costs[J/OL]. Policy Research Working Paper 6277. Washington, DC: World Bank. [2020.02.25]. https://ideas.repec.org/p/wbk/wbrwps/6277.html.

Chen X, Xu J. 2018. Carbon trading scheme in the People's Republic of China: Evaluating the performance of seven pilot projects[J]. Asian Development Review, 35(2): 131-152.

Chen X, Xu J. 2019. Estimating Marginal Abatement Cost for Chinese Polluting Industries, Manuscript.

Grossman G M, Krueger A B. 1995. Economic Growth and the Environment[J]. Quarterly Journal of Economics, 110(2): 353-377.

Jiang K, He C, Dai H, et al. 2018. Emission scenario analysis for China under the global 1.5℃ target[J]. Carbon Management, 5: 1-11.

Jiang K, Zhuang X, Miao R, et al. 2013. China's role in attaining the global 2℃ target[J]. Climate Policy, 13(S01): S55-S69.

Krugman P. 1994. The myth of Asia's miracle[J]. Foreign Affairs, 73: 62-78.

Krugman P. 2011. Will China Break? [N]. The New York Times, 2011-12-19.

Price Carbon Project, COP 21 Paris Summit[DB/OL]. [2020.04.29]. http://climateparis.com.

Shen M, Xu Y. 2000. A new style of environmental Kuznets curve: a study of the relationship between economic growth and environmental change during the industrialization process of Zhejiang province[J]. Zhejiang Social Science, 4: 53-57.

Tian X, Xu J. 2019. The Dividend of Pollution Haven[J]. EfD Discussion Paper, MS-918.

U.S. Department of State, StateAir[DB/OL]. [2020.04.29]. http://www.stateair.net/.

Wong E. 2013. Air Pollution Linked to 1.2 Million Premature Deaths in China[N]. The New York Times, 2013-04-01.

World Bank. 2012. China 2030: Building a modern, harmonious, and creative society[R/OL]. [2020.01.25]. https://www.worldbank.org/en/news/feature/2012/02/27/china-2030-executive-summary.

Xu J, Hyde W F, Amacher G S. 2003. China's paper industry: Growth and environmental policy during economic reform[J]. Journal of Economic Development, 28(1): 49-78.

Xu J, Hyde W F, Ji Y. 2010. Effective pollution control policy for China[J]. Journal of Productivity Analysis, 2010, 33(1):47-66.

Young A. 2000. The razor's edge: Distortions and incremental reform in the reform in the People's Republic of China[J]. Quarterly Journal of Economics, 115(4): 1091-1135.

Young A. 2003. Gold into base metals: Productivity growth in the People's Republic of China during the reform period[J]. Journal of Political Economy, 111 (6): 1220-1261.

Zhang H F, Zhou F, Yang H, et al. 2009. Regulation performance of the win-win of environmental protection and economic development[J]. Economic Research Journal, 5: 38-47.

陈晓兰. 2013. 中国工业企业绩效与环境政策——基于工业企业微观数据的经验分析[D/OL]. 北京:北京大学. [2020.01.25]. http://www.wanfangdata.com.cn/details/detail.do?_type=degree&id=Y2498773.

曲格平. 1991. 中国的环境管理[M]. 北京:中国环境科学出版社.

世界银行[DB/OL]. [2020.04.29]. http://data.worldbank.org/indicator/EN.ATM.CO2E.PC.

王敏,黄滢. 2015. 中国的环境污染与经济增长[J]. 经济学(季刊),14(2):145-166.

中国人民大学国际能源战略研究中心,国家发改委国际合作中心国际能源研究所. 2018. 能源企业全球竞争力评估报告2017[R/OL]. (2018.01.18)[2020.03.11]. http://www.chinacaj.net/i,16,7548,0.html.

CONSTRUCTING A MODERN
FINANCIAL SYSTEM

第五章
建立现代金融体系

黄益平（北京大学国家发展研究院）

1. 引　言①

在 1978 年寒冷的冬天,当中国的领导人决定把工作重心从以阶级斗争为纲转移到经济发展上来时,中国仅有唯一一家金融机构——中国人民银行。那时,人民银行既是央行也是商业银行,拥有全国 93% 的金融资产。这是因为在一个高度中央计划的经济体中,国家安排资金划转,几乎不需要金融中介发挥作用。而一旦启动经济改革,国家便迅速设立了新的金融机构并建立新的金融市场。

在经济改革 40 年后的今天,中国已经拥有了规模庞大的金融体系,并呈现三大特点:巨大的规模、复杂的政府管制和不完善的监管体制。首先,中国已经是国际金融系统中重要的参与者,范围涵盖银行业、保险业、直接投资、外汇交易及证券市场。其次,政府对于金融市场的干预依然广泛而深入。尽管 2015 年中国人民银行取消了存款利率管制,但其依旧通过"窗口指导"的方式引导商业银行设置存贷利率。产业政策及其他政策依然深刻影响着银行和股市的金融资源配置。中国人民银行通过直接买卖外汇、设置人民币汇率中间价及决定每日汇率波动幅度时不时地干预外汇市场。跨境资本流动受到严密管制。此外,大部分大型金融机构都是国有的。最后,金融监管体制本质上是分隔的,例如,一个部门负责管理一个行业,更加专注于机构监管而非功能监管,监管机构主要依靠隐形担保而非审慎监管来避免金融危机等。

这样的金融体系从传统的评估标准来看在很多方面都存在着问题。特别是抑制性金融政策在学界和政策讨论中都饱受批评。学界认为,国家干预降低了金融效率并阻碍了金融发展(Lardy,1998;McKinnon,1973)。私人企业抱怨由于政策歧视,它们很难获得外部融资。有时,中国的抑制性金融政策也导致了关于中国对外直接投资(ODI)的争议。有些外国专家认为,中国的国有企业可以在国内以被补贴的价格获得融资,从而与外国企业开展不公平的竞争。这一问题也是目前中美贸易摩擦的核心分歧。

---

① 本章参考了作者早期的研究工作,特别是 Huang and Ge (2019) 和 Wang and Huang (forthcoming)的内容。

尽管存在着上述潜在问题,在过去相当长的时间内,这一金融体系并没有阻碍中国的高速增长,并且维持了基本的金融稳定。在经济改革的前30年,中国的GDP增速达到年均9.8%,尽管在20世纪90年代后期积累了数量巨大的不良贷款,但金融体系并没有发生系统性危机。然而,随着过去十年来经济增速放缓和系统性金融风险的快速积聚,原来乐观的前景正在逐渐黯淡。似乎原来有效的金融体制不再那么有效了。

中国独特的金融改革历程引起了学界和政界的关注。为什么在改革开放时期政府要维持对金融业的积极干预?金融抑制是否真的像人们普遍认为的那么"坏"?政府究竟应该如何应对抑制性金融政策对于经济增长和金融稳定的差异化影响?基于这些讨论的背景,还有一个更重要但可能是个假设的问题:如果当初中国的金融改革采取了苏联和东欧那样的"休克疗法",改革期间的经济、金融表现会更好吗?最重要的问题是:随着现行金融体系有效性的快速下降,金融体系该如何演变?为了维持未来数十年中国经济的平稳增长,金融体系应当如何演变?应该采取哪些金融改革措施?

本章试图探讨以下几个关键问题:

首先,过去40年中国的金融改革和发展可以总结为"强于设立金融机构和做大规模,弱于金融市场自由化和提升公司治理水平"(Huang et al., 2013; Huang and Ge, 2019; Wang and Huang, forthcoming)。一方面,从1978年只有一家金融机构至今,中国已经建立了规模巨大的金融部门,包括大量不同的金融机构和体量巨大的金融资产;另一方面,金融体系中自由的市场机制仍然受到抑制,包括金融资源的定价和配置。这种独特的金融自由化与中国渐进式双轨制改革路径相联系——在支持国有企业持续运行的同时为私人部门的快速发展创造了宽松的环境(Fan, 1994; Naughton, 1995)。回顾这段历史,这种渐进式双轨制改革比休克疗法更为有效,这是因为渐进式双轨制改革有助于在向市场体制转型过程中维持经济稳定。抑制性金融政策通过抑制融资成本和差别性融资配置变相补贴国有企业。换句话说,抑制性金融政策对双轨制改革而言是必要的。

其次,一些使用中国数据(Huang and Wang, 2011)或跨国数据的实证分析,论证了抑制性金融政策可以在发展的早期阶段对经济增长和金融稳定产生正面效应。但随着时间推移,这种正面效应可能会变为负面效应。有两种理论解释金融抑制的效果:一种是麦金农效应,另一种是斯蒂格里茨效应(Huang and Wang,2017;McKinnon,1973;Stiglitz,1994)。麦金农效应总体上来说是负面的,认为金融抑制阻碍了金融效率和金融发展。而斯蒂格里茨效应则主要是正面影响,认为抑制性金融政策有助于将储蓄有效转化为投资并促进金融稳定。在金融市场和监管体制都不够发达的阶段,斯蒂格里茨效应占主导。这也与我们观察到的金融抑制在改革开放早期并没有阻碍经济增长和破坏金融稳定相符合。

最后,抑制性金融政策最近开始对中国的经济、金融表现产生负面影响。自2010年后,经济增速持续下滑。其中一个重要原因是,随着中国进入中高收入阶段,其经济增长更多地依赖创新驱动和产业升级而不是依靠投入更多的要素。但是,抑制性金融政策并不擅长促进企业创新。这些政策也难以给家庭带来财产性收入。同时,系统性金融风险也显著上升,作为两大支持金融稳定的支柱——经济高速增长和政府隐形担保正以可见的速度弱化。这说明在最初几十年效果良好的金融体制难以继续维持,深化改革是支撑未来增长和稳定的首要任务。这些改革可以聚焦在发展多元资本市场、让市场在配置金融资源中发挥决定性作用及改善金融监管等方面。

这些结论为从全局考虑经济改革提供了重要的政策内涵,同时也有助于更好地应对中美贸易纠纷。在金融市场和监管体制不发达的经济体中,一定程度的金融抑制会有正面效应。如果中国政府在改革开放的初期就放弃所有行政干预,可能会经历数轮金融危机。从这个意义上说,抑制性金融政策是个暂时性政策,是渐进改革路径中的一部分,也是在特定时期支持经济增长和金融稳定的有效手段。当前中国政府决定深化金融改革,承诺将推进一系列政策,特别是让市场发挥更大的作用和进一步对外开放。这些政策与中国的贸易伙伴尤其是美国的诉求相一致。唯一的区别是中国的改革很有可能仍然是渐进式的。

本章剩余部分的安排如下:第二部分会简要说明中国的金融改革和发展过程,总结其特征和背后的逻辑。第三部分将对改革政策进行评估,并区分金融抑制的麦金农效应和斯蒂格里茨效应对经济增长和金融稳定的影响。第四部分讨论目前中国经济和金融的欠佳表现并对未来金融改革的方向提出建议。最后一部分总结全文,列出建立中国现代金融体系的改革方向。

2. 金融改革和发展的独特模式

1978年年末,中国领导人推出了一系列重建和重构金融体系的措施。接下来的四十多年根据出台的重大政策措施可以分为三个阶段:第一阶段始于1978年,政府迅速重建了三大国有专业银行——中国银行(BOC)、中国农业银行(ABC)和人民建设银行①。1984年年初,当时的人民银行一分为二,一部分成为中国工商银行(ICBC),另一部分为新的人民银行。在此阶段的政策目标是建立大量的金融机构,特别是银行和保险公司。第二阶段始于1990年,上海和深圳股票交易所均于当年年底成立,标志着中国资本市场的开端。1996年,人民银行建立了银行间市场。随着2001年年末中国加入WTO,第三阶段拉开序幕。当时的政策主要关注金融对外开放,尤其是向境外机构开放国内银行和证券业。2009年起,人民银行还加快了人民币国际化的步伐。

中国的金融改革和发展过程所体现出的独特性在于:一方面,政府在设立金融机构和做大金融资产方面取得重大进展;另一方面,政府持续密切地干预金融体系(Huang et al.,2013)。

中国已经有了数目众多的金融机构,如银行、保险公司和证券公司等。在2017年年末,中国广义货币供应量(M2)超越美国,且达到了自身GDP的210%,仅次于黎巴嫩和日本,排名世界第三。同年,银行总资产达到252万亿人民币,占GDP的304.7%。这一比例远超日本(165.5%)、德国(96.6%)和美国(60.2%)。"四大"商业银行,即中国工商银行、中国银行、中国建设银行和中国农业银行,经常位于世界十大银行之列。中国的股票和债券市场通常被视为"欠发达"水平,但根据市值计算也曾一度在世界上排名第二和第三。

政府干预几乎存在于全部金融活动中,从决定银行的存贷利率到贷款的配置以及IPO数量管制,还有从跨境资本流动管理到控股大型金融机构。根据利

---

① 人民建设银行于1996年改名为中国建设银行。

用世界银行数据构建的一项金融抑制指标,中国的金融抑制指数(Financial Repression Index,FRI)从 1980 年的 1.0 下降到 2015 年的 0.6(黄益平等,2018)。这说明中国在金融市场化改革道路上取得了重大进展。然而,金融抑制的程度仍然较高。2015 年,中国的金融抑制指数不仅高于中等收入经济体的平均水平,而且也比低收入经济体的平均水平高(见图 5.1)。

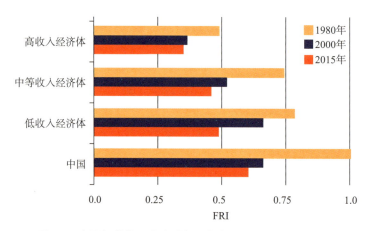

图 5.1　中国与其他国家金融抑制指数(1980,2000 和 2015)

注:计算金融抑制指数(FRI)使用了世界银行的数据,指标包含银行的所有制、利率管制政策、对信贷资源配置的干预程度和跨境资本流动管制。该指数取值范围为 0—1,0 表示没有金融抑制。全样本覆盖了 155 个经济体,包括 41 个高收入和 26 个低收入经济体。

数据来源:Wang and Huang (forthcoming)。

与国际经验相比,中国的金融体系不仅有着较高的金融抑制指数,而且由银行业占主导(见图 5.2)。一个共识是英美的金融体系更加由市场主导而日德的金融体系则更加由银行主导(在图 5.2 中偏右侧)。跨国数据显示,金融抑制指数可能与银行业占比存在着正相关关系,这可能是因为银行业能更容易地配合政府的政策措施。

2.1　抑制性金融政策的基本原理

中国改革开放早期高度的抑制性金融政策源于其独特的公有和非公有部门间的双轨制改革(Fan,1994)。当 1978 年开启经济改革时,中国领导人并没有对改革策略有明确的蓝图。当时经济改革最急迫的任务是提升农业和城市工业的生产效率和产量。然而,当时的政治条件并不允许激进的改革,例如国有企业私有化。即使是家庭承包责任制改革也是在土地集体所有的前提下进行的。这一改革路径,被 Naughton(1995)称为"计划外增长"(增量改革),形成了"帕累托改进"。

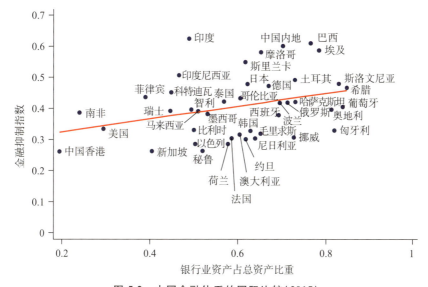

图 5.2　中国金融体系的国际比较(2015)

数据来源:Wang and Huang(forthcoming)。

随着私人部门比公有部门增长更快,理论上这种双轨制策略能够使中国经济实现从计划向市场的转型。中国经济在转型期的表现给世界留下了深刻的印象并被称为"中国奇迹"(Lin, Cai and Li, 1995)。不仅经济快速增长,在改革初期也没有出现产出的大幅下降和大规模失业现象,国有企业在全部工业产出中的份额稳步下降,从 20 世纪 70 年代后期的 80% 下降到 2015 年前后的 20%。然而,国有部门对于经济的整体影响力并没有相应地下降,由此导致了一些关键的宏观经济问题,这一问题在 20 世纪 90 年代尤为突出。

20 世纪 90 年代的主要问题是国有金融机构的表现持续恶化。尽管有研究发现国有企业的生产效率也在持续提高(Huang and Duncan, 1997),但不足以与民营企业和外资企业竞争。逐渐失去的垄断力和日益激烈的竞争快速削弱了国有企业的盈利能力。到 90 年代中期,国有企业整体已为净亏损状态(Huang, 2011)。为了阻止失血,政府不得不在 1995 年 9 月采取更为深入的"抓大放小"

的改革。这项改革的目标是政府主要关注战略性行业的大型国企,并且放弃全部竞争性行业中的中小国有企业。在这轮改革以后,国有企业部门大幅缩小,其盈利能力也因其庞大的规模和一定的市场垄断力而得到显著增强。但是,预算软约束和相对低效率的问题依然存在。

20世纪90年代中期国有企业造成的亏损导致了至少两个宏观问题:一个是财政问题,另一个是金融问题。财政收入占GDP比重从1978年的36%下降到1996年的11%,这一下降部分是由市场化改革导致的。国有企业是财政收入的主要贡献者,然而它们不仅贡献得越来越少,而且还向政府索取更多的补贴。尽管私人部门快速增长,大部分私人企业都是中小企业,几乎不纳税。在日益紧张的财政压力下,一些地方政府甚至无法应付它们的日常支出。为了解决财政问题,中国不得不引入一种新的税收分享制度。1994年的分税制改革将税收分为中央税(如所得税和关税)和地方税(如资源税和印花税)及央地共享税(如增值税),它既加强了税收征集力度,也提高了中央政府的财政收入占比。此后,税收收入占GDP的比重逐渐恢复到21%—22%。

银行业也损失惨重,在1997年前后银行的不良贷款率高达30%—40%(Bonin and Huang,2001)。① 这些不良贷款主要来自国有银行的主要客户——国有企业。在预算软约束下,政府有时会要求银行向融资困难的企业提供"稳定贷款"。值得庆幸的是,由于政府承诺兜底,当时并没有出现银行挤兑的情况。在此之后,中国政府采取了一系列措施改善银行业境况。1999年,中国政府设立了四大资产管理公司来解决银行坏账问题。2003年,监管层设立了中央汇金投资公司向银行和其他金融机构注资。2005年,建设银行率先引入美国银行作为外国投资者。其他银行之后也采取了类似的做法。2006年,农业银行和工商银行成为在香港和上海股票市场上市的公司。

所有这些问题凸显了实施双轨制改革的一个难点——许多国有企业在没有外部支持的情况下无法生存。这个问题的一个合理解决方案是政府提供财政补贴来保护国有企业。然而,由于财政收入在整个20世纪80年代相对于GDP迅速下降,政府显然没有足够的资金来支持国有企业。另一个选项是通过

---

① 当时中国使用四级分类办法,在亚洲金融危机后采用了国际标准的五级贷款分类体系。

国家干预要素市场使其在定价和配置方面有利于国有企业。例如，如果政府能够指示银行继续向国有企业提供大量廉价的信贷资金，那么即使国有企业的业绩持续恶化，它们也能够生存下来。

这可能是产品和要素市场"非对称自由化"背后的逻辑（Huang, 2010; World Bank, 2012）。一方面，政府几乎完全放开了农业、工业和服务产品市场，其价格由需求和供给自由决定。这使生产者能够识别市场需求和获利机会。在开放的贸易体制下，中国企业可以很容易地参与国际竞争。另一方面，包括劳动力、资本、土地和能源在内的生产要素市场仍然严重扭曲，政府持续干预其定价和配置。要素市场的这些扭曲确保了国有企业以优惠的价格获得所需的投入品，这是一种变相补贴。例如，当从国家电网或国有石油公司购买能源产品时，国有企业通常处于优先地位。私营企业要么无法获得足够的投入品，要么必须支付更高的价格。产品和要素市场之间的不对称自由化是支持国有和非国有部门之间双轨制改革的必要政策工具。

抑制性金融政策对要素市场扭曲的结果起到了至关重要的作用，这是确保国有企业补贴的重要手段。如果没有这些政策，竞争早就会消灭效率较低的国有企业。抑制性金融政策也导致金融体系分为正规部门和非正规部门。在正规部门，资本成本被压低，并为国有企业分配资金。这简单地将许多非国有企业排除在正规部门之外，导致非正规部门的融资成本异常高。因此，虽然中国已经形成了一个非常庞大的金融体系，但金融服务的供给不足仍然是一个非常严峻的挑战，民营企业融资难的问题尤为严重。这也是近年来影子银行和金融科技行业迅速扩张的原因。这些发展在很大程度上是对正规部门金融抑制的回应。在许多情况下，它们甚至可能被视为利率和其他政策扭曲的"后门"自由化，因为它们绕过了正规部门的监管和限制。

3. 金融抑制的正面和负面效应

至少在最初阶段，中国的抑制性金融政策看起来是一种政策妥协。它们是国有企业生存的必要条件。但它们在改革期间如何影响中国的经济表现？从表面上看，这些政策并未阻止经济快速增长和金融稳定。但根本问题仍然存在:中国经济是否因为抑制性金融政策而取得了成功?回答这个问题可能有助于我们理解抑制性金融政策影响经济和金融表现的机制。它甚至可以帮助我们思考当今中国和其他发展中国家的政策选择。

在早期的一项研究中,Huang and Wang(2011)试图通过使用省级数据构建金融抑制指数来量化1979—2008年金融抑制对中国经济增长的影响。他们首先考察了整个30年,发现了正面效应,即金融抑制促进了经济增长。然后他们又分别看了三个时段,发现:虽然金融抑制促进了20世纪80年代和90年代的经济增长,但它在21世纪初成了负面阻力。根据他们的研究,如果全面实现金融自由化,那么在1979—1988年实际GDP增长率将减少0.79个百分点,而在1989—1999年则减少0.31个百分点,但在1999—2008年,增长率将增加0.13个百分点。

20世纪80年代和90年代发现的正面影响与Stiglitz(1994)的推理相一致。在经济发展的早期阶段,金融市场往往不发达,可能无法有效地将储蓄用于投资。此外,金融机构往往不成熟,容易受到资本流动和金融波动的影响。国家通过抑制性金融政策实际上可以支撑信心,以及有效地将储蓄转化为投资来促进经济增长。目前,中国是世界上唯一没有经历严重金融危机的主要经济体。这主要是因为尽管在过去几十年中发生了各种风险,政府的担保和管制仍然巩固了投资者的信心。例如,如果没有相对封闭的资本账户,亚洲金融危机和全球金融危机将严重抑制中国经济。

2000年后发现的金融抑制对经济增长有负面影响与McKinnon(1973)的分析一致。国家对资本分配的干预可能会阻止资金流向最有效的地方。保护金融机构和金融市场也可能因为典型的道德风险问题而鼓励过度冒险。因此,抑制性金融政策最终将阻碍金融发展,增加金融风险,降低投资效率,并减缓经济增长。例如,如果效率较低的国有企业持续吸收越来越多的财政资源,那么整体的经济效率将会不断下降。如果政府持续为任何金融交易都提供隐形担保,风险可能会迅速上升并提高危机发生的概率。

Huang,Gou and Wang(2014)通过使用1980—2000年度的跨国数据研究相同的问题。同样,他们也发现金融抑制对经济发展处于不同阶段的经济增长产生了不同的影响。数据分析表明,金融抑制的增长效应在低收入经济体中微不足道,在中等收入经济体中显著为负,在高收入经济体中显著为正。此外,对于中等收入经济体而言,信贷、银行准入、证券市场和资本账户的抑制性金融政策显著抑制了经济增长。

这些实证结果表明,抑制性金融政策对经济和金融体系的影响机制是复杂的。在任何经济体中,抑制性金融政策对经济增长的负面"麦金农效应"和正面"斯蒂格利茨效应"可能同时存在(Huang and Wang,2017)。经济中的净结果取决于这两种效应的相对重要性(Huang et al.,2013)。在不同的经济和金融条件下,这些影响的相对重要性也会发生变化。例如,在经济发展和改革的早期阶段,通过维持金融稳定和将储蓄转化为投资,金融抑制对经济增长的贡献大于其在低效率和风险方面的成本。因此,我们应该能观察到"斯蒂格利茨效应"。随着金融体系的成熟,金融抑制在降低资本效率和增加金融风险方面的负面影响可能超过其正面贡献。这时我们应该能观察到"麦金农效应"。

最近从"斯蒂格利茨效应"为主到"麦金农效应"为主的转变表明,抑制性金融政策已成为经济增长的主要拖累。在全球金融危机之后,中国的国内生产总值增速逐步放缓,从2010年的10%以上降至2015年的7%以下。一系列因素交织可能导致这种增长放缓。其中,周期性因素可能包括全球经济复苏乏力和中国出口增长疲弱,趋势性因素可能是较发达经济体平均增速放缓。与此同时,金融抑制仍然向资源配置效率低下的国有企业倾斜,进一步阻碍经济增长。这表明迫切需要进一步开放的金融政策。

抑制性金融政策实际上有助于在中国经济改革的早期几十年间形成"经济奇迹"。如果中国在改革开始时完全放弃政府干预,金融体系很可能会经历巨大的不确定性和波动性。抑制性金融政策可能会造成一些效率损失,但效益要大得多。同样重要的是,即使在此期间,金融抑制的程度也是动态变化的。金融自由化仍在继续,这也应该会带来显著的效率提升和强劲的增长动力。

4. 原来的方法不再奏效

2008年全球金融危机之后,中国的经济和金融表现明显恶化。在实施大规模刺激计划后,2010年GDP增长大幅回升至10.3%,但经济增长目前持续减速至7%以下。经济学家对造成持续放缓的因素存在分歧——一些人认为这是周期性波动的一部分,而另一些人则认为这是一种趋势变化。最合理的解释可能就是所谓的"中等收入挑战"。由于中国的人均国内生产总值从2007年的2 600美元变为2017年的8 800美元,因此失去了低成本优势。几十年来支持中国经济发展的许多行业,尤其是劳动密集型制造业,已不再具有竞争力。为了继续保持强劲的经济增长,中国现在需要下功夫发展大量具有竞争力的高科技和高附加值产业。因此,中国正在发生的不仅仅是增长放缓,而是发展模式的转变。

中国的边际资本产出率(ICOR)迅速上升就足以说明这一点(见图5.3)。ICOR描述了生产1单位额外GDP所需的额外资本投入单位数量。该比率在2007年为3.5,并在2015年上升至6.3。资本效率的快速下降确实令人担忧。这可能与政府以前实施的大规模刺激计划的后遗症有关。但在全球金融危机之后,金融资源的错配会成为一个更大的问题。由于经济不确定性不断升高,私营企业去杠杆,而国有企业则在抑制性金融政策保护及宏观经济政策推动下借机加杠杆。然而这导致了企业杠杆质量的急剧恶化(Wang et al.,2016)。

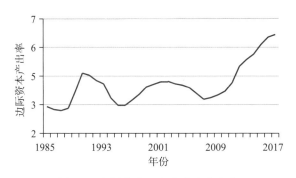

图5.3 中国的边际资本产出率变化

数据来源:黄益平等(2018)。

更令人担忧的趋势是金融风险的逐渐上升。虽然系统性金融风险指数(SFRI)波动较为剧烈,但其自2008年以来一直呈上升趋势并处于较高水平(见图5.4)。在宏观层面,至少有三个因素促成了SFRI最近的高企。首先,持续的增长放缓导致公司资产负债表显著恶化,增加了金融风险。国有和非国有部门的公司杠杆率差异进一步加剧了这一问题。过去中国经济以非常高的和稳定的增速增长,任何金融风险因素都能够被解决或至少被暂时隐藏,但现在已不再可能。

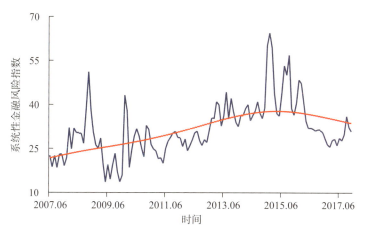

图 5.4 中国的系统性金融风险指数变化

注:系统金融风险指数使用202家上市金融和房地产开发商的股票收益率数据,对风险条件价值(CoVaR)、边际预期损失(MES)和系统性风险(SRISK)的标准化指标进行加权平均。

数据来源:Wang and Huang(forthcoming)。

其次,政府不能兜底一切。过去,政府可以保护经济免受任何重大的金融冲击。例如,国有银行主导的商业银行体系确保了20世纪90年代末没有发生银行挤兑,即使当时银行的不良贷款占比高达三分之一。然而,当下已不再可能,其中部分原因是今天的隐形负债要大得多:银行资产总额已超过GDP的300%,而企业债务约占GDP的240%。更重要的是,政府债务,特别是地方政府及其附属投资平台的债务,已经成为金融风险的来源。

最后,分隔的金融监管体制已无法控制金融风险。中央银行和行业监管委员会对于金融部门的监管有分工,并遵循"谁发许可证谁监管"的原则。这种监管模式在很长一段时间内运作良好。但当影子银行交易增长时,就很快出现了监管空白。例如,谁应该负责监管销售保险产品的银行?更糟糕的是,许多金融科技公司即使没有申请许可也开展了相关业务。此外,所有监管机构都同时负责金融监管和行业发展,这有时可能会给监管者带来利益冲突。

中国的金融体系也没有充分支持实体经济。一方面,中国家庭的金融资产回报率很低。家庭金融资产总额从 2006 年的 24.6 万亿元增加到 2016 年的 118.6 万亿元。然而,这些家庭的投资选择范围非常有限。目前,家庭金融资产中约有 69% 是银行存款,20% 是证券产品,11% 是养老金和保险产品。在其他国家,银行存款占家庭金融资产总额的比重要低得多,例如日本为 53%,西欧为 36%,美国为 14%。另一方面,随着增长模式从要素投入型转向创新驱动型,传统的银行主导和高度抑制的金融体系已不再合适。与简单的生产制造能力扩张相比,创新和产业升级更具不确定性和风险性,它需要金融服务具有更强的专业性和灵活性。

5. 建立现代金融体系

以上解释了为什么近年来有关金融体系的怨言大幅增加,其中一个是"金融不再支持实体经济",而另一个是"中小企业融资难、融资贵"。这种转变背后的真正原因是经济进入了一个新的发展阶段,从要素投入驱动转变为创新驱动的增长,但金融体系尚未适应它。目前的金融体系具有以银行为主和政府高度干预的特点,适合支持大企业、制造业活动和高速增长阶段。其主要的风险评估方法包括历史资产负债表数据、抵押资产和政府担保。这就是尽管存在潜在的效率损失,但它在经济改革的最初几十年中仍运作良好的原因。

但现在,经济增长模式正朝着更多依靠创新驱动的方向转变,创新的主要贡献者是私营企业,它们占企业级专利总量的 70% 左右。然而,如果没有历史数据、抵押资产和政府担保,金融系统无法满足这些中小企业的资金需求。一些抑制性金融政策使情况更糟。例如,银行在设定贷款利率方面仍面临严重限制。更糟糕的是,政府经常要求银行进一步降低对中小企业的贷款利率。由于无法进行基于市场的风险定价,金融机构很难为风险较高的中小企业提供金融服务。

所有这些都表明,无论金融体系是如何支持中国的经济增长和金融稳定的,它目前都已经达到极限,需要进一步改革以支持持续的、强劲的经济增长。中国需要建立一个"现代金融体系",最终目标是建立一个既能有效分配金融资源,又能有效控制金融风险的系统。在短期内,金融体系需要找到支持创新的方式,特别是中小企业的创新。但在这种情况下,"现代"意味着它也是棘手的。一方面,虽然过去40年中国一直在推进以市场为导向的金融改革,但这项任务最多只是完成了一半。许多非市场机制已成为提高金融效率和稳定性的障碍。因此,建立现代金融体系的中心任务应该是引入更多的"市场机制"。另一方面,中国应该采取稳健的措施渐进地推进改革。正如我们在本文中所展示的那样,只有市场机制和金融监管能够有效运行,市场导向的自由化才能发挥作用。但是这两者都需要一些时间,因此,渐进的方法可能仍然是首选,尽管在某些领域可能需要更激烈的转变。

以市场为导向的金融改革应着眼于以下三个方面:一是发展多层次资本市场。中国的金融体系以银行为主导,这可能会持续很长时间,但现在强化资本市场的作用至关重要。这对于为中国家庭提供基于资产的收入是必要的。直接融资对于支持创新和产业升级也至关重要。相对而言,风险投资和私募股权基金更有能力识别优秀的初创公司并理性承担风险。较大的资本市场也能更好地满足大型企业的长期资本需求,为中小企业留下更多的银行资源。显然,中国的金融体系在可预期的未来仍将以银行为主导,但未来非银行金融机构应在支持经济发展方面发挥更大作用,特别是通过更好地为创新活动提供资金。

二是让市场机制在分配金融资源方面发挥决定性作用。政府干预的负面后果正在变得越来越明显。例如,"僵尸"企业的继续存在不仅会恶化金融效率,还会阻碍产业升级(Tan et al., 2016)。市场化改革的一个关键领域是利率自由化。基于市场的风险定价是商业可持续的金融服务的基础。如果政府希望银行向中小企业提供更多贷款,那么它不应该同时要求银行降低贷款利率。市场决定的利率不仅是提高金融效率和降低金融风险的重要条件,也是金融机构能够服务中小企业的重要条件。以市场为导向的金融改革还取决于其他领域的变化,特别是国有企业改革。

三是完善监管体系,防范系统性金融风险。一个关键挑战是分隔的监管体系与不断增长的混业金融之间的不匹配。基于机构的监管方式留下了许多风险,例如金融产品交叉销售、影子银行交易和金融科技活动。当局已开始采取措施改革监管体系。国务院于2017年中期成立了金融稳定发展委员会,并于2018年年初将银监会和保监会合并,以加强政策协调,提高监管质量。目前尚不清楚中国最终将采用哪种监管模式,但目前比较看好的是区分审慎监管和行为监管的"双峰"模式。

此外,一些金融创新也可能有所帮助,特别是在金融科技领域。例如,金融机构难以为中小企业服务的主要原因是获客困难和风控难。中国金融科技公司通过建立大科技平台和大数据积累,找到了解决上述问题的方法。由蚂蚁金服主导的网商银行,在成立后的头4年内为1 500万家中小企业提供金融服务,且这些贷款都是无抵押、无担保的。网商银行只依靠大数据分析来做出贷款决策,不良贷款率能够保持在1.5%以下。这种贷款、保险和财富管理等新的金融模式扩展到传统的金融机构,将会更好地为客户服务,更好地管理风险。

参考文献

Bonin J P, Huang Y. 2001. Dealing with the bad loans of the Chinese banks[J]. Journal of Asian Economics, 12(2): 197-214.

Fan G. 1994. Incremental changes and dual-track transition: Understanding the case of China[J]. Economic Policy, 9(19): 100-122.

Huang Y. 2001. China's Last Stepacross the River: Enterprise and Banking Reforms[M], Canberra: Asia Pacific Press.

Huang Y. 2010. Dissecting the China puzzle: Asymmetric liberalization and cost distortion[J]. Asia Economic Policy Review, 5(2): 281-295.

Huang Y, Duncan R. 1997. How successful were China's state sector reforms? [J]. Journal of Comparative Economics, 24(1): 65-78.

Huang Y, Gou Q, Wang X. 2014. Financial liberalization and the middle-income trap: What can China learn from multi-country experience? [J]. China Economic Review, 31(C): 426-440.

Huang Y, Wang X. 2011. Does financial repression inhibit or facilitate economic growth? A case study of China's reform experience[J]. Oxford Bulletin of Economics and Statistics, 73(6): 833-855.

Huang Y, Wang X. 2017. Building an efficient financial system in China: A need for stronger market discipline[J]. Asian Economic Policy Review, 12(2): 188-205.

Huang Y, Ge T. 2019. Assessing China's financial reform: Changing roles of repressive financial policies[J]. Cato Journal, 39(1): 65-85.

Huang Y, Wang X, Wang B, et al. 2013. Financial reform in China: Progress and challenges [M]//Park Y, Patrick H. How Finance in Shaping Economies of China, Japan and Korea. New York: Columbia University Press: 44-142.

Lardy N R. 1998. China's Unfinished Economic Revolution[M]. Washington DC: Brookings Institution Press.

Lin J Y, Cai F, Zhou L. 1995. The China Miracle: Development Strategy and Economic Reform [M]. Hong Kong: Chinese University of Hong Kong Press.

McKinnon R I. 1973. Money and Capital in Economic Development[M]. Washington DC: Brookings Institution Press.

Naughton B. 1995. Growing Out of the Plan: Chinese Economic Reform 1978-1993[M]. Cambridge: Cambridge University Press.

Stiglitz J E. 1994. The role of the state in financial markets[M]//Bruno M, Pleskovic B. Proceeding of the World Bank Annual Conference on Development Economics, 1993: Supplement to the World Bank Economic Review and the World Bank Research Observer. Washington, DC: World Bank.

Tan Y, Huang Y, Woo W T. 2016. Zombie firms and crowding-out of private investment in China [J]. Asian Economic Papers, 15(3): 32-55.

USTR. 2018. Section 301 Report into China's Acts, Policies, and Practices Related to Technology Transfer, Intellectual Property, and Innovation [R/OL]. (2018.03.27)[2020.04.29]. https://ustr.gov/about-us/policy-offices/press-office/press-releases/2018/march/section-301-report-chinas-acts.

Wang X, Huang Y. forthcoming. Large in size, strong on repression and weak in regulation: China's financial reform during 1978-2018[M]//Cai F. China's Economic Reform and Development: 1978-2018.

Wang X, Ji Y, Tan Y, et al. 2016. Understanding the state advancing and the private sector retreating in corporate leverage in China[C]. NBER-CCER Conference on China and the World Economy, Peking University, Beijing.

World Bank. 2012. China 2030: Building a modern, harmonious, and creative society[R/OL]. [2020.01.25]. https://www.worldbank.org/en/news/feature/2012/02/27/china-2030-executive-summary.

黄益平,殷剑锋,徐忠等. 2018. 2018·径山报告:强化市场机制,构建现代金融体系[R/OL]. (2018.09.16)[2020.04.29]. https://www.sohu.com/a/254197250_257448.

REFORMING THE FISCAL SYSTEM

第六章
公共财政改革

林双林（北京大学国家发展研究院）

1. 引 言

公共财政在一个国家中扮演多重角色,如提供公共产品、收入再分配、维护经济稳定和刺激经济增长等。在中国除了上述作用,公共财政还在保持政治连续性和稳定性方面起着重要作用。因此,公共财政不仅一般性地服务于经济效率和分配公平,还服务于中国的国家治理目标。伴随着人口老龄化,中国公共财政在未来30年面临着严峻的挑战。本章将会探讨这些挑战,并为公共财政改革提供政策建议。

公共财政面临的挑战与21世纪中国面临的主要挑战——人口老龄化——密切相关。中国的人口老龄化问题比其他国家更为严重。除了婴儿潮一代的生育率普遍下降之外,中国在20世纪80年代初采取的用以控制人口增长的严格独生子女政策也是这一问题的原因。因此,中国婴儿潮一代的孩子比其他国家少得多。同时,中国出生时预期寿命迅速增长,从1978年的65.86岁提高到2016年的76.25岁(World Bank,2019a)。根据联合国(United Nations,2019)的预测,中国到2020年65岁及以上人口将占总人口的12%,2025年达到14%,2035年达到20.7%,与美国的21.2%基本持平。而到2050年,这一数字将达到26.3%,远高于美国的22.1%。[①]

人口增长率低带来劳动力低增长,从而导致经济增长放缓。由于许多税收依赖于产出,经济增长也影响税收增长。2000年至2010年,按固定零售价格衡量的税收收入平均增长率为16.9%,实际GDP增长率为12.8%。2010年至2017年,按固定零售价格衡量的税收收入增长率仅为8.9%,平均实际GDP平均增长率为8.3%(国家统计局,2019)。显然,税收增长会随着经济增长放缓而放缓。特别是,由于劳动力增长的下降,社会保障缴款的增长将会下降。

人口老龄化会使得政府开支不断增加。随着老年居民变得更多,医疗开支、社会保障开支、社会福利支出会迅速增加。另外,中国还面临着严重的污染问题,环境保护支出也势必增加。同时,基础设施支出伴随着城市化的推

---

① 想看更多关于中国人口老龄化的讨论可以参见本书第三章。

进而增长。综上，一般财政债务、社会保障债务和医疗保险债务可能会显著增加。

但同时，中国尚未对这些挑战做好充分准备。地方政府债务缠身。2016年，将地方政府直接债务、地方政府担保债务和地方政府有义务协助偿还的债务加总，已达到GDP的35%。一些地区，由于地方政府收入有限，但承担着巨大的支出责任，偿债能力十分有限。近年来，地方政府参与的公私合作投资项目（PPP）也积累了大量隐形债务。中央政府部门、国家机关、国有铁路总公司也积累了大量债务，占GDP的5%以上。同时，政府积累了大量的社会保障债务。Li和Lin（2019）的研究表明，2015年中国社会保障债务占GDP的1.6%。相反，美国在社会保障账户中积累了大量资金。2016年，美国社会保障基金积累占到GDP的15.3%（U.S. Social Security Administration, 2019）。2016年，中国一般政府预算债务不断增加，占GDP的16%。Krugman（2016）认为，中国经济建立在不可持续的投资水平基础上，并且存在严重的内部债务问题。国际货币基金组织则警告说，由于中国和整个世界紧密的经济联系，中国若爆发经济危机很可能导致全世界的经济衰退（Grandhi, 2016）。

为了应对这些挑战，中国必须进行财政体制改革，包括税收改革、社会保障改革、医疗改革、地方公共财政改革以及中央和地方政府财政关系的改革。

本章将探讨中国现在和今后30年面临的财政挑战，并讨论如何应对这些挑战。本章第2节分析税收制度面临的问题并探讨税制改革；第3节研究政府支出结构；第4节和第5节探讨城乡养老保险体系和医疗保障体系面临的问题及其改革方案；第6节讨论区域间地方政府债务的规模和分布情况，并探讨减少地方政府债务的方法；第7节探讨中央地方财政关系；第8节总结全文。

2. 改进税收体系

2.1 一般公共收入的放缓

劳动力增长的下降将导致GDP增速的下降，进而导致一般财政收入增速的下降。图6.1展示了1978年固定零售价格下的一般公共收入水平和增长率，以及 GDP 增长率。2011 年实际一般预算财政收入增长率为 19.16%,2012 年为 10.67%,2013 年为 8.67%,2014 年为 7.56%,2015 年为 8.38%,2016 年为 4.02%,2017 年为 6.93%。同时,2011 年实际 GDP 增长率为 9.6%,2012 年为 7.9%,2013 年为 7.8%,2014 年为 7.3%,2015 年为 6.9%,2016 年为 6.7%,2017 年为 6.8%。显然,财政收入的增长与 GDP 的增长呈正相关。因此,在未来 30 年,财政收入增长倾向于伴随经济增长速度放缓而放缓。

图 6.1　1978—2016 年实际一般预算财政收入及其增长率

(按 1978 年固定零售价格计算)

数据来源:国家统计局网站。

2.2　当前税收结构

中国的税收结构以消费税为基础,其中增值税占比最大,与美国特殊商品销售税(如烟、酒、燃油等)类似的消费税占比居第三。企业所得税占比大,个人所得税占比小。图 6.2 显示了 1985 年至 2018 年主要税收在税收总额中所占的份额。2018 年,增值税占税收总额的比重为 39.34%,消费税占 6.8%,企业所得税占 22.58%,个人所得税占 8.87%,关税占比仅为 1.82%。从变化趋势看,增值税在税收总额中所占比重自 1994 年开始下降,2016 年又随营业税有所上升。消费税一直保持在一个较高的水平。企业所得税增长迅速,且自从 1994 年税制改革以来,其在税收总额中所占的比重不断增加。个人所得税在总收入中所占的比重在增加,但与企业所得税相比仍然偏低。

图 6.2　1985—2018 年主要税收在税收总额中所占的份额

数据来源:1985—2016 年数据来自国家统计局(2019);2017 年数据来自财政部(2018);2018 年税收总额和各类税收收入数据来自财政部(2019)。

中国目前的税收结构有利于储蓄、投资的增长,而不是收入再分配。原因显而易见:收入等于消费加储蓄(储蓄在均衡时等于投资)。对收入征税意味着对消费和储蓄征税,而对消费征税则意味着储蓄免税。消费税通常实行统一税率,而所得税通常实行累进税率。在中国,一些诸如食品的商品的增值税率低于其他产品。然而增值税的累进性远不如个人所得税,不能有效地重新分配收入。

增值税和其他基于消费的税是间接税,即税收包含在产品价格中,消费者只需支付价格,但看不到税收。个人所得税是直接税,纳税人清楚知道他们赚了多少钱、交了多少税。

目前,政府希望通过增加个人所得税提升财政收入,同时注意避免激起纳税人的普遍反感。因此,个人所得税起征点高,中低收入群体适用的税率较低。2011 年,在中国有收入的人中,只有 7.7% 的人缴纳了个人所得税(法制日报,2011)。2018 年 8 月之后,减除范围扩大,这个比例可能会更低。如果政府继续这样做,个人所得税收入可能不会大幅增加。

中国的企业所得税太高。在过去 30 年中，大多数国家都降低了企业所得税率以刺激经济增长。比如，2016 年，德国企业所得税收入仅占德国税收总额的 5.3%，而美国的该比例为 8.3%（OECD，2018）。然而在中国，企业所得税占税收总额的比重却大大增加。1994 年，企业所得税收入占税收总额的 13.86%，2000 年占 7.94%，2016 年占 22.13%（国家统计局，2019）。为了获得足够的收入，中国政府很难降低企业所得税。

2.3 税制改革展望

如果优先考虑经济效益和分配公平，那么中国未来应该进行以下的税制改革：

一是使税收制度更加透明。制度透明是亚当·斯密在他的《国富论》中提出的税收原则之一。随着各种现代公共财政思想的引入，中国也应当接受税收透明原则。政府应该让人们清楚地知道他们缴纳了哪些税、多少税，以及税收是如何使用的。

二是削减企业所得税。研究表明，企业所得税对经济效率最有害（Chamley，1985；Lucas，1990；OECD，2010）。我国企业所得税税率为 25%，与其他国家相比还不算高。在美国，2017 年联邦企业所得税最高税率为 35%，但 2018 年降至 21%；2018 年，州企业所得税在 0 至 10% 之间。2016 年，德国企业所得税税率为 29.65%，日本为 23.4%，英国为 20%。虽然中国的企业所得税税率不高，但政府来源于企业所得税的收入占比在中国是非常高的。这是由于中国的企业所得税扣除额十分有限。例如，公司的娱乐支出部分仅有 60% 可以从应纳税所得额中扣除，且不能超过总收入的 5%；只有向非营利组织和政府机构的捐款可以从应纳税所得额中扣除，扣除部分同样不得超过公司利润的 12%。今后在企业所得税方面，中国应该降低税率，增加扣除额，使其在税收总收入中的占比减少 30%—50%。

三是提高个人所得税在税收总额中的比重。目前个人所得税收入偏低。首先，目前个人所得税免征额高达 5 000 元。按此标准，90% 以上的有收入群体不缴纳个人所得税。2015 年，美国约有 45% 的人（包括退休人员）不缴纳个人所得税，且这一比例预计将在未来继续下降（Williams，2016）。中国政府应该向更多的人征收个人所得税。其次，最高边际税率太高。中国个人所得税税率从3%到45%不等。2018年，美国边际税率为10%—37%，新加坡为2%—22%。Li and Lin（2019）研究了个人所得税的最佳税率，其结论表明中国的个人所得税应当具有更小的累进性，以最高边际税率在25%左右为佳。在未来30年，最高边际税率应降至30%以下，并应要求更多人缴税，这样，个人所得税收入应该会大幅增加。

四是出台财产税。个人住房、公寓及其他房产和汽车应缴纳财产税。目前，上海和重庆正在试行个人房产税。然而，由于税率低，免税额高，房产税的税收收入很少。2018年，美国各州的实际房地产税税率各不相同，新泽西州为2.4%，伊利诺伊州为2.32%，新罕布什尔州为2.19%，康涅狄格州为2.02%，阿拉巴马州为0.43%，夏威夷州为0.27%（Kiernan，2018）。在未来，如果我国能够建立健全的房产税体系，其收入将成为地方政府稳定的收入来源。

3. 优化政府支出结构

3.1 现行政府支出结构

国际货币基金组织一直提供关于中国政府在经济事务上的支出信息。表6.1显示了中国政府在一般公共事务、国防、文化、教育等方面的支出情况。政府在经济事务方面的支出占政府总支出的27.67%，远高于美国、德国、日本和许多发展中国家。中国的国防支出占政府总支出的比重在2015年为4.2%，尽管这一比重比许多国家都要高，但是仍低于新加坡2015年的18.38%，以色列2015年的15.18%和美国2015年的8.8%。显然，中国政府在医疗方面的支出相对较小，2014年仅占政府总支出的3.1%，2015年为8.9%，2016年为9.7%。相比之下，2015年美国政府医疗卫生支出占比为24.18%，日本为19.65%，澳大利亚为18.51%，德国为16.15%。

表 6.1 中国政府各类支出占总支出比重(2005—2016)   单位:%

年份	一般公共服务	国防	公共秩序和安全	经济建设事务	环境保护	住房和社区福利设施	医疗卫生	娱乐、文化和宗教	教育	社会保护
2005	25.7	5.3	5.0	37.8	3.2	0.4	2.5	1.3	9.5	8.3
2006	18.2	5.2	5.0	37.7	3.2	0.4	2.5	1.3	9.3	17.1
2007	9.4	4.1	4.0	45.2	1.1	11.4	2.4	1.1	8.4	12.9
2008	11.3	5.2	5.2	30.9	1.9	7.3	3.8	1.8	14.3	18.3
2009	10.3	5.2	5.0	31.7	2.1	6.4	4.4	1.8	13.5	19.6
2010	9.9	4.7	5.0	32.1	2.2	6.5	4.5	1.7	13.6	19.7
2011	10.0	4.6	4.8	29.8	2.0	6.7	3.3	1.6	13.1	24.0
2012	9.8	4.4	4.7	28.3	1.9	6.7	3.1	1.6	14.4	25.1
2013	9.5	4.3	4.5	28.4	2.0	7.4	3.0	1.6	13.3	25.9
2014	9.2	4.4	4.4	27.7	2.0	7.8	3.1	1.6	12.8	27.1
2015	8.6	4.2	4.3	27.7	2.3	8.9	8.9	1.5	12.3	22.0
2016	8.9	4.3	4.8	25.1	2.2	8.6	9.7	1.4	12.3	22.9

数据来源:IMF Data。

3.2 现存问题

中国现行的政府支出结构存在严重的问题。首先,现行的政府支出结构主要是为经济发展这一目标服务的,而不太注重贫富差距和再分配。正如之前所提及的中国税收体系累进程度低,政府应当通过提供公共消费品来帮助穷人。政府在医疗和其他社会福利项目上面较低的支出对穷人的伤害更大。其次,在经济建设事务上过多的支出可能会导致支出的低效率,存在过度投资和重复建设引发资源浪费与腐败的问题。此外,经济建设事务支出中政府对企业的补贴很可能会破坏市场公平竞争的环境并引发价格扭曲。最后,经济建设事务高支出导致了政府赤字和政府债务的累积,削减政府在经济建设方面的开支可以帮助削减政府债务。

3.3　政府支出结构改革

四十多年前改革开放开始时,政府已经认识到在经济建设事务上花费太多,在人民生活方面欠了债,并承诺要改变这种状况。但目前,这种状况还没有彻底改变,这一承诺应该在未来 30 年实现。首先,政府应该减少在经济建设上的支出,减少对优势企业的补贴,以及尽量减少对生产的干预。其次,政府应增加医疗、教育和社会福利支出。增加医疗支出不仅可以改善社会福利,还可以增加人力资本。中国教育支出占 GDP 的比重仍低于世界平均水平,所以要加大对中小学教育的投入,实施 12 年制的义务教育。此外,还应向穷人,特别是农村老年人,提供更多的转移支付。

4. 改革养老保险体系

4.1　当前体系

中国现在有两套养老保险体系:一个是城镇职工基本养老保险,另一个是城乡居民基本养老保险。过去,政府为其雇员提供养老保障,现已纳入城镇职工基本养老保险。

我们首先来讨论城镇职工基本养老保险。根据国务院 2005 年的决定,从 2006 年 1 月 1 日起,应税工资的 8% 缴至个人账户,雇主将雇员工资的 20% 缴入社会统筹账户。个人不向社会统筹账户缴费。退休后,城镇职工每月可以从个人账户中获得 1/120 的退休金。因此,个人账户中的资金会在 10 年内耗尽。这一制度覆盖所有国有企业、集体所有制企业、外商投资企业和私营企业。到 2018 年,69% 的城镇职工加入了这一养老保险体系。然而,许多农民工没有进入其中。2019 年 5 月 1 日起,为刺激经济增长,国务院决定将用人单位的缴费比例从 20% 降至 16%(国务院办公厅,2019)。

接着我们再讨论城乡居民基本养老保险。

自 2009 年起,中国开始建立新型农村社会养老保险。60 岁以上的个人每月领取 55 元的社会保障收入。这笔钱来自中央和地方政府的一般财政收入。

与之对应,其他成年家庭成员要向自己的个人账户缴费。2009 年,个人缴费标准分为 100 元、200 元、300 元、400 元和 500 元 5 个档次。参保人自由选择缴费标准,按年缴费。个人最低缴费额仅为每年 100 元,政府每年固定补助 30 元。2014 年,国务院公布了新的缴费标准,变为 12 级缴费,从 100 元到 2 000 元不等(国务院,2014)。2018 年,个人账户缴费在北京为 1 000 元至 9 000 元;上海为 500 元至 5 300 元;吉林、辽宁、黑龙江、浙江和青海为 100 元至 2 000 元。由于缴费额可自主选择,许多人还是仅按照最低标准 100 元缴纳。

多年来,农村老年人养老保险收入不断增加。2018 年,全国农村老年人养老保险收入标准为每月 88 元。每个省都可以从一般财政收入中另拨资金来制定自己的标准。2018 年,北京农村老年人养老保险收入为每月 710 元,上海 930 元,天津 295 元,浙江 155 元,广东 148 元,江苏 135 元,青海 175 元,西藏 150 元,宁夏 143 元,内蒙古 128 元,福建和山东 118 元,吉林 103 元,四川 93 元,山西和云南 88 元。

2014 年,新型农民社会养老保险与城镇居民社会养老保险合并,在全国范围立建立统一的城乡居民基本养老保险。其中城镇居民包括未参加城镇职工基本养老保险的有城市户口的人。

4.2 现行养老保险制度存在的问题

首先,城镇职工社会统筹账户中积累了大量债务。由于社会统筹账户资金短缺,许多地区开始从个人账户中拨出资金给统筹账户,给个人账户资金留下了很大漏洞。Li and Lin(2019)的研究表明,2015 年个人账户的债务达到 GDP 的 1.59% 左右,而 2015 年,原定储蓄于个人账户中的 23.58% 的资金被用于退休人员的养老保险支付。一方面,中国正在经历工业化和城市化,许多年轻人加入城镇职工基本养老保险体系,使得缴费者多、受益人少,没有理由积累如此庞大的社会保障债务。另一方面,我国城镇职工基本养老保险缴费率与其他国家相比也较高,雇主将工资的 20% 存入社会统筹账户。而 2014 年,美国养老金缴款率为总收入的 10.4%,加拿大为 9.9%,日本为 17.5%(OECD,2015)。从这点看也不应存在这样的巨额债务。根据 Li and Lin(2016)的测算,在维持制度不变的基础上,到 2050 年,养老保险的显性债务将达到 GDP 的 68%。考虑到雇主缴费率从20%又降至16%,2050年的养老保险债务水平还将高于先前的估计。

其次,农村居民养老也存在问题。一个问题是,目前农村老年人的社会保障收入太低。据官方统计,2017年城镇居民人均年支出为24 445元,月均支出2 037元;农村居民人均年支出为10 955元,月均支出913元。显然,农村老年人每月100元左右的社会保障收入根本不足以让其过上体面的生活。鉴于以下两个原因,政府对解决当前农民的养老问题义不容辞:一是中国在20世纪50年代、60年代和70年代人口不能自由流动,农民被迫留在贫困的农村;二是农民被迫以低于市场价的价格向政府出售农作物以支持国有企业。因此,政府应该同时考虑国有企业退休人员和退休农民的社会保障问题。

另一个问题是,年轻农民个人账户缴费太少。在不考虑利息的情况下,一个农民每年在个人账户缴费100元,50年只能积累5 000元。这远远不够退休后10—20年的费用。在改革开放之后,新时代的农民有了更多的机会,例如在自由市场上出售农作物或者迁移到城市赚钱。因此,政府对年轻农民的责任较少,年轻农民必须自己承担更多的养老保障责任。在这种情况下,年轻农民把这么少的钱存入个人账户,并非明智之举。

中国素来有"养儿防老"的传统,但现在这一方法却越来越难以为继。第一,随着城市化的推进,许多农村年轻人已经迁移到城市,根本无法待在父母身边照料他们。第二,独生子女政策导致家庭中子辈的人数大幅度下降,这些独生子女可能无力独自赡养父母。第三,城市的生活成本很高,尤其是育儿成本和住房成本。居住在城市的中年人可能没有多余的钱来赡养父母。"养儿防老"已经不再具有可持续性。

4.3 养老保险制度改革

与工业化国家相比,中国的社会保障缴费率已经很高,不应再提高,而应考虑通过其他方式减少城镇职工基本养老保险债务。此外,农村社会保障体系尚待完善。因此,养老保险制度改革的任务十分艰巨。

第一,平衡城镇职工的社会统筹。这需要增加收入和减少支出,其中减少开支势在必行。政府应该通过降低对社保对象中收入最高的一批人的转移支付,来减少养老保险支付的不平等。同时,应延长退休年龄,这将同时增加养老保险收入,减少养老保险支出。目前适用的退休年龄是几十年前确定的,当时中国人的预期寿命还很低。而在之后,中国人的人均预期寿命从1978年的65.86岁增长到2016年的76.5岁(World Bank,2019a),所以应尽快提出提高退休年龄的方案。

第二,偿还社会统筹账户中的债务,坚持个人账户中的资金不被挪作他用。一种方法是依靠社会统筹账户本身的资金积累;另一种方法是用国有企业的资产进行抵偿。理论上,政府资产的不同账户间相互偿债不会产生任何实际效果。但是,如果国企资产的回报低于社保个人账户的回报,那么这种改革就会使得经济效率提高。

第三,加大对农村老年人的养老保险金发放力度。农村老年人养老保险收入低严重影响了农村退休人员的生活质量。在今后30年,政府在农村社会保障方面的支出将会非常大,这自然会增加一般财政预算的压力。

第四,提高农村青年个人账户缴费。2018年,农村人均可支配收入为12 363元。如果把缴费率定在和城镇职工相同的8%,那么对个人账户缴费就是989元。考虑到城镇职工还需要通过用人单位向社会统筹账户缴纳16%的雇员工资,农村缴费就显得更不足了。只有提升个人账户的缴费,农村养老保险体系才能持续。

5. 医疗保险体制改革

5.1 当前体制

中国曾经建立四种不同的医疗保险体制。在农村,有由中央和地方政府以及农民出资、由县级地方政府管理的新型农村合作医疗制度(新农合)。另外三种在城市:由企业雇主和雇员共同出资、由各地区的地方政府管理的城镇职工基本医疗保险;由政府一般预算出资、由每个地区的地方政府管理,为政府机构和公共机构(如公立大学和国有医院)的雇员提供的公费医疗;以及城镇居民基本医疗保险。公费医疗是所有医疗保险项目中最好的,而农村医保体系是最薄弱的。所有这些医疗保险项目都由中央或地方政府管理。最近几年,政府已经将公费医疗并入城市职工医疗保险体系,并且将城市居民医疗保险和新农合合并为城乡居民医疗保险。

5.2 医保体系中的潜在债务

中国医保体系存在许多严重的隐患,例如保险水平低、个人付费过高,这在城乡居民医疗保险中尤为突出;优质医疗资源与医疗服务短缺;过多的政府干预;等等。在本节中,我们主要关注政府医疗保险账户存在的潜在债务问题。

目前,所有的医疗保险体系都有盈余。这是由较低的报销率和较低的重大疾病报销上限导致的。图 6.3 显示了来自城镇职工基本医疗保险账户和城镇居民基本医疗保险账户的盈余。2016 年,城镇职工和居民基本医疗保险账户盈余分别为 1 297.17 亿元和 199.26 亿元。新农合的最新盈余没有新的数据,但 2013 年的盈余是 63 亿元(国家卫生健康委员会,2015)。

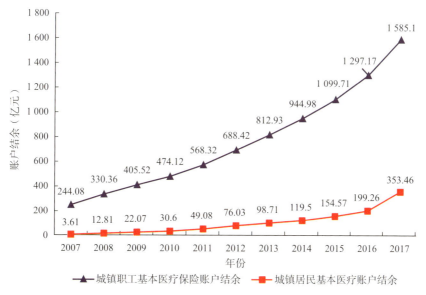

图 6.3 城镇职工和城镇居民基本医疗保险账户结余

数据来源:国家统计局。

未来中国的医疗保险账户将出现赤字并积累债务。目前的医疗保险由政府管理,采用现收现付制运行。根据目前的报销率、缴款率、人口增长、医疗服务需求的增长率、收入增长率和医疗服务的需求弹性,北京大学中国公共财政中心研究小组(2014)的研究显示,所有医疗保险账户到2050年都会出现赤字和债务。

如果考虑到城乡居民医疗保险的报销率将来会大幅提高,那么城乡居民医疗保险账户将出现很大赤字。由于这个体系的运转依靠政府大量补贴,未来政府对医疗保险的补贴也势必会大幅增加。对医疗保险项目的补贴无疑将成为中国公共财政的沉重负担。

5.3 医疗体制改革

2009年年初,中共中央和国务院公布了一项全面的医疗改革计划。目标是为公众提供安全、有效、方便、负担得起的医疗保险计划,并在2020年前将基本医疗保险覆盖到每个人。到目前为止,医疗保险几乎达到了全民覆盖。然而,医疗体系迫切需要进行改革,以改善医疗服务,减少开支,并保持医疗保险体系的财政可持续性。

第一,提高医疗保险水平。中国的医疗保险几乎覆盖了所有人。目前,医疗保险报销比例较低,尤其是城乡居民。今后,中国应提高保险水平,以应对疾病,尤其是重大疾病。目前,城乡居民保险费偏低,应提高保险水平,保证医疗保险体系的可持续性。除了政府运营的医疗保险计划外,还应鼓励商业保险公司参与医疗保险。

第二,控制医疗费用,使医疗保险具有可持续性。在美国、德国和许多其他国家,疾病被分为许多疾病诊断相关组(diagnosis related groups,DRGs)[①],按病种付费。例如,在美国,2015年政府在老人医疗保险中设有999个严重性疾病诊断相关组(Center for Medicare & Medicaid Services,2015)。每位患者在入院时被划分到某个病种,付款由病种决定。这为医院节约成本提供了动力。发达国家采用的另一种成本控制方法称为"总额预付"(事先规定人均报销额)。根据这一方法,医院每年从保险公司得到固定的资金,而不论病人使用何种服务。该方法用于美国、德国和其他国家的私人保险体系中。中国也在着手使用

---

① 诊断相关组是一种患者分类系统,在该系统中,对治疗特定患者群体的医院未来支付总额进行标准化,以鼓励医院控制医疗成本。美国政府运营的老年医疗保险和医疗救助项目使用这种方法将病人分成许多不同的组,医疗保险和救助项目对每组中的病人付费一样。比如,患感冒的病人,保险公司只报销一个固定数额,医院如果花销多了将自己负担。

DRGs 和总额预付来控制医疗费用。

第三,防止医疗系统债务积累。目前,中国在医疗方面的支出仍然很低。2015 年,美国医疗支出占 GDP 的比例为 16.84%,英国为 9.88%,德国为 11.15%,日本为 10.9%,俄罗斯为 5.56%,中国为 5.32%(World Bank,2019b)。随着医疗支出的增加,中国将不得不提高医疗保险缴费水平。

6. 控制地方政府债务

中国现在被高额地方政府债务所困扰。随着人口老龄化,税收收入的增长将下降,而政府对于社会福利方面的财政支出将增加,这将导致在接下来的 30 年里政府债务不断增加。此外,随着人口老龄化,社保债务和医疗债务也将不可避免地增加。因此,处理不断增加的政府债务是最为棘手的问题。

6.1 地方政府债务规模

近 30 年来,地方政府债务一直处于增长状态,现在累积的数额很高。根据 1994 年《中华人民共和国预算法》,地方政府无权发行债务。中央政府偶尔发行少量的地方政府债务。因此,地方政府债务主要来源于预算体系之外的地方国有投资公司的银行借款,以及地方政府建设项目的拖欠款。

地方政府债务有三种类型:地方政府负责偿还的债务,地方政府担保的债务,以及地方政府协助偿还的债务。2009 年地方政府债务总额占 GDP 的 26.45%,2013 年占 29.85%,2014 年占 37.37%,2016 年占 33.84%(见图 6.4)。需要说明的是,2013 年之后,许多地方政府只发布负有偿还责任的债务,因此 2013 年以后的债务总额是根据负有偿还责任的债务和其他类型的债务的比率估算的。

地方政府债务主要用于基础设施建设。长期以来,地方政府官员一直有强烈的动机来为基础建设投资而借款。因为基础设施投资可以刺激地方经济增长,进而可以增加官员升迁的机会。同时,基础设施投资也为个别官员提供了收受腐败资金的机会。

地方政府债务在各省之间分布不均。图 6.5 显示了 2012 年和 2016 年一些省份和直辖市地方政府债务占 GDP 的比率。2016 年,贵州债务占 GDP 的比重为73.96%，青海为52.05%，云南为42.96%，海南为38.49%，辽宁为38.33%，西藏为5.03%，广东为10.55%，河南为13.65%，山东为13.88%，江苏为14.1%。如果将政府保证偿还和政府协助偿还的债务包括在内的话，贵州等一些省份的债务与GDP之比将超过100%。许多欠发达省份根本没有能力偿还债务。

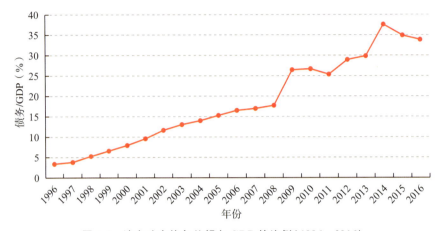

图6.4 地方政府债务总额占GDP的比例（1996—2016）

数据来源：2011年以前的数据是根据审计署（2011）的数据统计的；2012年和2013年的数据基于审计署（2013）数据计算；其余债务数据来自Wind和中国债券信息网；GDP和财政收入数据来自国家统计局（2017）。2014年、2015年和2016年，只有政府负有偿还责任的债务数据，政府担保的债务和政府协助偿还的债务数据是根据2013年6月负有偿还责任的债务的比例估算出来的。

图6.5 2012年和2016年各省（直辖市）政府债务与GDP比率

数据来源：债务数据来自Wind和中国债券信息网；GDP和财政收入数据均来自国家统计局（2017）。

中央政府也存在着债务。2000年,中央政府债务占GDP的比重为12.98%,2018年年底为16.45%(财政部,2019)。除了一般财政预算中的债务外,中央政府机构和中央政府所属机构也存有债务,约占GDP的2%。此外,铁路公司也有占GDP 5%的庞大的债务数额。因此,中央政府债务总额与GDP之比约为23%。

6.2 政府债务的潜在问题

研究已经表明,政府债务对经济的影响从长远来看是负面的。Diamond(1965)表明,政府发行的国内债务或者外债都会抬高利率,从而将减少资本积累和人均产出。Reinhart and Rogoff(2010)表明,政府债务如果过高,将会降低经济增长率。

显而易见的是,高额的地方政府债务威胁着中国金融体系的稳定。当前,银行担心地方政府能否还清债务,而地方政府担心银行是否会继续借款给它们。如果负债累累的地方政府拖欠债款或者违约,那么相关银行将陷入困境,继而整个金融体系将受到影响。

高额的债务可能难以维继。中国的政府债务可能会继续增加。随着人口日趋老龄化,养老保险体系的债务必然增加。同时,医疗保险中的政府债务将会出现并增加。为了应对经济下行压力,政府可能会继续采用扩张性财政政策,这又将反过来增加政府债务。如果债务规模庞大,并且持续增加,那么财政体系将无法负担,运转将难以维持。

高额的政府债务意味着地方政府每年要支付高额利息。地方政府必须把有限的财政收入从其他生产用途上转移出来还债,随着债务的增加,越来越多的资源将被转用于支付利息,债务最终将成为政府的负担。

6.3 债务问题的应对

政府需要缩减并控制地方政府的债务。第一,设置一个地方政府发行债券的上限是非常有必要的,地方债务占GDP比率高于限额的省份不应再发行额外债务,而地方债务占GDP比率低于限额的省份仍可发行债务来用于必要的基础设施发展。

第二,将更多的税收分配给地方政府,允许地方政府建立属于自己的税种。中央政府可以给地方政府分配更多的税收收入,如增值税收入。对于地方政府,如前所述,如果开征财产税,应将收入交给地方政府用于基础设施融资。此外,中央政府可以允许地方政府根据当地情况自行设置部分税费。

第三,中央政府应该帮助偿还部分地方政府债务。中央政府的扩张性财政政策是地方政府债务增长的重要原因,因此有责任帮助地方政府还债。

7. 调整央地财政关系

7.1 央地收支失衡

1978年,中国地方财政收入占财政总收入的84.5%,然而财政支出仅占财政总支出的52.6%,地方政府有巨额预算盈余。而在40年后,地方财政支出占到了财政总支出的85.4%,财政收入占财政总收入的比例降到了52.2%,地方政府预算赤字巨大并且严重依赖中央财政转移支付。1994年以前,地方政府依靠财政收入进行支出。1994年分税制改革后,中央财政收入占比增加,支出占比减少,各地政府每年都依靠中央财政转移支付来平衡预算。2016年,地方政府自给比例仅为54.35%,即地方支出中中央财政转移支付占比为45.65%。

同时,中央政府没有承担足够的支出责任。地方政府必须提供几乎所有的公共产品和服务,养老保险和医疗保险都由地方政府管理,甚至很多地区由县级政府管理。

7.2 央地财政关系存在的问题

第一个问题在于地方政府缺乏独立的财政权力,或者说缺乏自主权。它们没有制定税法的权力,也没有独立发债的权力,它们的支出很大程度上是在中央政府的监督下进行的。众所周知,地方政府更加了解当地资源和人民需求,对于征什么税、征多少、如何使用税收收入,地方政府拥有更多的信息。因此,地方政府自主性的缺乏会影响效率。

第二个问题是转移支付机制设计得有不合理之处,有些转移是任意的。中央政府首先从一个地区征收税收,然后将一部分税收转移给地方政府。转移支付被用作监管地方政府的工具,每个地方政府都需要中央政府转移资金,因此每个省份在北京都有一个"办事处",向中央政府申请转移支付,甚至一些市县在北京也设有"办事处"。即使是富裕的省份也依赖中央政府的财政转移,2017年,中央财政对上海、广东、浙江、江苏、天津、北京的转移支付分别占财政支出的7.72%、9.93%、12.98%、14.71%、16.75%和12.11%。[①] 中央政府的高转移机制不可避免地导致了效率损失。

第三个问题是地方政府获得的转移支付用在何处很大程度上是由中央政府决定的。地方政府为了开发自己认为合适的项目,就从其他渠道获取收入,包括土地转让金和通过投资公司从银行借款。这进而引发了许多其他问题。

7.3　改善央地财政关系

为了提高经济效率,必须改善中央与地方的关系。首先,需要将部分支出责任从地方政府转移到中央政府。中央政府要加大社会福利投入,增加公共消费品的提供,尤其是要增加中小学教育经费。中国的劳动力流动性很强,许多内陆地区的年轻人去东部沿海和大城市工作。受过当地教育的人可能不会在当地工作。因此,中央政府对中小学教育提供更多的资助是合理的。

其次,中央政府应该接管养老保险和医疗保险,建立全国性的养老保险和医疗保险体系。这将促进劳动力流动。此外,随着全国性社会保险体系的建立,医疗和社会保障危机的风险就会降低,年轻劳动力较少的省份就会有能力为老年人支付养老金和医疗费。

再次,提高地方财政收入在财政总收入中的比重。如果中央政府不能把大部分收入直接花出去,就应该少收一些,让地方政府多收一些。中央政府应该允许地方政府获得更多的增值税。此外,征收个人财产税后,该项税收收入应该交给地方政府。

最后,给地方政府更多的财政自由。这是一项根本性的改革。中国是世界上最大的国家之一,幅员辽阔,人口众多。每个区域在资源和对公共产品的需

---

① 转移支付数据来自财政部(2018);财政收入和财政支出数据来自国家统计局(2018)。

求方面都有自己的特点。为了提高经济效率和分配公平,地方政府最好在税收、发行债券和支出方面有更多的自由。

8. 总　结

未来 30 年,中国公共财政的主要作用可能发生变化。政府可能会像所有工业化国家现在所做的那样,把经济效率和分配公平作为优先目标。公共财政可能会经历许多方面的改革。

现行以消费税为主的税制可能会继续下去,而且应该继续用以提高经济效率。个人所得税在税收总额中所占的比重将会增加,企业所得税在税收总额中的比重将会下降。新的税收,如个人财产税,将主要为收入再分配和地方基础设施融资而设立。

为了应对过重消费税带来的累退性问题,政府需要改变政府支出结构,减少在经济建设方面的支出,增加医疗、教育、扶贫、公共消费品类支出。

城镇职工社会统筹账户中的养老保险债务,应当通过利用国有资产、延长退休年龄、降低部分退休人员(尤其是政府官员)过高的退休金来偿还。对当前退休农民的退休金应增加,因为政府欠这一辈农民太多了。年轻农民应该为他们的养老保障个人账户缴纳更多的资金。

医疗保险计划现在有盈余,但预计未来会有赤字和债务。提高城乡居民的医疗保险缴费是不可避免的。医疗成本需要通过使用按病种付费和总额预付(基于均摊来报销)来控制。政府应该从补贴医院转向补贴保险,或者从补贴医院转向补贴穷人。

地方政府债务相当高,特别是在一些欠发达地区。中央政府应该为地方政府设定债务限额,防止高负债地区再发行更多的债务。中央政府应该帮助地方政府偿还一些地方政府债务,因为它对地方政府债务的增长负有部分责任。地方政府也可以利用地方国有企业的资产偿还债务。预计未来中央政府债务将大于地方政府债务。经济增长至关重要,债务问题最终将通过经济增长得到解决。

中央和地方财政收支不平衡,目前地方财政收入约占财政总收入的 55%,地方财政支出约占财政总支出的 85%。因此,应该把一些支出责任,例如医疗保险、养老保险、社会福利，从地方转移到中央，提高地方财政收入在财政总收入中的比重。同时，地方政府应在税收和发行债券方面享有更多的财政自由。

就像中国在过去40年中坚持了改革开放政策，中国经济实现了快速增长一样，在接下来的30年，中国将会在所有方面实现现代化，其中必然也包括公共财政体系。

参考文献

Chamley C. 1985. Efficient tax reform in a dynamic model of general equilibrium[J]. The Quarterly Journal of Economics, 100(2): 335-356.

Christopher C. 1986. Optimal taxation of capital income in general equilibrium with infinite lives[J]. Econometrica, 54(3): 607-22.

Diamond P A. 1965. National debt in a neoclassical growth model[J]. American Economic Review, 55: 1125-1150.

Economists. 2015. China's local government debt: Defusing a bomb[EB/OL]. [2019.02.21]. http://www.economist.com/blogs/freeexchange/2015/03/china-s-local-government-debt.

Grandhi K. 2016. IMF warns that an economic crisis in China could cause global recession again [EB/OL]. (2016.04.15) [2020.03.12]. http://www.ibtimes.co.uk/imf-warns-that-economic-crisis-china-could-make-world-go-back-into-recession-1553150.

International Monetary Fund. IMF Data[DB/OL]. [2020.03.14]. https://www.imf.org/en/Data.

Kiernan J S. 2018. 2018's Property taxes by state[EB/OL]. (2018.03.06) [2020.03.13]. https://jpeters.com/tag/2018s-property-taxes-by-state-how-does-nj-stack-up/.

Krugman, P. 2016. What's going on in China right now scares me[EB/OL]. (2016.02.25) [2020.03.12]. http://www.businessinsider.sg/paul-krugman-interview-china-greece-brexit-2016-2/#.V0UHQeQySU4.

Li C, Lin S. 2016. Optimal income tax for China[J]. Pacific Economic Review, 20(2): 243-267.

Li S, Lin S. 2016. Population aging and China's social security reforms[J]. Journal of Policy Modeling, 38(1): 65-95.

Li C, Lin S. 2019, China's explicit social security debt: How large?[J]. China Economic Review, 53(C): 128-139.

Lucas R E. 1990. Supply-side economics: An analytical review[J]. Oxford Economic Papers, 42

(2): 293-316.

OECD. 2010. Tax policy reform and economic growth[R/OL]. [2020.03.12]. https://www.oecd-ilibrary.org/taxation/tax-policy-reform-and-economic-growth_9789264091085-en.

OECD. 2015. Pensions at a Glance 2015: OECD and G20 indicators[R/OL]. [2020.03.14]. https://www.oecd-ilibrary.org/social-issues-migration-health/pensions-at-a-glance-2015_pension_glance-2015-en.

OECD. 2018. OECD. Stat[DB/OL]. [2018.07.17]. http://stats.oecd.org/BrandedView.aspx?oecd_bv_id=tax-data-en&doi=data-00262-en.

Reinhart C M, Rogoff K S. 2010. Growth in a time of debt[J]. American Economic Review, 100 (2): 573-578.

United Nations, Department of Economic and Social Affairs, Population Division. 2019. World Population Prospects 2019[R/OL]. [2020.03.12]. https://population.un.org/wpp/.

United States Social Security Administration. 2019. Social Security Program Data[DB/OL].[2019.03.01]. https://www.ssa.gov/OACT/ProgData/qop.html.

Williams R C. 2016. A closer look at those who pay no income or payroll taxes[EB/OL].(2016.07.11)[2020.03.12]. https://www.taxpolicycenter.org/taxvox/closer-look-those-who-pay-no-income-or-payroll-taxes.

World Bank. 2019a. Life expectancy at birth [DB/OL]. [2019.02.21]. https://data.worldbank.org/indicator/SP.DYN.LE00.IN?locations=CN.

World Bank. 2019b. Current health expenditure [DB/OL]. [2019.02.21]. https://data.worldbank.org/indicator/SH.XPD.CHEX.GD.ZS.

财政部. 2016. 关于印发《中央企业国有资本收益收取管理办法》的通知：财资〔2016〕32号[A/OL].(2016.07.15)[2020.03.14]. http://zcgls.mof.gov.cn/cslm/gongzuotongzhi/200012/t20001212_3325310.htm.

财政部. 2017. 关于2016年中央和地方预算执行情况与2017年中央和地方预算草案的报告[R/OL].(2017.03.17)[2020.03.14]. http://www.mof.gov.cn/gkml/caizhengshuju/201703/t20170317_2559812.htm.

财政部. 2018. 中央对地方税收返还和转移支付分地区情况汇总表[EB/OL].(2018.04.03)[2020.03.14]. http://yss.mof.gov.cn/2018zyys/201804/t20180403_2859260.htm.

财政部. 2019. 2018年全国财政决算[DB/OL]. [2019.11.20]. http://yss.mof.gov.cn/2018czjs/index.htm.

国家卫生和计划生育委员会(现国家卫生健康委员会). 2015. 中国卫生和计划生育统计年鉴(2014)[M]. 北京:中国协和医学院出版社.

审计署. 2011. 全国地方政府性债务审计结果[A/OL].(2011.06.27)[2020.03.14]. http://www.gov.cn/zwgk/2011-06/27/content_1893782.htm.

审计署. 2013. 全国政府性债务审计结果[A/OL].(2013.12.30)[2020.03.14]. http://www.gov.cn/gzdt/2013-12/30/content_2557187.htm.

国家统计局. 2017. 中国统计年鉴2017[M]. 北京:中国统计出版社.

国家统计局. 2018. 中国统计年鉴2018[M]. 北京:中国统计出版社.

国家统计局. 2019. 国家数据[DB/OL].[2019.02.21]. http://data.stats.gov.cn/easyquery.htm?cn=C01.

北京大学中国公共财政研究中心. 2014. 深化医疗保障制度改革[R]. 内部资料.

国务院. 2015. 关于调整证券交易印花税中央与地方分享比例的通知:国发明电[2015]3号[A/OL].(2015.12.31)[2020.03.14]. http://www.gov.cn/zhengce/content/2015-12/31/content_10543.htm.

国务院. 2014. 关于建立统一的城乡居民基本养老保险制度的意见:国发[2014]8号[A/OL].(2014.02.26)[2020.03.14]. http://www.gov.cn/zhengce/content/2014-02/26/content_8656.htm.

国务院办公厅. 2019. 关于印发降低社会保险费率综合方案:国办发[2019]13号[A/OL].(2019.04.04)[2020.03.14]. http://www.gov.cn/zhengce/content/2019-04/04/content_5379629.htm.

中共中央,国务院. 2009. 中共中央 国务院关于深化医药卫生体制改革的意见[A/OL].(2009.03.17)[2020.03.14]. http://www.gov.cn/test/2009-04/08/content_1280069.htm.

法制日报. 2011. 个税收入全年减收1600亿[EB/OL].(2011.07.01)[2020.03.12]. http://www.npc.gov.cn/npc/zhibo/zzzb23/node_4249.htm.

Center for Medicare & Medicaid Services. 2015. CMS Statistics Reference Booklet[DB/OL].[2020.03.14]. https://www.cms.gov/Research-Statistics-Data-and-Systems/Statistics-Trends-and-Reports/CMS-Statistics-Reference-Booklet/2015.

HOUSEHOLD CONSUMPTION

第七章
居民消费

王敏(北京大学国家发展研究院)
俞秀梅(中南财经政法大学财政税务学院)

居民消费是指用于直接满足个人需求的商品或服务支出,是直接反映人们生活水平和福利的最重要指标之一。居民消费反映了人们的生活方式,包括衣、食、住、行等方方面面。衡量居民福利的另一个重要指标是收入。居民消费在很大程度上是由收入决定的。但基于永久性收入理论(Friedman,1957),大多数研究认为,当前消费能更好地反映居民的长期收入状况,因此是衡量个人福利水平(相比收入)更好的一个指标(Blundell and Preston,1995;Brewer and O'Dea,2012)。此外,文献研究也表明,被访居民通常会在调查中低报他们的收入(Meyer and Sullivan,2003,2008),因此消费数据会比收入数据更加准确。基于以上考虑,研究居民消费对于了解中国人口的福利水平至关重要。

此外,考虑到最终消费支出在国民生产总值中占较大比重,研究居民消费也有助于了解中国未来的经济增长状况。中国目前正处于从主要依赖投资和全球贸易顺差的增长模式转向更加依赖国内消费的增长模式。据商务部统计,近五年来,消费已成为经济增长的最大推动力。2018年,消费对经济增长的贡献率为76.2%,比前一年提高18.6个百分点。与此同时,我国居民家庭也正在进行消费升级,主要体现在服务消费的增加以及产品消费质量的提高。研究居民消费结构变化也有助于理解我国目前正在发生的产业升级和经济结构变化。

本章的主要目标是从居民总消费和消费结构的角度预测2049年我国居民的消费支出。我们认为,在未来30年,经济增长、城镇化和人口老龄化将是塑造中国经济和社会发展的三个最为重要的力量。在下文中,我们将通过关注这三股经济力量对居民消费及消费结构的影响来进行分析和预测。

本章的其余部分安排如下:第一部分回顾了过去40年的居民消费情况,第二部分分城乡、收入水平和年龄考察了不同人群消费行为的特征,第三部分根据最新的家庭调查数据预测2049年的居民消费和消费结构,最后一部分对本章的研究内容进行了总结并讨论了其政策含义。

1. 过去40年的居民消费

在对2049年中国居民消费进行预测之前,我们首先回顾一下过去40年来我国居民消费的变动及特征。

1.1 过去 40 年我国居民人均消费的变化

自改革开放以来,我国居民收入显著增加,人均生活水平大幅提高。国家统计局进行的全国抽样住户调查提供了有关居民收入和支出的全面信息。我们从国家统计局的网站上获得分城乡的人均收入及消费数据,并以城乡的人口为权重加权平均得到全国层面的人均收入及消费。

1981 年中国居民人均可支配收入仅为 1 548 元,但 2017 年上升至 25 929 元,几乎是 1981 年收入的 17 倍[①],实际人均可支配收入年均增长率为 8.27%。收入增长推动了消费的快速增长。居民人均消费支出从 1981 年的 1 355 元增加到 2017 年的 18 188 元,是 1981 年的 13 倍,实际人均消费支出年均增长率为 7.63%。

居民收入和消费增长率的差异反映了中国居民家庭储蓄率的增长,我国居民储蓄率从 1981 年的 12.5% 增长到 2017 年的 30%,居民储蓄率位居世界第一。相比之下,2017 年美国的居民储蓄率仅为 6.7%。有大量的经济学文献从不同角度探索了中国高储蓄率的难解之谜,例如抚养比(Kraay,2000;Modigliani and Cao,2004;Horioka and Wan,2007;Ang,2009;等等)和未来不确定性增加所导致的预防性储蓄(Kraay,2000;Meng,2003;Giles and Yoo,2007;Chamon,Liu and Prasad,2013;等等)。

1.2 过去 40 年我国居民消费结构的变化

接下来我们分析我国居民的消费结构特征。国家统计局根据不同的消费目的将居民的消费支出分成了八大类:(1)食品;(2)衣着,指与居民穿着有关的支出,包括服装、服装材料、鞋类、其他衣类及配件、衣着相关加工服务的支出;(3)居住,包括房租、水、电、燃料、物业管理等方面的支出,也包括自有住房折算租金;(4)生活用品及服务,指家庭及个人的各类生活用品及家庭服务,包括家具及室内装饰品、家用器具、家用纺织品、家庭日用杂品、个人用品和家庭服务;(5)交通通信,指用于交通和通信工具及相关的各种服务费、维修费和车

---

① 本章所有的收入及消费数据都调整成以 2015 年价格计价。

辆保险等支出;(6)教育文化娱乐;(7)医疗保健;(8)其他用品及服务,指无法直接归入上述各类支出的其他用品与服务支出。在这八个类别中,食品和衣着消费通常被视为必需品。

在过去的 40 年中,中国居民的消费结构发生了巨大变化。自 1981 年以来,增长最快的四个消费类别分别是交通通信、医疗保健、居住和教育文化娱乐,这四大消费类别在 2017 年的支出分别是 1981 年的 247 倍、66 倍、25 倍和 24 倍。它们的消费占总消费的份额分别从 0.7%、1.6%、11.9%、6.5% 上升至 13.6%、7.8%、22.5% 和 11.4%。相比之下,包括食品和衣着在内的必需品的支出仅增加了 7 倍,食品和衣着占总消费的份额分别从 58.6% 与 13.3% 下降到 29.3% 与 6.8%。这些消费结构的变化揭示了消费升级的趋势。

2. 我国不同人群的消费特征

如前所述,经济增长、城镇化和人口老龄化是决定未来中国居民消费的三个最重要因素。在进行预测之前,我们在本节使用国家统计局和中国家庭收入调查(CHIP)2013 的数据,通过分析不同人群(城乡群体、不同收入群体和不同年龄群体)的消费行为来考察这三股经济力量对居民消费的影响。

2.1　城乡居民消费

自 20 世纪 80 年代初开始,中国发生了人类历史上前所未有的城乡人口迁移。城镇化率从 1981 年的 20.16% 上升到 2017 年的 58.52%。至少在未来的 15—20 年,中国将继续保持快速的城镇化发展趋势。我们相信城镇化将在未来的消费中发挥重要作用。接下来,我们继续使用国家统计局的数据来研究城乡居民间收入和消费模式的差异。

城乡之间持续和不断扩大的收入不平等是我国经济过去 40 年高速发展中所呈现的最显著的社会现象之一(Démurger et al., 2006; Sicular et al., 2007; Park, 2008)。如图 7.1 所示,1981 年城乡收入比为 2.24。在 20 世纪 80 年代初,中国从农村开始进行经济体制改革,农民的生产活动从公社制向家庭联产承包责任制的转变,使得农民有了很大的生产决策自由,大大提高了农业生产力。

在此期间,城乡收入比大幅度下降。从1981年到1984年,农村居民人均可支配收入从1 238元增加到1 847元,增长了49.1%,而城市居民的人均可支配收入仅增长22.1%。到1984年,城乡居民收入比降至1.84,达到过去40年来的最低水平。然而,随着我国政府将改革重心转移到城市以及经济活动向城市集聚的发展规律,1985年城乡收入比开始上升。除1994—1997年外,其他年度城乡收入比均持续上升,直至2007年左右达到3.14的高峰。之后,由于农民工劳动力成本的不断上升和我国政府对农业和农村的各项扶持政策,城乡收入比有所下降,2017年城乡收入比为2.71。值得注意的是,虽然城乡收入比下降,但城乡之间的绝对收入差距仍在增加。2017年,城镇居民人均可支配收入比农村居民多22 159元。

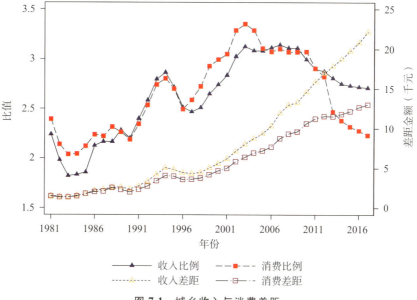

图 7.1　城乡收入与消费差距

数据来源:国家统计局官网。

收入不平等导致了城乡之间的消费不平等。城乡居民间消费差距与收入差距有着相似的时间趋势。不过近年来,城乡居民间的消费差距下降得更快。从2013年到2017年,城乡收入比从2.81下降到2.71,下降了0.1;城乡消费比从2.47下降到2.23,下降了0.24。城乡消费不平等的缩小速度快于收入不平等,这是因为城镇地区的平均消费倾向(APC),即消费占收入的比例,正在下降。2017年，城镇居民仅消费了可支配收入的67.16%，但农村居民消费了可支配收入的81.55%。

我国城乡居民的消费结构也有所不同。农村地区的食品和医疗保健支出占总消费的份额较高。2017年，农村的食品支出份额为31.2%，城镇为28.6%；农村居民的医疗保健支出份额也比城镇居民高2.4个百分点。医疗保健支出份额的城乡差距表明，由于农村地区公共医疗保健系统的覆盖面不足，农村居民必须承担比城镇居民更多的自付医疗费用。相比之下，城镇居民在衣着、居住和教育文化娱乐方面的支出份额比农村居民高。

2.2 不同收入水平居民的消费

收入决定了居民的预算约束，在居民消费行为中起着至关重要的作用。未来30年，中国居民收入还将持续增长。我们认为，收入增长将是决定未来消费的最重要因素之一。我们使用中国家庭收入调查（CHIP）在2013年的最新居民收入和消费数据来研究不同收入群体的消费模式。CHIP根据国家统计局采用的抽样框架，在中国部分省份的城乡地区收集了详细的居民和个人信息，具有全国代表性。我们根据人均可支配收入将所有居民家庭样本平均分为五个收入组，分别为最高收入组、次高收入组、中等收入组、次低收入组及最低收入组。下面将首先讨论各收入组的人均消费，然后分收入组讨论消费结构。

每个收入组的收入和消费情况如图7.2所示。从中，我们可以发现以下几个有意思的现象：首先，城乡内部存在显著的收入不平等。在城镇地区，最高收入组的家庭人均可支配收入为63 821元，是最低收入组家庭人均可支配收入的5.9倍（最低收入组人均可支配收入仅为10 842元）。在农村地区，收入不平等程度甚至更大，最高收入组的家庭人均可支配收入是最低收入组的8.2倍。在农村地区，最高收入组的家庭人均可支配收入为24 561元，而最低收入组的家庭人均可支配收入仅为3 011元。

其次，由于低收入居民家庭倾向于将更高比例的收入用于消费，不同收入群体之间的消费不平等程度小于收入不平等。城镇地区最高和最低收入组的家庭消费比值为4.3，农村地区为3.3，远低于收入比值。在城镇地区，最高（最低）收入组的居民家庭消费占可支配收入的比重为65.3%（89.1%）。在农村地区,最高收入组的居民家庭消费占可支配收入的63.4%,而在最低收入群体中,这一比重高达156.8%。这也意味着富人倾向于将收入的更大比例用于储蓄,我国居民的财富不平等状况可能比收入不平等状况更糟糕。

图 7.2 城乡不同收入组的消费与储蓄

数据来源:CHIP 2013。

再次,虽然农村居民由于收入低,总体上比城镇居民的平均消费倾向更高(或储蓄率更低),但是给定相同的收入水平,农村居民家庭的消费倾向会更低。平均而言,农村和城镇的平均消费倾向分别为78.7%和69.8%。[1] 为了比较农村居民和城镇居民家庭在相同收入水平下的消费倾向,我们主要考察农村中等收入组和城镇最低收入组的居民家庭(其人均可支配收入具有可比性,分别为8 727元和10 842元)。如果农村居民与相同收入水平的城镇居民拥有相同的消费模式,那么中等收入组农村居民家庭的平均消费倾向应该大于最低收入组的城镇居民家庭的平均消费倾向。然而,农村和城镇这两组居民家庭的平均消

---

[1] 这一结论与上一节所使用的国家统计局的宏观数据得出的结论是一致的。国家统计局的宏观数据表明,2013年农村居民和城镇居民的消费支出占可支配收入的比例分别为79.4%及69.9%。

费倾向分别为 85.7% 和 89.1%。这就意味着,给定同等收入水平,农村居民家庭的平均消费倾向低于城镇居民家庭。一般而言,在同等收入水平下,相比城镇居民家庭,农村居民家庭面临着未来较高的收入不确定性,同时也缺乏有效的社会保障和医疗保险覆盖,因此他们有较强的预防性储蓄激励。通过直接比较人均可支配收入在 10 000 元到 20 000 元之间的居民家庭消费可以发现,在这一收入水平下,农村和城镇居民家庭的平均消费倾向分别为 74.3% 与 79.1%——该证据进一步表明给定同等收入水平,农村居民家庭的消费倾向是低于城镇居民家庭的。

最后,农村地区最低收入组家庭的储蓄为负值。这就意味着该类家庭的当前收入不足以支付当前的消费支出。国家统计局的宏观数据还显示,2002—2012 年农村低收入居民的储蓄率均为负值——这就表明,农村最低收入组居民家庭负的储蓄率不大可能是由暂时性的收入波动引起的。从长远来看,农村地区低收入居民家庭或者说贫困家庭的负储蓄率是不可持续的。

接下来,我们继续讨论不同收入组的消费结构。我们发现,随着收入的增加,食品支出在总消费中的份额减少,这与恩格尔定律是相符合的。该定律指出,随着收入的增加,用于食品的收入比例将会下降。衣着的支出份额在农村地区随着收入的增加而增加,但在城镇地区与收入的关系呈倒 U 形。这两种消费类别的支出与收入之间的关系恰恰表明,食品和衣着都是必需品。根据必需品的定义,消费需求的增长率低于收入的增长。相比之下,居住和交通通信的支出份额往往随着收入的增长而单调增加,且属于奢侈类消费品,即该类消费品支出的增长速度比收入的增长速度更快。

教育文化娱乐和医疗保健支出与收入的关系较为复杂。一个有意思的现象是,农村地区最高收入组居民的教育文化娱乐支出份额在五个收入组中是最低的,但是城镇最高收入组居民的教育文化娱乐支出份额是五个收入组中最高的。这可能与农村缺乏与教育文化娱乐相关的基础设施有关。居民家庭的医疗保健支出与收入呈现非线性关系,最高收入组和最低收入组在医疗保健方面的支出份额都较高。

2.3 不同年龄组的居民消费

每个人在其生命周期中具有不同的收入和消费模式。随着中国人口逐渐老龄化,未来的消费很可能会受到社会年龄结构变化的强烈影响。为了解年龄与消费支出之间的关系,我们基于户主年龄将 CHIP 2013 中的居民家庭样本分为五组,分别是 20—30 岁、30—40 岁、40—50 岁、50—60 岁和 60 岁以上年龄组。

图 7.3 展示了每个户主年龄组的收入、消费和储蓄行为。对于城镇和农村居民家庭来说,他们的人均收入在户主年轻时(20—30 岁)最高,随后先减少后增加,最后在老年时下降。人均可支配收入随年龄的这种"S"形状可能反映了生命周期中抚养比的变化。由于农村居民家庭一般比城镇居民家庭更早结婚和生育孩子,农村居民家庭在其生命周期中的人均可支配收入相对稳定:20—30 岁年龄组的家庭人均可支配收入最高(11 628 元),超过 60 岁年龄组的家庭人均可支配收入最低(9 888 元)。相比之下,城镇居民的人均可支配收入在生命周期中有更多的变化。由于年轻人(年龄在 20—30 岁之间)需要养育的子女个数少,人均可支配收入高。值得注意的是,他们的消费倾向也最高。农村和城镇地区户主年龄在 20—30 岁的年轻家庭的消费占其可支配收入的比重分别为 85.4% 和 71.7%,而农村和城镇地区整体的平均消费率分别为 78.7% 和 69.8%。根据 United Nations(2017),2015 年中国 20—30 岁年龄组人口达到了 2.31 亿,仅次于 40—50 岁年龄组人口数量(2.43 亿)。因此,年轻人已成为消费市场的重要力量。

消费结构在不同年龄组家庭间也有差异。对于户主年龄在 20—30 岁之间的年轻家庭来说,虽然他们的收入是最高的,但食品和衣着等必需品的支出份额并不是最低的。此外,与其他年龄组相比,20—30 岁年轻家庭的衣着和交通通信的支出份额都是最高的。与衣着和交通通信相反,与户主年龄较大的家庭相比,居住支出占年轻家庭总消费的比例较低,尽管 20—30 岁年轻居民家庭的人均居住支出的金额比其他年龄组的要高。

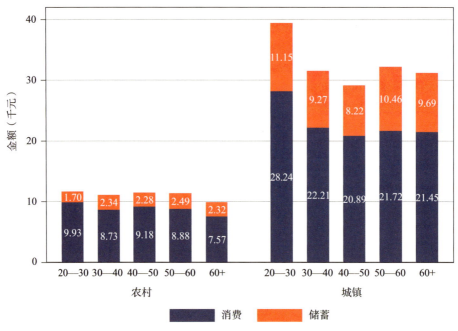

图 7.3 不同年龄组的消费与储蓄

数据来源：CHIP 2013。

对于户主年龄 60 岁以上的居民家庭，食品、居住和医疗保健的支出份额是所有年龄组中最高的，而衣着、生活用品和服务、交通通信和教育文化娱乐的支出份额是最低的。整体而言，老年人的平均消费倾向比年轻人要低，并且在诸如食品、医疗保健等基本生活需求上支出更多。居住支出在 60 岁以上老人的消费中占比较高，这是因为居住支出包括了自有住房的租金折算。而房屋是不可分割的非流动资产，老年人不能轻易把自有住房更换成更便宜的房产，因此其居住支出较高。最后，如我们所预料的，老年人家庭的医疗保健支出份额是最高的。鉴于中国快速老龄化的进程，未来市场对医疗保健和服务的需求将是巨大的。

中年居民家庭消费行为的一个特点是，教育支出在他们的消费支出中占比较大，这是因为他们的子女正处于中学或大学的学习阶段。40—50 岁农村与城镇居民家庭的教育支出占总消费支出的比例分别为 13.7% 及 14.2%，仅次于食品和住宅，成为第三大消费支出。由此可见，教育支出有可能成为中年人的沉重负担。

3. 中国 2049 年消费预测

3.1 预测方法

预测未来家户行为的一种常用方法是基于当前数据对其行为进行建模,然后利用模型估计结果来预测其未来值。例如,Zeng et al.(2015)就使用最新的调查数据来预测未来残障老年人的护理需求及成本。我们根据 2013 年 CHIP 的家庭调查数据预测未来的居民消费。

本章预测基于这样的假设:在控制收入、城乡居住地和年龄之后,2049 年的居民消费行为与 2013 年 CHIP 调查问卷中的居民相同。通过这种方式,我们可以首先使用 CHIP 2013 数据来研究居民的消费行为。然后根据这一结果,分别研究未来收入增长、城镇化进程和人口年龄结构变化带来的消费变动。

我们首先使用 2013 年 CHIP 家庭层面的数据对每个消费类别的支出分年龄和分城乡进行以下的消费方程回归:

$$C = \alpha + \beta(I)I = \alpha + (\beta_1 + \beta_2 I)I = \alpha + \beta_1 I + \beta_2 I^2 \tag{7.1}$$

其中:C 和 I 分别表示人均消费和可支配收入;$\beta_1 I + \beta_2 I^2$ 表示引致消费(induced consumption);α 代表自发消费(autonomous consumption),指当消费者的可支配收入为零时也必须发生的消费支出。尽管在同一时期,自发消费不随个人的可支配收入变动而变动,但由于人们的最低生活标准会随着经济发展而上升,因此社会的自发消费可能随着整个社会平均收入的增加而增加。通过 2002 年至 2009 年的中国城镇住户调查,我们发现居民自发消费的年均增长率仅略低于其收入。因此,在进行预测时,我们通过假设自发消费与人均收入具有相同的增长率来调整自发消费水平。

为了使用方程(7.1)中的回归系数来预测 2049 年的消费支出,需要考虑三个最重要的因素——收入增长、城镇化和人口老龄化。

(1)收入增长。如上一节所示,收入增长不仅会扩大居民的预算约束,还会影响他们的消费行为,包括平均消费倾向和消费结构。自 1981 年以来,中国经历了惊人的经济增长,居民人均可支配收入的年增长率达 8%,真实 GDP 的年增长率高达9.5%。第二章"增长收敛与发展前景"表明,中国未来30年的潜在GDP将继续保持快速增长,年均增长率在4.8%至5.8%之间。鉴于居民人均收入增长慢于GDP的历史路径,本章的预测将基于三种情景,即2016—2049年的居民可支配收入的年均增长率分别为3%、4%和5%。

(2)城镇化。如前所述,城乡居民的消费行为大为不同。伴随着高速的经济增长,中国也正在以人类历史上前所未有的速度和规模经历着城镇化进程。根据国家统计局官方数据,截至2017年年底,全国有58.52%的人口居住在城镇地区,这一数值与1981年的20.16%相比有大幅增加。根据联合国的报告(United Nations,2018)预测,到2050年,居住在中国城镇地区的人口将高达80%。

(3)人口老龄化。人口年龄结构是影响居民消费行为的另一个重要因素。如第三章"老龄化与社会政策"所示,中国人口正在经历迅速老龄化。1990年,年龄在20—30岁之间的年轻人口占20岁以上总人口的33.24%。该比例在2015年下降到21.61%。并且根据联合国的预测(United Nations,2017),在中等生育率假设下,2050年这一比值将下降至12.55%。相比之下,60岁以上人口(占20岁以上总人口)的比例从1990年的14.03%上升到2015年的20.08%,预计到2050年将达到43.18%。① 到2050年,50岁以上人口(占20岁以上总人口)的比例将高达58.77%,这表明到2050年,每两个成年人就约有一位年龄在50岁以上。

基于上述假设,我们可以根据回归得到的消费函数来预测未来的居民消费。第一步,通过分年龄组及分城乡回归得到方程(7.1)的系数。第二步,利用第一步得到的分年龄及分城乡的系数,以及分年龄和分城乡的居民可支配收入在2049年的估计值,来计算未来分年龄和分城乡的居民消费。这一步仅考虑了收入增长的影响。第三步,利用前一步得到的分年龄与分城乡的居民消费,以及所估计的我国未来2049年的人口年龄结构,计算未来分城乡的居民消费。这一步考虑了年龄结构变化的影响。② 接着,利用上一步得到的分城乡的居民

---

① 由于在CHIP中,消费与支出数据都是在家庭层面的,我们根据户主的年龄将样本分为五个年龄组,而其中绝大多数的户主年龄都在20岁以上(只有7户户主的年龄低于20岁,我们在分析中将其删除),因此我们主要探讨20岁以上人口的年龄结构而不是总人口的年龄结构。

② 受数据限制,我们假设2049年城乡人口有相同的年龄结构。

消费,以及所估计的未来 2049 年的城镇化率,计算未来的人均居民消费。这一步进一步考虑了城镇化进程的影响。第四步,用上一步得到的人均消费乘以未来的总人口,就得到了 2049 年的居民总消费。这一步考虑了人口规模变动的影响。①

3.2　2015 年居民消费的样本外预测

为了检验前述预测方法的可信度,我们首先使用上述方法来预测 2015 年的居民消费,然后将预测值与 2015 年实际的居民消费进行比较。②

对方程(7.1)分每个消费类别及分年龄和分城乡进行普通最小二乘法估计,得到分年龄和分城乡的消费函数。根据《中国统计年鉴》(2016),2015 年中国农村和城镇居民人均可支配收入分别为 11 422 元和 31 195 元。由于缺乏不同年龄组的收入信息,我们假设每个年龄段的可支配收入是一样的。因此,使用回归得到的消费函数及 2015 年实际的可支配收入数据,可以计算 2015 年农村和城镇地区的每个年龄组的居民消费。

值得注意的是,虽然我们假设不同年龄组的居民收入相同,但由于不同年龄组的消费行为有差异,我们所预测的 2015 年的居民消费是随着年龄而变化的。例如,与其他年龄组相比,60 岁以上的老年人在食品和医疗保健方面的消费较多,而在衣着、生活用品及服务、交通通信和教育文化娱乐方面的消费较少,这与上一节的讨论一致。老年人的居住支出也高于其他年龄组,这与房屋是不可分割的非流动资产这一事实是一致的。

---

① 在进行未来预测时,我们将人均收入、年龄结构、城镇化率和总人口这 4 个变量按顺序逐一从 2015 年的水平调整到 2049 年的水平。需要指出的是,改变这 4 个变量的调整顺序会改变下文中各个变量对消费影响效应的数值大小,但是文中定性的结论不会发生变化。更具体地来说,先把人均收入从 2015 年水平调整到 2049 年水平后再调整其他 3 个变量的取值,会扩大其他 3 个变量对消费影响的效应;而给定收入水平先调整,至于其他 3 个变量哪个先调整,虽然会改变影响效应的数值大小,但对定性的结果影响不大。另外一种估计不同变量对消费影响效应的办法是:在估计某个变量的影响效应时,我们只计算把该变量从 2015 年水平调整到 2049 年水平(而其他 3 个变量的数值保持在 2015 年的水平不变)时的消费与 2015 年消费的差值。该方法类似边际分析。该方法也不改变本文的主要结论。但是基于该方法计算出来的不同变量的影响效应加总起来无法等于总效应,因此我们在文中只汇报前一种方法的结果。

② 我们有 2017 年的收入及城镇化率数据,但由于缺乏人口年龄结构数据,我们无法对 2017 年的消费进行预测。

利用分年龄及分城乡的人均消费,以及联合国提供的人口年龄结构(United Nations,2017),可以分别计算 2015 年城镇和农村地区的人均居民消费。需要指出的是,由于联合国提供的年龄结构是全国范围不分城乡的数据,我们假设农村和城镇具有相同的人口年龄结构。计算结果表明,预测的居民消费非常接近实际取值。根据我们的预测,2015 年农村居民人均消费为 9 244.9 元,仅比实际的 9 222.6 元高 0.24%。预测误差几乎可以忽略。预测的 2015 年城镇居民人均消费水平为 22 022.4 元,仅比实际值 21 392.4 元高出 2.9%。我们的预测方法在估算居民消费水平时表现较好。根据《中国统计年鉴》(2016)提供的实际城镇化率 56% 的数字,可以预测 2015 年全国人均消费量为 16 400 元,仅比实际值高出 2.2%。

接下来我们继续研究预测策略在估计消费结构方面的表现。如图 7.4 所示,可以看出我们所预测的 2015 年我国居民消费结构与其实际值略有不同,但总体趋势是一致的。无论是实际值还是预测值,占总消费支出份额最大的三类支出是食品、居住和交通通信,而占比最小的三类是其他用品及服务、生活用品及服务、医疗保健。

图 7.4　消费结构的真实值与预测值

数据来源:2015 年的真实值根据国家统计局官网的数据计算得出;预测值来自我们的估计。

3.3 2049年居民消费

我们现在继续使用上述方法预测 2049 年的居民消费。在居民收入方面，我们在年收入增长率为 3%、4% 及 5% 的三个场景下，根据 2015 年的人均可支配收入来估计 2049 年的人均收入。具体而言，由于 2015 年城乡居民人均可支配收入分别为 31 195 和 11 422 元，因此在年收入增长率为 3% 的情况下，2049 年城乡居民人均可支配收入分别为 85 222 元和 31 204 元。类似的方法也可用于计算在 4% 和 5% 的年收入增长情景下 2049 年的人均居民收入。2049 年的城镇化率和人口年龄结构分别来自 United Nations（2018）与 United Nations（2017）。根据 United Nations（2018），中国的城镇化率将在 2050 年达到 80%。

2049 年人均居民消费

我们首先预测 2049 年的人均居民消费。为了考察不同因素对人均消费的影响，我们逐步将收入、人口年龄结构和城镇化率从 2015 年的取值调整为 2049 年的估计值。结果如表 7.1 所示。

在第一步中，使人均可支配收入基于 2015 年的取值按每年 3%、4% 和 5% 的增长水平得到 2049 年的人均收入估计值，但让人口年龄结构和城镇化率保持在 2015 年的水平不变。在这种情况下，预计 2049 年的人均消费量分别为 44 645 元、61 872 元和 85 406 元。与预测的 2015 年人均消费水平相比，2049 年的人均消费量将显著增加，并且消费增加完全是由收入增长导致的。[①] 因此，这部分消费增长被称为收入效应。例如，在年收入增长率为 4% 的情景中，收入效应将使人均消费增加 45 472 元。

在第二步中，我们在第一步的基础上将人口的年龄结构从 2015 年的水平调整到 2049 年的估计值。与第一步相比，这一步唯一的变化是人口的年龄结构。因此，这两个步骤的预测结果之差就是人口年龄结构效应。中国正在经历迅速老龄化。正如本章第二节所讨论的那样，年轻人的消费态度更加慷慨，他

---

① 我们将 2049 年家庭消费的预测值与 2015 年的预测值进行比较，而不是与 2015 年的实际值比较，因为，它有助于消除预测误差的影响。由于预测策略相同，2049 年和 2015 年的预测值之间的差异仅由收入、年龄结构和城镇化率的变化引起。因此，我们可以直接将消费变化分解成不同的效应。此外，上一小节也表明 2015 年家庭消费的预测值与实际值之间的差异非常小。

们的平均消费倾向高于老年人的消费倾向。因此,人口年龄结构变化可能会降低人均消费。计算结果表明,人口年龄结构的效应确实是负的:在三种收入增长情景中,人口年龄结构变化将使人均消费相应减少1 107元、2 024元和3 727元。

在第三步中,我们在第二步的基础上,把城镇化率的数值从2015年的水平调整到2049年的估计值,即80%的城市化率。与第二步相比,这一步中唯一改变的因素是城镇化率,因此第二步和第三步的预测结果之差就是城镇化效应。城镇化将通过两种渠道影响人均消费:首先,农村和城镇居民的消费行为是不同的。如第二节所讨论的,给定相同的可支配收入,城镇居民的平均消费倾向高于农村居民,因此城镇化进程将增加人均消费。其次,农村和城镇居民有不同的可支配收入。由于城镇居民人均可支配收入大于农村居民,城镇化将增加高收入人口的比例,从而也导致人均消费增加。从预测结果来看,城镇化进程将显著增加人均消费。在三个收入增长情景中,城镇化进程将使人均消费分别增加8 487元、11 813元和16 403元。

表7.1　人均消费预测值　　　　　　　　　　　单位:元

预测值 \ 年均收入增长率	3%	4%	5%
2015年	16 400	16 400	16 400
2049年(年龄结构和城镇化率保持在2015年取值)	44 645	61 872	85 406
2049年(城镇化率保持在2015年取值)	43 539	59 848	81 679
2049年	52 026	71 661	98 082
效应分解 \ 年均收入增长率	3%	4%	5%
总效应	35 626	55 261	81 682
收入效应	28 245	45 472	69 006
年龄结构效应	−1 107	−2 024	−3 727
城镇化效应	8 487	11 813	16 403

基于上述预测,我们也可以估计出2049年的储蓄率:在三个收入增长情景

下,我国居民家庭的储蓄率分别为30.1%、30.7%和31.4%,略高于2015年的储蓄率。即便未来的居民家庭储蓄率维持在当前的水平,在3%、4%和5%的收入增长情景下,我国在2049年的家庭总储蓄规模将是2015年的3.8—7.3倍。考虑到家庭储蓄是资本投资的主要资金来源,而资本投资又是经济长期增长的重要引擎,因此,我国居民在2049年仍能维持较高的储蓄率将成为未来中国经济的资本供给及长期可持续经济增长的有效保障。

2049年居民总消费

另一个我们感兴趣的变量是2049年的居民总消费,因为它衡量了中国消费市场的规模。中国将是世界上最大的消费市场。中国的消费规模不仅对国内的经济发展有重要意义,对全球经济也有不可忽视的影响。与人均消费预测相似,我们将影响总消费的因素从2015年的水平逐步改变为2049年的估计值,以便了解不同因素对居民总消费的影响。除了上述提到的人均收入、人口年龄结构和城镇化率这三个因素,总人口也将对总消费产生影响。根据United Nations(2017),2015年中国(不含港澳台地区)的总人口为13.97亿,到2050年将下降至13.64亿。一个直观的猜测是,总人口的下降将对总消费产生负面影响。

表7.2列出了预测结果。在不同的收入增长情景下,居民总消费量差异很大。当收入年增长率为3%时,预计2049年的居民总消费量为71.0万亿元,是2015年预测值的3.1倍。如果年收入增长率为5%,则2049年的居民总消费量将高达133.8万亿元,是2015年总消费量的5.8倍。收入增长和城镇化都将增加总消费,而人口老龄化和总人口减少将减少居民总消费。以4%的年增长率为例,收入效应和城镇化效应将使总消费分别增加63.5万亿元和16.5万亿元,但人口老龄化和总人口下降将使总消费分别减少2.8万亿元和2.3万亿元。

表7.2 2049年居民总消费　　　　　　　　　　　　　　　　　单位:万亿元

预测值	年均收入增长率		
	3%	4%	5%
2015年	22.9	22.9	22.9
2049年(年龄结构、城镇化率与总人口保持在2015年水平)	62.4	86.4	119.3

(续表)

预测值 \ 年均收入增长率	3%	4%	5%
2049年(城镇化率与总人口保持在2015年水平)	60.8	83.6	114.1
2049年(总人口保持在2015年水平)	72.7	100.1	137.0
2049年	71.0	97.8	133.8

效应分解 \ 年均收入增长率	3%	4%	5%
总效应	48.1	74.9	110.9
收入效应	39.5	63.5	96.4
年龄结构效应	−1.5	−2.8	−5.2
城镇化效应	11.9	16.5	22.9
总人口效应	−1.7	−2.3	−3.2

我们还可以预测2049年的消费结构。图7.4显示了2015年的实际和预测消费结构，以及不同收入增长情景下2049年的消费结构。与2015年的消费结构相比，2049年消费结构的主要变化是食品支出比例下降和医疗保健支出比例增加。在三种收入情景中，食品消费份额从大约31%分别下降到27.6%、25.2%和21.9%。食品份额的下降主要归功于可支配收入的增加。相应地，三种收入情景中医疗保健支出的比例将分别增加到12.1%、15.4%和19.9%，这主要是由收入增长和人口老龄化推动的。

本节对2049年居民消费的预测有以下两点值得注意。首先，我们的预测基于这样的假设：在控制可支配收入、城乡居住地和年龄之后，2049年居民的消费行为将与目前的相同。事实上，随着社会的发展，人们的消费观念可能会发生变化。例如，未来的老年人由于受教育程度较高，且在更开放、更富裕的环境中长大，有可能比现在的老年人更愿意消费。并且随着技术的发展，人们可能会获得更多的消费选择，这也可能导致消费行为的变化。考虑到上述因素都会导致最低生活标准随着时间的推移而增加，我们在做未来预测时允许自发消费以与人均收入相同的速度增长。

其次，我们的预测基于对未来收入、年龄结构、城镇化率和总人口的估计。

由于这四个变量可能受多种因素的影响,因此难以准确预测其未来值。这四个变量的估计误差都可能会导致我们的预测结果与未来的实际消费水平不同。例如,未来的城镇化率可能高于或低于预期。如果2049年的城镇化率为75%,那么在三种收入增长情景下我国人均居民消费都将比城镇化率为80%时降低3.4%。

4. 结论及政策启示

本章的主要目的是预测2049年的中国居民消费。我们首先根据CHIP 2013家庭层面的调查数据,分别估计了城镇和农村地区各年龄组居民的消费函数。然后,我们根据这些消费函数和2049年可支配收入、人口年龄结构、城镇化率和总人口的合理假设来预测2049年的居民消费。结果表明,在年收入增长率分别为3%、4%和5%的情景下,我国2049年的居民总消费分别为71.0万亿元、97.8万亿元和133.8万亿元。此外,收入增长和城镇化对总消费的影响是正的,而人口老龄化和总人口下降的影响是负的。消费结构预测表明,与2015年相比,2049年食品支出占总消费的份额将减少,但医疗保健支出的份额将增加。

我们的研究结论有以下几方面的政策含义:第一,人们普遍担心中国快速老龄化的人口将成为未来经济的主要负担。但我们的预测结果表明,即使不考虑收入增长效应,快速城镇化带来的未来消费增长远远大于人口老龄化导致的消费下降。因此,如果政府能够通过户籍制度改革等政策成功消除人口在城乡间流动的障碍,老龄化将不会成为未来经济发展的主要威胁。

第二,我们预测的2049年我国居民消费量是非常庞大的。这也意味着中国消费者将对全球消费市场产生巨大而重要的影响。这对于目前中美之间的贸易摩擦也有一定的启示意义。由于消费已经取代投资成为中国经济增长的关键推动力,我们的预测表明,中国的经济增长可以更多地依赖国内市场。因此即使出口市场萎缩,中国也能保持可持续发展。此外,预测表明,中美贸易不平衡问题最终可以通过中国国内市场的崛起来解决。考虑到中国未来居民消费的规模,中国将成为大多数国家的主要出口市场,因此将成为世界经济重要的增长引擎。

第三,我们预测未来医疗保健支出份额将显著上升,但今天中国的整个医疗体系仍然负担过重,难以应对不断增长的需求。医疗需求与医疗卫生服务供给之间的巨大差距意味着政府应深化和加快该部门的改革,以提高供应能力,例如放宽对医疗服务的价格管制,并简化私立医疗机构设立的审批程序等。

第四,我们发现农村地区最低收入群体的储蓄率是负值,从长远来看这是不可持续的。这表明农村地区需要采取积极的扶贫政策来增加农村贫困人口的收入。特别是政府应该将社会救助和社会保障等社会福利制度从城镇地区扩展并覆盖到农村地区。

第五,由于农村教育基础设施薄弱,农村收入最高的五分之一居民教育支出占比最低,与城镇高收入居民的消费行为相比这是不正常的。由于人力资本是经济增长和居民收入的引擎,政府应该增加对农村的教育投资,或者改革城乡二元教育体制,允许农村居民和农村流向城镇的流动人口使用并得益于城镇高质量的教育服务。

参考文献

Ang J. 2009. Household saving behavior in an extended life cycle model: A comparative study of China and India[J]. Journal of Development Studies, 45(8): 1344–1359.

Blundell R, Preston I. 1995. Income, expenditure and the living standards of UK households[J]. Fiscal Studies, 16(3): 40–54.

Brewer M, O'Dea C. 2012. Measuring living standards with income and consumption: Evidence from the UK[R/OL]. (2012.05)[2020.03.16]. https://www.iser.essex.ac.uk/research/publications/working-papers/iser/2012-05.pdf.

Chamon M, Liu K, Prasad E. 2013. Income uncertainty and household saving in China[J]. Journal of Development Economics, 105: 164–177.

Démurger S, Fournier M, Li S. 2006. Urban income inequality in China revisited (1988–2002)[J]. Economics Letters, 93(3): 354–359.

World Bank. 2012. China 2030: Building a modern, harmonious, and creative society[R/OL]. [2020.01.25]. https://www.worldbank.org/en/news/feature/2012/02/27/china-2030-executive-summary.

Friedman M. 1957. A Theory of the Consumption Function[M]. Princeton: Princeton University Press.

Giles J, Yoo K. 2007. Precautionary behavior, migrants networks and household consumption decisions: An empirical analysis using household panel data from rural China[J]. The Review of Economics and Statistics, 89(3): 534−551.

Horioka C Y, Wan J. 2007. The determinants of household saving in China: A dynamic panel analysis of provincial data[J]. Journal of Money, Credit and Banking, 39(8): 2077−2096.

Kraay A. 2000. Household Saving in China[J]. World Bank Economic Review, 14(3): 545−570.

Meng X. 2003. Unemployment, consumption smoothing, and precautionary saving in urban China[J]. Journal of Comparative Economics, 31: 465−485.

Meyer B D, Sullivan J X. 2003. Measuring the well-being of the poor using income and consumption[J]. The Journal of Human Resources, 38: 1180−1220.

Meyer B D, Sullivan J X. 2008. Changes in the consumption, income, and well-being of single mother headed families[J]. American Economic Review, 98(5): 2221−2241.

Modigliani F, Cao S L. 2004. The Chinese saving puzzle and the life-cycle hypothesis[J]. Journal of Economic Literature, 42(1): 145−170.

Park A. 2008. Rural-urban inequality in China[M]//Yusuf S, Saich A. China Urbanizes: Consequences, Strategies, and Policies. Washington DC: The World Bank.

Sicular T, Yue X, Gustafsson B, et al. 2007. The urban-rural income gap and inequality in China[J]. Review of Income and Wealth, 53(1): 93−126.

United Nations, Department of Economic and Social Affairs, Population Division.2017. World Population Prospects 2017 [R/OL]. [2020.03.12]. https://population.un.org/wpp/.

United Nations, Department of Economic and Social Affairs, Population Division. 2018. World Urbanization Prospects 2018 [R/OL]. [2020.03.12]. https://population.un.org/wup/Publications/Files/WUP2018-Report.pdf.

Zeng Y, Chen H, Wang Z, et al. 2015. Implications of changes in households and living arrangements for future home-based care needs and costs for disabled elders in China[J]. Journal of Aging and Health, 27(3): 519−550.

国家统计局. 2016. 中国统计年鉴 2016[M]. 北京: 中国统计出版社.

OWNERSHIP STRUCTURE
OF THE ECONOMY

第八章
产权改革

李力行（北京大学国家发展研究院）

1. 引 言

产权改革是中国 40 年市场化改革的核心之一,也是未来 30 年的必要和关键改革。产权改革对农村发展来说无疑是至关重要的,但本章集中讨论的是城市的产权改革,尤其是国有企业的改革。

1.1 国有企业的一些基本情况

在改革刚开始的时候,中国经济由国有部门占据绝对主导。就工业部门而言,国有企业占有近 80% 的产出份额。到 2013 年,这个数字已经下降到 20% 左右(见图 8.1)。尽管国有企业的职工人数曾经达到过 1.2 亿,这个数字到目前已经下降了一半(见图 8.2)。与此相对的是民营企业的崛起。国家统计局的数据表明,民营企业为中国经济贡献了 50% 的税收,60% 的增加值,70% 的创新,80% 的就业,以及 90% 的企业数目。

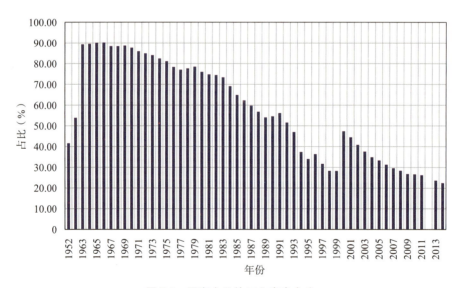

图 8.1 国有企业的工业产出占比

注:国有企业的统计口径在 2000 年变为国有控股企业,包括国有独资和国有控股两类。为了简单起见,本文使用"国有企业"来代表 2000 年以后的国有控股企业。

数据来源:国家统计局。

尽管国有企业在中国工业中的产出占比和就业占比都在下降,国有企业的总资产数量却非常巨大,在中国经济中的地位仍然非常重要。根据国资委公布的数据,2014年年底全国共有大约12万家国有企业,提供了6 000万个工作岗位,每年赚取大约1.2万亿元利润。由国资委直接监管的112家中央企业贡献了其中70%的利润。根据财政部(2019)的统计,截止到2018年年底,非金融国有企业的净资产约为52.5万亿元。根据2018年10月财政部向全国人大所做的报告,金融行业国有企业的净资产为16.2万亿元。此外,国有企业控制了包括土地和矿产在内的大量自然资源。更重要的是,国有企业在具有战略重要性的行业中具有绝对主导的地位。这些战略重要性行业包括金融、能源、运输、电信等。总之,国有企业的巨大资产规模以及在重要行业中的主导地位,意味着在从今天到2049年间的经济改革中,国企改革是非常关键的一环。

图8.2 分所有权性质的城市就业数量

数据来源:国家统计局。

一个重要的事实是国有企业相对于非国有企业而言绩效较差。尽管享受了更好的营商环境,具有更便利的融资渠道,国有企业的回报率却更低,亏损面更大。根据国家统计局公布的数据,2017年有24.7%的国有企业出现亏损,而非国有企业的亏损比例是11.1%;国有企业和非国有企业的资产回报率分别是3.9%和8.4%。

此外,国有企业还积累了大量的债务。根据财政部的数据,截止到2018年年底,非金融国有企业的债务总额为115.6万亿元,资产负债率为64.7%[①]。最近几年以来,地方政府的隐形负债引起了来自学术界和政策制定者的广泛关注。这些隐形负债主要来自一类特殊的国有企业——地方政府融资平台公司。这类国有企业不仅从事商业经营,还承担了"准政府"的职能,尤其是修建了大量的地方基础设施。它们在金融机构的贷款往往由地方政府进行隐形担保,这也导致很难将平台公司的债务与政府债务区分开来。这些债务蕴藏了巨大的金融风险,且近年来变得愈发严重。

1.2 国有企业的根本性问题

正如前文所述,相对于非国有企业,国有企业的绩效较差,亏损面更大。这一现象不仅仅存在于中国,也存在于其他的经济体中,包括那些市场机制比较完善的国家。本小节将简要总结文献中指出的国有企业的一些根本性问题。

委托—代理问题与内部人控制。一个运行良好的市场需要对产权及"经济人"的决策权有清晰的界定。国有企业的所有权和控制权是分离的,因此存在委托—代理问题。尽管这一问题在非国有企业中也普遍存在,但在国有企业中更为严重。这是因为国有企业的控制权分散于政府的各个部门与企业管理层之间,而计划经济体系下的监督成本又非常之高。简言之,国有企业受到的监管不力,常常出现"内部人控制"的问题。

政府对日常经营的干预。作为国有企业的所有者,政府有自己的各种偏好和目标,因此无论是中央还是地方政府,都有动机使用行政手段来干预国有企业的日常运营,以帮助自己实现特定的目标。政府干预是传统计划经济的特征之一。即便在市场化转型已经进行多年的今天,政府干预仍然很普遍。通过行政命令进行政府干预,常常使得国有企业的运营偏离追求利润的基本目标。

缺乏个人责任。一方面,由于政府常常干预企业经营等各种原因,当国有企业出现亏损的时候,就很难追究经理人的责任。另一方面,国有企业在传统上被认为会为职工提供永久性的工作,这种永久性工作的承诺,加上激励手段

---

① 关于国有企业的债务规模、杠杆率等,可参见 Molnar and Lu(2019)和 Ferrarini and Hinojales(2018)。

的缺乏,很难让普通职工为企业绩效负责。推卸责任因此成为国有企业中的普遍现象。

具有多种职能的社会机构。政府的责任很自然会被施加到国有企业身上,成为国有企业的任务,这就使得国有企业成为具有多种职能的社会机构。其中一项重要的职能,是提供社会福利以及追求国家的战略利益。一方面,国有企业承受了种种政策性负担,例如为工人提供就业岗位及社会福利,以及为城市居民提供价格补贴(Lin,Cai and Li,1998)。直到今天,许多国有企业仍然饱受冗员之苦。在一些民营经济欠发达的区域,例如中国东北,国有企业在提供就业并保持社会稳定方面起到了重要的作用。另一方面,国有企业一直在为政府的战略性目标服务,这些目标包括国家安全以及打造中国的"国家领军企业"。在其他社会主义国家及许多非社会主义国家[①],"战略制高点"行业都由国有企业主导,并力争具备全球竞争力。由于多种社会职能和目标的存在,国有企业的行为常常出现扭曲,利润目标不得已被放弃。

预算软约束。自从雅诺什·科尔奈(János Kornai)最早提出预算软约束概念以来(Kornai,1980),预算软约束就被广泛认为是国有企业的主要问题之一。政府总是会拯救经营不善的国有企业,这会导致事前的道德风险问题,恶化公司治理。国有企业之所以产生预算软约束问题,两个常见原因是父爱主义和政策性负担。地方政府融资平台公司经由政府隐形担保积累了大量债务,也是预算软约束的一个典型例子。尽管大部分国有企业在1995年《公司法》实施之后经历了公司化改制,国有企业与政府之间仍然保持着比较紧密的关系。在此前提下,银行普遍预期政府会为国有企业的债务兜底,因此愿意向国有企业和地方融资平台公司发放贷款,这导致预算软约束的普遍存在。

2. 国有企业改革的简要历史

1978年以来,国有企业经历了三个阶段的改革。经过这些改革,上一节提

[①] 第二次世界大战以后,全球许多国家的政府都实施过控制国民经济"战略制高点"的政策,比如英国艾德礼政府、法国戴高乐政府,以及印度、德国、韩国、日本和许多拉丁美洲国家。详见 Yergin and Stanislaw(1999)。

到的一些国有企业的根本性问题得到了解决,利润和效率得到了大幅提升,但不少问题仍然存在。

2.1 阶段一

从改革伊始到20世纪90年代早期是国有企业改革的第一阶段。在这期间,国有企业的业绩从两个方面得到了改善。

内部改革。在国有部门之内,改革主要体现在赋予企业及经理人和工人更多的自主决策权和更强的激励。在不改变产权结构和政府控制的大前提下,许多具体的决策权被从政府机构下放到国有企业,以便让经理人能够更好地适应多变的市场。与此同时,国有企业逐渐试点和引入了各种激励机制,例如利润留存制、厂长负责制、承包责任制及浮动工资制等。这些手段促进了国有部门内部的竞争,大大提升了效率。

进入和竞争。在国有部门之外的改革,大致可以被总结为"进入和竞争"。随着准入限制的放松,乡镇企业、私营企业及外资企业(包括港澳台投资企业)进入市场与国有企业进行竞争。这些非国有企业,尤其是乡镇企业,很快就占据了相当大的市场份额,让中国经济的产权结构变得多样化。到1993年,乡镇企业已经贡献了大约三分之一的工业产值,提供了5 200万个就业岗位。"进入和竞争"对20世纪80年代和90年代早期中国的工业增长起到了关键的作用。

这些内部和外部的改革措施改善了微观经济主体的激励,极大程度地扩张了国内市场。然而,上一节所列出的国有企业的根本性问题几乎没有得到任何解决。总之,这一阶段国有企业的改革是很有限的。

2.2 阶段二

到20世纪90年代中期的时候,国有企业出现了大范围亏损。1997年,全国30个省份中有12个省份的国有企业总利润为负。在16 000家大中型国有工业企业中,39%出现了亏损。种种迹象表明,不触及产权的国企改革已经走进了一条死胡同。在这种背景下,针对私有产权的偏见逐渐减弱。第二阶段的国企改革可以从1993年党的第十四次全国代表大会开始计算。在这一时期,各种大刀阔斧的手段先后登场,而产权改革是其中的核心。

抓大放小。这一阶段改革的口号是"抓大放小"。重要的大型国有企业,往往效益也较好。针对这些大企业的主要改革手段是在保持国家控制的前提下进行改组,让它们变成现代公司。其中许多大国企被进一步合并成为大型企业集团(Hsieh and Song,2015)。此外,通过剥离不良资产,许多优质的国有企业资产被打包上市。在此过程中,非国有股份被引入,以改善公司治理。总计有大约5 000家国有企业通过"抓大"的方式进行整合和改组,最后剩下不到1 000家。

对中小型国有企业而言,改革手段更加激进,通常都包含了某种形式的私有化(称为"改制")。改制的方法有公开上市、内部重组(公司化改造、分拆新公司、引入新的投资者)、破产和重组、员工持股、管理层收购、公开出售股份(给外部的私人投资者或其他国企)、租赁、合资经营,以及不同方法的组合使用等(Garnaut et al.,2005)。总计约有100万家中小型国有企业经历了私有化。

国有企业隶属权的下放。除了产权方面的改革,许多国有企业也经历了分权改革,即隶属权被下放到更低层级的政府。例如,一些中央企业被下放给省级政府,省属国企被下放到市或县。考虑到"本地信息"的重要性(Hayek,1945),将距离高层级政府较远的国有企业下放给属地的低层级政府,能够提高监管效率。有研究发现,在1998年的国有企业中,大约有9%在2007年之前经历了下放(Huang et al.,2015)。

处理失业和债务问题。国企改制导致了大量失业,也暴露了大规模的不良债务。处理失业和债务问题是政府面临的一个巨大挑战。例如,改制中有三种方式处理国企的冗员,包括失业、内退和下岗(工人离开工作岗位,获得很少的补助,与企业仅保持一个名义上的联系)。到2001年,城镇就业者中已经有15%失去了工作(Garnaut et al.,2005)。在整个第二阶段的国企改革中,总计有大约4 000万到5 000万工人失去工作。大规模失业对于社会稳定是一个巨大的威胁。在此背景下,政府出台了各种培训和再就业项目来帮助工人找到新工作,而中国的基本养老和医疗制度也在此期间被建立起来。

解决债务问题也同样很棘手。事实上,地方政府将国有企业私有化的最重要动因就是"甩包袱"——将亏损的国有企业推向市场以解决其债务问题。据估算,到20世纪90年代末,在当时所有的商业银行贷款中,有30%—40%是不良贷款,大约相当于当时GDP的四分之一。中央政府于1999年引入了债转股的手段来解决不良贷款问题,并建立了四大资产管理公司来接收国有商业银行的不良债务。在剥离不良贷款并由财政部注资充实资本金后,中国的国有银行系统很快渡过了债务危机。

绩效的改善。经过这一阶段的改革,国有企业的绩效持续改善。许多研究都发现,私有化对企业的效率和财务表现都有显著的正向影响(Song,2018;Hsieh and Song,2015),其中,经理层得到控制权是改革取得成功的重要因素(Gan,Guo and Xu,2018)。

私有化的逆转。私有化之后,企业为了降低成本、提高劳动生产率,往往会进行大规模的裁员,这就可能引发社会不稳。许多地方的官员因此承受了巨大的压力,转而放弃甚至逆转了私有化。在1998年完全国有并于2006年前经历了私有化的企业中,四分之一曾经出现过国有股权比例的上升(Huang et al.,2015)。尽管"再国有化"能在短期内阻止失业的增加,但也立即造成了效率的损失、冗员的增加,以及杠杆率的上升。长期来看,再国有化的经济效果是负面的,这与国企改革的初衷是相反的。

2.3 阶段三

经过十年激动人心的改革,国有企业的利润率和效率得到了大幅的提升。对中央政府而言,盈利不再是最令人担心的问题了。国企改革进入了一个新的阶段,其标志是2003年国务院国有资产监督管理委员会的成立。国资委成立之后,国企改革呈现出了如下几个显著特征:

大型国有企业的合并。国资委的一个使命就是要让国企"做大做强"。达到这个目标的一个重要手段是推进大型国有企业的合并。一开始,国资委直接监管196家非金融国有企业,即所谓的"中央企业"。通过同行业企业的兼并,到2018年年底,这个数目已经降到了96家。在地方层面,国企的合并也同样在持续推进。

控制"战略制高点"。2006 年发布的《关于推进国有资本调整和国有企业重组的指导意见》提出,"国有企业对关系国家安全和国民经济命脉的重要行业和关键领域保持绝对控制力"。国资委的文件进一步指出,保持国有经济绝对控股的七大行业包括军工、电网电力、石油石化、电信、煤炭、民航、航运。此外,还有九大行业被称为"基础性和支柱产业",国有经济在其中要保持较强控制力。通过大型国有企业的合并以及对非国有企业的兼并,国有控股企业加强了它们在战略性行业中的支配地位,政府也因此牢牢掌握住了国民经济中的"战略制高点"。

国有企业在融资方面的优势。正如本书第五章及许多其他研究所指出的,在获取金融资源方面,国有企业相比非国有企业占有很多的便利。根据中国经济改革研究基金会国民经济研究所 2017 年发布的企业经营环境指数(王小鲁、樊纲、马光荣,2017),国有企业在 8 项指标中都得到了比非国有企业更高的分数,其中就包括金融成本方面的指标。以国有银行为主的银行体系,以及政府设立的各种投资基金,更进一步加强了国企的融资优势。

地方政府融资平台公司的兴起。这一阶段的另一个重要的现象是大量地方政府融资平台公司的建立和兴起。这些平台公司的主要职能,往往不是进行商业经营、参与市场竞争,而是提供公共基础设施。平台公司在中国的城市发展中发挥了很关键的作用,同时也成为政府介入市场的一种重要形式。正如上文所提到的,平台公司是巨量地方政府债务的主要来源。尽管平台公司不是本章关注的重点,但是其改革也将是未来国有企业改革的一个重要组成部分。

3. 近期关于国有企业改革的政策

3.1 中央的政策纲要

最近几年,中国中央政府发布了一系列关于国有企业改革的文件。其中最重要的是 2013 年中共十八届三中全会决议以及 2015 年发布的《中共中央 国务院关于深化国有企业改革的指导意见》(国务院,2015)。在这两个文件之外,其他一些文件进一步规定了更具体的国企改革方案。

国有企业的分类管理、考核。中央企业将被分为公益类和商业类,并实施分类管理和考核。公益类国有企业的职能包括"保障民生、服务社会、提供公共产品和服务"。政府将对这类国有企业保持独资或绝对控股,并对其产品实施价格管制。

商业类中央企业又进一步分为两种。对那些主业处于充分竞争行业和领域的商业类国有企业,"原则上都要实行公司股份制改革,积极引入其他国有资本或各类非国有资本实现股权多元化,国有资本可以绝对控股、相对控股,也可以参股,并着力推进整体上市"。对非充分竞争行业的商业类国有企业,如果主业处于"关系国家安全、国民经济命脉的重要行业和关键领域",要保持国有资本的控股地位,支持非国有资本参股;如果主业属于自然垄断行业,要以"政企分开、政资分开"为改革目标。对这些非充分竞争行业的商业类国有企业,不仅要考核利润,还要考核"服务国家战略、保障国家安全和国民经济运行、发展前瞻性战略性产业以及完成特殊任务情况"(国资委、财政部、发展改革委,2015)。

总的来说,国企分类管理和考核的实施,是在朝着减少行政干预、鼓励有竞争力的企业改善业绩并进行产权改革的方向前进(Song,2018;Naughton,2018)。

加强公司治理和经理层监管。国资委加强公司治理的一个重要手段是在国有企业普遍建立董事会。到2018年年底,96家中央企业中有83家已经建立了董事会。所有这些中央企业的下属公司也都建立了董事会。与此同时,国有企业的经理层不仅受到国资委的监管,也受到中共组织和纪律检查部门的监管。2019年发布的《中央企业负责人经营业绩考核办法》对考核指标及激励制度做出了具体的规定。

以管资本为主。由于国有企业的产权和决策权不明晰,政府不得不在过多干预和失去控制之间求得一个平衡。一个理想的状态,应该是国有资产管理部门给予国有企业足够的自主权,既使得后者能够有活力参与市场竞争,同时又能够作为国有企业的所有者获得充足的上缴利润。为了实现这个目标,中国政府已经开始学习一些国家的经验,其中就包括新加坡的淡马锡模式。在该模式下,淡马锡公司作为一个财务控股公司,代替新加坡财政部门管理国有资产。

目前,国资委以管资本为主推进职能转变,已成为一个明确的改革方向。到2018年年底,已经有21个中央企业成为"国有资本投资和运营公司"试点企业。在地方层面,有更多的国有企业成为改革试点对象。这些公司主要的职能被定位为财务投资人,并为其子公司留出了足够的自主经营空间。随着"管资本"成为国资委的基本职能,其原有的许多管制职能预计会被取消或下放给地方政府,或者被放权给国有企业。

混合所有制改革。混合所有制改革也许是最受期待的一项国企改革。事实上,20世纪90年代后期的改制就可以被看作混合所有制改革。根据国资委的公告,到2017年年底,已有大约三分之二的中央企业引入了不同类型的混合所有制。仅2018年一年,就有大约3 000家中央和地方国有企业启动了混合所有制改革。按照要求,处于充分竞争行业的国有企业及国有资本投资和运营公司都应该进行混合所有制改革。尽管参与的企业数量不少,但直到2018年年底,混合所有制改革的规模和实际影响都还比较有限。中国联通公司的混合所有制改革,是唯一一个引入了知名民营企业参与并得到广泛社会关注的案例。中央企业进行的混合所有制改革,主要还是以子公司在股票市场上的首次公开发行,以及兼并经营不善的民营企业为主要形式。相比而言,地方国有企业的混合所有制改革进展更快。其中,云南、辽宁等省份的改革比较激进。

剥离社会职能。正如前文所述,国有企业长期以来承担了提供就业、社会福利乃至公共品的职能。剥离这些社会职能是国企获得活力的必要条件。2017年,国务院发布《关于印发加快剥离国有企业办社会职能和解决历史遗留问题工作方案的通知》,要求国有企业在2018年年底之前剥离所属的学校和医院。仅2018年当年,就有国有企业所办的689个消防机构、1 744个教育机构完成了剥离处置。然而,国有企业所办医院的剥离进展缓慢。这些医院理论上应该被划归地方政府并进入当地的公共卫生系统,或者被商业医疗集团收购重组。然而,大多数医院技术落后、人员老化,且有大量退休人员负担,地方政府和商业医疗集团的接收意愿不强。医院剥离中出现的困境,反映了剥离国有企业社会职能遇到的典型障碍。此外,尽管有一些社会职能被逐渐剥离,但国有企业同时又承担了其他一些职能,例如近年来不少企业在推进"一带一路"倡议中担负了相应的任务。

3.2　评论

自从国资委成立以来,其首要目标就是将国有企业做大做强。在过去的十几年中,这个目标已成功完成。允许非国有企业进入市场参与竞争、重塑国企激励机制、优化国企内部各层级间的信息流动,这些改革大大提升了国有企业的效率。一方面,许多国有企业,尤其是中央企业,已经成为全世界范围内相应行业中的巨无霸企业;另一方面,国有企业帮助政府完成了不少战略目标,并向社会提供了许多准公共品(Jefferson,2017)。

然而,国资委对国企经营活动的干预,以及政府为国企施加的非利润目标,极大地影响了国企的绩效。实际上,许多国有企业之所以能赚取利润,主要就是因为垄断。国有企业不仅在获取资金和营商环境方面具有显著的优势,还免费使用了许多自然资源。如果把所有的机会成本都算上,国有企业的利润还会更低。

近年来的国企改革政策在解决国企的根本性问题上迈出了重要的步伐。然而,国有企业仍然是具有多种职能、承担多种政府任务的社会机构。值得注意的是,国有企业承担各种任务是有代价的,而且其中一些任务是相互矛盾的。例如,建立国有资本投资和运营公司有助于在政府和企业之间划出界线、加强国有企业的自主权,但是却可能会加重委托—代理问题。正如巴里·诺顿(Barry Naughton)所指出的,在激励、监管和自主权之间存在一个"不可能三角",利润激励、多任务和强监管三者不可能同时实现(Naughton,2018)。

4. 新的挑战:2019—2049

未来30年,中国要努力成为世界上最大的经济体并进入高收入国家行列。在这期间,国有企业会面临一些新的挑战。

4.1　内部挑战

中国要想成为一个高收入国家,需要整个经济具有较高的生产率,而国有企业相对较低的生产效率是实现这一目标的障碍。国有企业经理人激励不足，同时面对多重目标，需要努力满足各种可能是相互矛盾的任务，这就使得效率和利润很难成为他们首要的考量。在 2008 年的全球金融危机以及 2015—2016 年的大宗商品价格下跌的冲击下，国有企业的业绩都深受影响（Naughton, 2018）。文献普遍认为，由于金融资源向国企倾斜而产生的错配，使得中国经济增长的速度低于潜在增速（Lardy, 2018）。未来，人口老龄化将会进一步提升中国的劳动力成本并对国家的社会保障体系造成巨大压力（参见第三章和第六章的相关论述）。这些变化，都将对国有企业的效率提升构成进一步的挑战。

另一个重大挑战来自债务问题。由于预算软约束等原因，中国的地方政府和国有企业积累了巨额的债务以及重大的金融风险。例如，国有企业的债务股本率从 2005 年的 132% 上升到了 2015 年的 163%（Lardy, 2018）。正如第五章所指出的，国有企业和非国有企业之间也存在着杠杆率的差异。中国政府已经做出了许多努力来遏制预算软约束并解决债务问题，这其中就包括降杠杆政策，以及禁止地方政府为国有企业债务提供隐形担保等措施。解决债务问题还需要许多其他手段，例如混合所有制、债转股，以及将国企的资源资本化等。同时，债务的偿还，也要求国有企业提高效率并盈利。

改革开放以来，民营企业对经济的高速增长有着重要的贡献，并且也将成为未来 30 年中国产业升级和创新的关键。从"机会成本"的角度来看，国有企业的行政垄断，以及对资金和土地等重要资源的控制，威胁着民营企业和其他非国有企业的发展。例如，页岩气和页岩油的勘探被两大国有石油公司所垄断，仅有少部分油气田向非国有企业开放，这造成了中国页岩油气的勘探进程与别国相比更加缓慢。此外，民营企业在许多行业都生存困难（World Bank, 2012），国有企业与非国有企业之间的不公平竞争引起了很多的担心。

总之，要释放中国经济的增长潜力，需要通过实质性改革来提升国有企业的效率、消除国有企业在诸多行业的垄断，并建立公平的市场环境以鼓励非国有企业的发展。

4.2 外部挑战

正如前文所述,国有企业的一个主要的任务是控制战略性行业以及维护国家利益。因此,即便在 20 世纪 90 年代后期国企经历大规模改制期间,战略性行业的大型国有企业也很少被私有化。从 2013 年起,更是进一步明确了国有企业要掌握国民经济命脉、服务国家战略目标的定位(Lardy,2019)。《中国制造 2025》规划以及其他产业政策都明确指出了一些战略目标,包括引领技术创新,打造实力强大且能够提升中国影响力的"国家领军企业",通过逆周期投资保持宏观经济稳定,以及促进产业升级等(Nanghton,2018)。随着中国经济影响力的扩大,国有企业积极进军全球市场,政府主导型的扩张不可避免地对现有的全球秩序产生了冲击。在这期间,中国的国有企业常常被批评从政府获得隐形补贴,对外国公司形成不公平竞争(European Union Chamber of Commerce in China,2017; Office of the U.S.Trade Representative,2018),这些批评甚至升级为对中国高新技术行业的制裁。此外,当国有企业并购外国公司时,当地监管机构也常常不予批准(Li and Xia,2017)。制裁和监管都是国有企业在未来将要面临的重要挑战。近期中美之间的贸易摩擦,已经使得这些外部挑战明朗化。

5. 竞争中性:一个被广泛认可的原则

事实上,所有的发达国家都有国有企业。国有企业提供社会责任和公共品、获得政府补贴,都是很常见的现象。因此,在设计产权改革相关政策的时候,有必要参考其他国家的经验。采纳那些被广泛接受的原则,有助于中国政府应对来自国外的批评。

最近一段时间以来,"竞争中性"在政策讨论中被广泛提及,甚至被中国政府采纳为指导未来政策的一项原则。"竞争中性"概念最早出现于 20 世纪 90 年代的澳大利亚。该原则意味着在与民营企业的竞争中,国有企业不应依赖政府补贴、获得不正当优势。随后,经济合作与发展组织(OECD,2012)将该原则采纳为国有企业治理的重要一环,并为各国政府制定了 8 项具体的要求。2018

年 12 月,国务院提出,在政府采购和土地资源配置中,不同所有制的企业应该依据"竞争中性"原则得到公平对待。2019 年 3 月,李克强总理在政府工作报告中正式指出,政府应该"按照竞争中性原则,在要素获取、准入许可、经营运行、政府采购和招投标等方面,对各类所有制平等对待"。

遵循"竞争中性"原则不仅可以帮助中国政府满足对国际社会的承诺、应对外部挑战,同时也有助于中国的国民经济。事实上,竞争中性原则与中国自 1978 年以来的改革经验是一致的。开放国内市场、允许非国有企业参与竞争,这些措施极大地提升了国有企业的效率。竞争中性原则也与中共十八届三中全会决议的精神是一致的。从这个角度来看,国有企业与非国有企业之间的公平竞争是"社会主义市场经济"的基石。

有必要再次强调的是,不同的目标之间存在取舍关系。竞争中性原则,有可能与保持政府对战略行业的控制,以及让国有企业维护国家利益的目标相矛盾。为了解决这一难题,有必要清晰地定义"战略利益"和"战略性行业",将其范围尽量缩小。例如,提供就业岗位和社会福利不应该被当作国有企业的任务之一,尤其是当中国的社会保障体系发展完善起来之后。完全剥离这些社会职能后,国有企业将无法以此为借口来逃避业绩考核,同时也有助于更清晰地定义真正的"战略利益"。此外,在为国有企业指派跟国家安全不直接相关的任务时,政府应该非常谨慎。在进行对外投资和技术转移的时候,有必要考虑国家安全问题,但国有企业不应当被作为实现有争议的产业政策的工具。行业准入限制应该越少越好。

6. 政策建议

为了应对诸多挑战和在 2049 年成功跻身高收入国家行列,中国需要有一个繁荣的国内经济,以及一个友好的国际环境。一方面,国有企业需要提高效率;另一方面,民营企业需要继续增长和创新。也许我们无法判定国民经济的最优产权结构是怎样的,但国有企业的数量还应该大幅减少,其产业份额也应进一步优化。除了少数几个具有自然垄断特征或是直接关系国家安全的行业,其他行业都应当消除行政垄断。在大多数行业,理想的状态是不同规模、不同产权属性的企业在一个公平的市场环境下互相竞争,共同面对市场化的要素供给和价格(World Bank,2012)。

为了实现这些目标,本章提出如下政策建议:

第一,合理确定国有企业的定位和布局。不可否认,国有企业为实现多种目标曾做出过巨大的贡献,但有必要认识到的是,实现这些目标是有代价的,而且各种目标之间可能是有冲突的。为了提高国企效率、适应国际竞争,国有企业的定位和布局需要进行限定。在布局方面,哪些行业属于战略性行业,应该被明确指出,其名单可以通过"负面清单"并经由一定的法定程序进行管理。凡是不列入清单的行业都不应该限制非国有企业的进入。

在定位方面,国有企业的首要职责是实现资产的保值增值,其所承担的大部分的社会职能都应该被剥离。值得指出的是,在可预见的一定时期内,国有企业还将承担大量非利润导向的政策职能。在此前提下,为了提高国企的效率、避免出现预算软约束问题,有必要在政府和国企之间划出清晰的界限。例如,国有企业承担政策职能,可以通过"政府购买服务"的方式,按照市场规则定价,得到政府的补偿。

第二,促进公平竞争。应当将"竞争中性"明确为国企改革和政府进行管制的指导原则。非国有企业在营商环境和资金、土地等要素的获取方面,应当得到跟国有企业同等的对待。对竞争性行业,应允许企业自由进入、参与市场竞争。除了少数具有自然垄断特征或是关系国家安全的行业,其他行业都应当消除行政垄断。即便是具有自然垄断特征或是关系国家安全的行业,也应该允许非国有企业通过与国企合作或是通过混合所有制改革进入。

第三,优化管理和监督。政府的国有资产管理机构应该以"管资本"为主要职能,并通过设立专门的管理机构或是投资基金来实现对财务回报的追求。政府应当放弃对国有企业经营管理的行政干预,赋予企业完全的自主经营权力,并通过市场原则来加强公司治理。国有企业的管理层应当在市场上择优招聘,其身份应该明确为职业经理人而非政府官员。国有企业的资产和利润应当被更有效地利用,以便惠及全民。一方面,继续完善国有资产划拨社会保障基金以及国有企业分红制度等改革措施;另一方面,应当学习新加坡、马来西亚等国家在管理国有资产方面的成功经验。

参考文献

European Union Chamber of Commerce in China. 2017. China Manufacturing 2025: Putting Industrial Policy Ahead of Market Force[R/OL].(2017.03.07)[2012.01.25] http://www.europeanchamber.com.cn/cms/page/en/china-manufacturing-2025/287.

Ferrarini B, Hinojales M. 2018. State-owned enterprises leverage as a contingency in public debt sustainability analysis: The case of the People'sRepublic of China[J/OL]. ADB Economics Working Paper Series, 534.(2018.01)[2020.02.25]. https://www.adb.org/sites/default/files/publication/396541/ewp-534-soes-leverage-debt-sustainability-analysis.pdf?__cf_chl_jschl_tk__=76d90c3ccb6848f80c4bde5874a1336e6346355b-1582679911-0-Aa0gTGb7rmJIO6ApPE_8R35WKkh8-7cpTcYxr0C64uINSzruc3nOYXj1WWmMAa3QiZfH2ytCsk3XW4BMuK79C6GLFOBOXYbAJ8RnXAAW0oBPW3SlyjLGMxM5sfX2Vc7Q7200LqSiqytJb4PntWmBuJur7kpxJso1I6k91IlnGL7qQEYLbacB0JCiu-SDmFZjZalcqomG_jkkWQPhiyWZ3EDcIayNLvbPawaO4n5vXGMaf2JZPZqhbF7iVi45JeteBDpQgQ9HkECERR_93Li1umfon2uXtcbV9RrfO3Q0QBEtV0V7PMebEcb0-v1DjIE4OSHUZq4NL9ijYFHzyP5M-5Up6xT8oAzU6KCC6PEtUiNkTeIiDlMptrOFW99L9pNsHj3PKJ_OBeSzJv7sMSzKWNI.

Gan J, Guo Y, Xu C. 2018. Decentralized privatization and change of control rights in China[J]. The Review of Financial Studies, 31(10): 3854−3894.

Garnaut R, et al. 2005. China's ownership transformation: Process, outcomes, prospects[M]. Washington, DC: The International Finance Corporation.

Hayek F. 1945. The use of knowledge in society[J]. American Economic Review,35(4): 519−530.

Hsieh C-T, Song Z. 2015. Grasp the large, let go of the small: The transformation of the state sector in China[J/OL]. Brookings Papers on Economic Activity, 45: 295-346.(2015.03)[2020.02.25]. https://www.nber.org/papers/w21006.

Huang Z, et al. 2015. The reversal of privatization: Determinants and consequences[J/OL].(2015.04.02)[2020.02.25]. https://ssrn.com/abstract=2350053.

Jefferson G. 2017. State-owned enterprise in China: Reform, performance, and prospects[J/OL]. Working Papers 109R, Brandeis University, Department of Economics and International Businesss School. （2017.03）［2020.02.25］. https://ideas.repec.org/p/brd/wpaper/109r.html.

Kornai, János, 1980. Economics of Shortage［M］. Amsterdam: North-Holland.

Lardy N, 2018. Private sector development［M］//Garnaut R, Song L, Cai F. China's 40 Years of Reform and Development, 1978－2018. Canberra: ANU Press, Ch18.

Lardy N. 2019. The State Strikes Back: The End of Economic Reform in China?［M］. Washington, DC: Peterson Institute for International Economics.

Li J, Xia J. 2017. State-owned enterprises face challenges in foreign acquisitions［J/OL］. Columbia FDI Perspectives. Perspectives on topical foreign direct investment issues, No. 205. （2017.07.31）［2020.02.25］. http://ccsi.columbia.edu/files/2016/10/No-205-Li-and-Xia-FINAL.pdf.

Lin J Y, Cai F, Li Z, 1998. Competition, policy burdens, and state-owned enterprise reform［J］. American Economic Review, 88(2): 422-427.

Molnar M, Lu J. 2019. State-owned firms behind China's corporate debt［J/OL］.OECD Economics Department Working Papers, 1536. （2019.02.14）［2020.02.25］. https://www.oecd-ilibrary.org/economics/state-owned-firms-behind-china-s-corporate-debt_7c66570e-en.

Naughton B. 2018. State enterprise reform today［M］//Garnaut R, Song L, Cai F. China's 40 Years of Reform and Development, 1978－2018. Canberra: ANU Press, Ch20.

OECD. 2012. Competitive neutrality: Maintaining a level playing field between public and private business［R/OL］.（2012.08.30）［2012.01.25］. http://www.oecd.org/competition/competitiveneutralitymaintainingalevelplayingfieldbetweenpublicandprivatebusiness.htm.

Office of the U.S. Trade Representative. 2018. Section 301 Report into China's Acts, Policies, and Practices Related to Technology Transfer, Intellectual Property, and Innovation［R/OL］.（2018.03.27）［2012.01.25］. https://ustr.gov/about-us/policy-offices/press-office/press-releases/2018/march/section-301-report-chinas-acts.

Song L. 2018. State-owned enterprise reform in China: Past, present and prospects［M］//Garnaut R, Song L, Cai F. China's 40 Years of Reform and Development, 1978－2018. Canberra: ANU Press, Ch19.

World Bank. 2012. China 2030: Building a modern, harmonious, and creative society［R/OL］.［2020.01.25］. https://www.worldbank.org/en/news/feature/2012/02/27/china-2030-executive-summary.

Yergin D, Stanislaw J. 1999. The Commanding Heights: The Battle Between Government and the

Marketplace [M]. NY: Simon Schuster.

财政部. 2019. 2018年1—12月全国国有及国有控股企业经济运行情况[EB/OL]. (2019.01.22)[2019.03.26]. http://www.gov.cn/xinwen/2019-01/22/content_5360098.htm.

国务院. 2015. 中共中央、国务院关于深化国有企业改革的指导意见:中发[2015]22号[A/OL]. (2015.08.24)[2020.01.25]. http://www.gov.cn/zhengce/2015-09/13/content_2930440.htm.

国资委,财政部,发展改革委. 2015. 关于国有企业功能界定与分类的指导意见[A/OL],(2015.12.29)[2020.02.25]. http://www.gov.cn/xinwen/2015-12/29/content_5029253.htm.

王小鲁,樊纲,马光荣. 2017. 中国分省企业经营环境指数2017年报告[M]. 北京:社会科学文献出版社.

ARTIFICIAL INTELLIGENCE AND
LABOR MARKET

第九章
人工智能与劳动力市场

褚高斯（百度公司集团战略部）
周广肃（中国人民大学劳动人事学院）

1. 引　言

第一次工业革命以来,技术的发展不断重塑劳动力市场。劳动力市场上的旧职业不断减少,同时涌现出了生产效率更高的新职业。目前为止,技术进步对劳动力市场的影响大多为正面案例,例如第一次和第二次工业革命成功推动了劳动力从第一产业转向制造业和服务业。如图9.1所示,自20世纪50年代以来,中国工业化进程快速推进,同时中国的劳动者从第一产业转向第二、第三产业;2002年之后,虽然就业人数几乎止步不增,但是劳动者在不同产业间变动的趋势仍在继续。

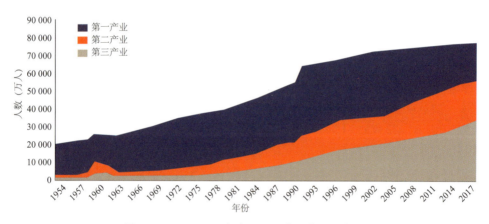

图9.1　1952—2017年中国不同产业的就业人数

数据来源:国家统计局(2018)。

虽然最近人们将人工智能(Artificial Intelligence,AI)(以及与自动化相关的产业发展)[①]称为第四次工业革命,但是人们也越来越焦虑,担心人工智能的应

---

① 在讨论"人工智能"(AI)和"自动化"(Automation)对就业市场的影响时,经常将二者互换使用,从而导致混淆。例如,如何看待自动驾驶对就业市场的影响?自动驾驶技术在现实中广泛应用后,专业司机的工作机会将会大幅减少,这是应该归因于"自动化"还是应该归因于"人工智能"?实际上,人工智能是一种技术进步,而自动化是通过多种技术来实现的过程。电气化、数字化甚至早期机械化在工业化发展的不同阶段中都曾是自动化的主要驱动力,而现在则是人工智能技术。为了使未来30年的劳动力转型估测尽可能全面,本章后文计算出的替代概率等同于人工智能技术或与人工智能相关的自动化进程对劳动力的影响。由此举例,自动驾驶导致的工作机会减少主要归因于人工智能技术的发展,因为自动驾驶是一种主要依托计算机视觉、深度学习等人工智能技术的自动化进程。

用可能会对就业市场产生更多消极影响。此种担心确有一定原因:虽然大部分行业目前的人工智能应用率较低,但是在人工智能技术应用广泛的行业中,人工智能呈现出较强的替代效应,而创造新工作机会的能力却较弱,与人工智能相关的工作对技术的要求也相对较高。图 9.2 和图 9.3 显示了在数字技术和人工智能技术应用程度最高的金融领域中,技术的应用如何加剧了低技能工作和高技能工作的两极分化。从 2016 年到 2018 年,智能化建设的推进使银行业务线下人工处理率从 15.69% 下降到 11.31%。因此,中国第二大银行中国农业银行雇用了 638 名技术工程师,而 26 808 名柜面人员则失去了工作。这一趋势在中国建设银行的事例中更为明显,2017 年中国建设银行将线下人工处理率降低至 3%。柜面人员和技术工程师的数量在 2018 年均有下降,原因在于"建行持续投资金融科技使 IT 系统的智能化水平显著提升"(中国建设银行,2019)。但市场上仍有一些乐观预测,高德纳咨询公司(Gartner)称,2020 年人工智能将成为有正向作用的工作净驱动因素,将创造 230 万个工作岗位,同时仅减少 180 万个工作岗位(CB Insights,2018)。

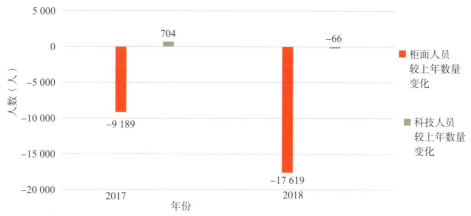

	2016 年	2017 年	2018 年
柜面人员总数(人)	147 627	138 438	120 819
科技人员总数(人)	5 552	6 256	6 190
柜面人员占比(%)	25.51	28.40	29.70
科技人员占比(%)	1.10	1.30	1.31

图 9.2　中国农业银行 2016—2018 年人力资源结构变化

数据来源:中国农业银行(2017,2018,2019)。

	2016 年	2017 年	2018 年
柜面人员总数（人）	189 911	182 647	179 889
科技人员总数（人）	28 300	28 936	26 898
柜面人员占比（%）	52.39	51.80	51.99
科技人员占比（%）	7.81	8.21	7.77

图 9.3 中国建设银行 2016—2018 年人力资源结构变化

数据来源：中国建设银行（2017，2018，2019）。

面对上述矛盾，本章旨在初步回答以下问题：人工智能将对中国就业市场产生何种影响？人工智能可否解决中国老龄化问题，弥补逐渐减少的人口红利？或者恰恰相反，人工智能会加速就业市场两极化，扩大收入差距？对于第一个问题，我们将在第二部分中运用理论替代概率（theoretical substitution probability）和人工智能应用率预测（AI adoption prediction）计算出人工智能在 2049 年对工作的实际替代概率（actual substitution probability）。根据替代概率计算结果，第三部分对人工智能对不同特点劳动力的影响进行了分析，来判断中国就业市场在未来 30 年里能否适应人工智能技术带来的结构性变化。就业的地理迁移、产业迁移，分劳动者性别、年龄、教育、收入和行业的替代性将被重点分析。

本章在预测了人工智能对中国就业市场的替代效应之后，在结尾中提供了政策建议，指出政府和政策制定者应最大程度发挥人工智能对就业市场的积极作用，同时为受影响较大的相对弱势群体提供帮助和支持。

2. 2049年人工智能实际替代概率计算

人工智能对就业市场的实际替代效应取决于两个关键变革性因素：人工智能的理论替代概率和人工智能的实际应用率。第一个因素是理论上的人工智能替代能力，可理解为人工智能取代人类智能的全部潜力。我们将引入指数"人类水平绩效评分卡"来定义人工智能理论替代概率。本章所指的人工智能是与人类不同能力相对应的各种技术的组合，表9.1显示了按目标能力划分的技术分类。人类水平绩效评分卡显示出人工智能系统在图像识别等关键能力上与人类的差距。

表9.1 与人类能力相对应的主要人工智能技术

能力	识别能力	分析能力	批量处理能力
人工智能技术	计算机视觉	信息处理	自动操作及控制技术
	智能语音	数据洞察	智能导航及运动技术
	自然语言处理（NLP）	智能规划/创作	图像和语言生成能力

容易推断出，人工智能技术在人类水平绩效评分卡中所获分数越高，它对劳动力的理论替代概率就越高。[1] 人工智能替代的是能力而非职业，因此那些被替代的劳动力则可能需要依靠其他能力寻找新工作。

关于理论替代率计算，另一点需要注意的是，人工智能虽然在过去十年取得了很大进展，但目前发展远未完善。许多关键性的人工智能技术，如无人驾驶、边缘算力及知识图谱等，仍在技术生命周期（Technology Life Cycle，TLC）[2]的

---

[1] 以视觉识别为例，微软团队在2015年使用卷积网络算法在ImageNet图像分类竞赛中超越了人类表现（He et al.，2015）。之后，图像识别广泛应用于银行、安保等多种场景。Gartner认为，到2020年，95%的视频或图像内容已无须人类审查，承担此项工作的将是可以提供一些自动分析的机器（Sicular and Lovelock，2018）。这也证明，对于银行柜台人员、安保人员等依赖视觉识别的职业，人工智能对其工作的理论替代概率相当高。

[2] 技术生命周期将新技术的发展历程分为几个阶段，以展示不同阶段中研发成本及商业收益的变化。通常技术会经历"早期研发——进入市场——大规模/成熟应用——逐渐被替代"四个阶段。前两个阶段研发支出很高，但对市场实际影响有限。只有进入成熟应用期，新技术的经济红利才能被充分释放。

起始阶段,距离在市场上成熟应用尚远。为了估算未来的人工智能理论替代概率,我们的计算过程基于专家的预测结果,即 2049 年人工智能早已进入生产力巅峰时的替代概率(Frey and Osborne,2017)。

第二个变革性因素是人工智能应用率,它衡量了人工智能技术的现实收益。① 前面的分析表明,当人工智能系统的能力显著提高至接近甚至超越人类水平后,AI 方案会在各类行业工作场景中爆发式广泛应用,取代人类劳动。

但是,受制于投资回报、效率、改造成本甚至政治原因等现实瓶颈,人工智能在工业领域的应用,以及对人工劳动的替代进度将远远落后于人工智能的理论发展速度,而且 AI 方案在不同行业和职业的落地速度也差异巨大。这就是为什么在计算 30 年内人工智能的实际替代概率时,必须将应用率考虑在内。信息技术与创新基金会(Information Technology and Innovation Foundation,ITIF)在一份关于人工智能挑战的报告(Atkinson,2019)中,用一个有趣的类比描述了这一状况,它将我们在人工智能创新周期中所处阶段和 20 世纪 80 年代后期相比较:"那个时候,计算机、软件和电信行业都在蓬勃向前发展,公众都认同这就是未来技术发展的趋势。但这些技术本身还不足以(或者说成本还没降到可以)推动 20 世纪 90 年代中期以后的互联网革命。类似地,下一代数字技术变革的全部红利要被社会清楚地感受到或者见证到,可能要等到 21 世纪 20 年代中期了。"也就是说,30 年之后新技术对社会影响的威力才能得以充分展现。

2.1 理论替代概率计算

人工智能对职业的替代效应取决于每个职业的属性。对感知和操作能力、创造力和沟通技能要求较低的职业更易受到人工智能的影响。Frey and Osborne(2017)根据美国标准职业分类(SOC)估算了 702 个具体职业的计算机化概率。对应于界定清晰的计算机化瓶颈,他们采用了 9 个客观变量来描述工作时所需要的感知和操作能力、创造力和社会智力。他们与机器学习研究人员一同主观地人工标记了 70 个职业,如果职业可以实现自动化则赋值 1,如果不

---

① 人工智能应用率对实际替代概率的影响可用以下类比来解释:作为世界第一农业机械制造国,中国的农业就业人数是美国的 80 多倍(20 940 万 vs.240 万)(White House,2019)。这一差异主要归因于农业机械化作业的应用率而非绝对技术水平。

能实现自动化则赋值 0,然后估算出测定计算机化的函数。最后,根据此函数预测了 702 个职业的计算机化概率。

我们以 Frey and Osborne(2017)的研究结果为基础,按照中国职业分类估算出各职业的理论替代概率。我们通过美国劳工统计局(Bureau of Labour Statistics,BLS)、联合国劳工组织(International Labour Organization,ILO)和中国家庭追踪调查(China Family Panel Studies,CFPS)数据库提供的 ISCO 88 和 ISCO 08(国际标准职业分类)代码将 CSCO(中国标准职业分类)与 SOC 合并(任莉颖等,2012),最后得出 61 个职业的理论替代概率,此 61 个职业包含在中国人口普查数据中的 79 个职业中,结果如表 9.2 所示。

表 9.2 各职业理论替代概率

代码	职业名称	概率	代码	职业名称	概率
11	科学研究人员	21.48%	26	体育工作人员	24.30%
12	科学研究人员	9.55%	27	新闻出版、文化工作人员	30.46%
13	工程技术人员	15.39%	28	宗教职业者	1.66%
14	工程技术人员	7.14%	32	安全保卫和消防人员	41.73%
15	工程技术人员	5.38%	33	邮政和电信业务人员	43.70%
16	工程技术人员	14.43%	39	其他办事人员和有关人员	74.88%
17	农业技术人员	1.54%	41	购销人员	61.15%
18	飞机和船舶技术人员	20.13%	42	仓储人员	46.12%
19	卫生专业技术人员	3.08%	43	餐饮服务人员	74.62%
21	经济业务人员	46.01%	44	饭店、旅游及健身娱乐场所服务人员	38.74%
22	金融业务人员	47.67%	46	医疗卫生辅助服务人员	36.57%
23	法律专业人员	11.86%	47	社会服务和居民生活服务人员	47.27%
24	教学人员	7.76%	48	社会服务和居民生活服务人员	57.83%
25	文学艺术工作人员	12.76%	51	种植业生产人员	71.08%

（续表）

代码	职业名称	概率	代码	职业名称	概率
52	林业生产及野生动植物保护人员	77.92%	75	纺织、针织、印染人员	60.40%
53	畜牧业生产人员	64.55%	76	裁剪、缝纫和皮革、毛皮制品加工制作人员	83.58%
54	渔业生产人员	53.87%	77	粮油、食品、饮料生产加工及饲料生产加工人员	84.00%
55	水利设施管理养护人员	88.00%	78	烟草及其制品加工人员	74.67%
59	其他农、林、牧、渔、水利业生产人员	69.33%	79	药品生产人员	29.16%
61	勘测及矿物开采人员	53.88%	81	木材加工、人造板生产、木制品制作及制浆、造纸和纸制品生产加工人员	63.03%
62	金属冶炼、轧制人员	87.26%	82	建筑材料生产加工人员	75.72%
64	化工产品生产人员	83.58%	83	玻璃、陶瓷、搪瓷及其制品生产加工人员	70.15%
65	化工产品生产人员	43.13%	84	广播影视制品制作、播放及文物保护作业人员	58.35%
66	机械制造加工人员	87.67%	86	工艺、美术品制作人员	74.72%
67	机电产品装配人员	44.95%	87	文化教育、体育用品制作人员	45.65%
68	机电产品装配人员	59.69%	88	工程施工人员	64.01%
69	机电产品装配人员	41.02%	89	工程施工人员	26.14%
71	机械设备修理人员	45.81%	91	运输设备操作人员及有关人员	60.23%
72	电力设备安装、运行、检修及供电人员	57.26%	92	环境监测与废物处理人员	70.48%
73	电子元器件与设备制造、装配、调试及维修人员	55.97%	99	其他生产、运输设备操作人员及有关人员	59.67%
74	橡胶和塑料制品生产人员	44.00%			

注：此表显示了对应中国两位数职业代码的职业的理论替代概率。某些两位数代码的名称虽然相同，但并不属于相同职业类别（具体划分需参考三位数职业代码）。

2.2 各行业人工智能应用率的计算

为了估测人工智能的现实应用状况,中国 2049 年各行业人工智能应用率的计算主要涉及三个指数:2017 年人工智能应用率、数字化潜力、增长拟合系数。

2017 年人工智能应用率

2017 年人工智能应用率显示了当前人工智能在不同行业的应用情况。该指数以中国顶级人工智能公司的统计数据和业内人士的访谈为基础,通过人工智能相关的附加值份额定义。① 可以发现,虽然人工智能的多种功能在整个价值链中被普遍应用,如生物识别、财富管理、客户服务中心等,金融行业却是 2017 年唯一一个应用率超过 10% 的行业。2017 年人工智能应用率被设定为 2049 年应用率的计算起点。

数字化潜力

在计算过程中,我们将数据的可获得性量化为数字化率,它等于"IT 支出/行业收入"。② 根据人工智能使用惯例,行业对物联网投资越多,可用数据量就越大。相关性分析显示,2017 年人工智能应用率与数字化率呈高度正相关。对于农业、医疗等多个行业而言,低数字化率是应用人工智能的主要瓶颈。

虽然当前中国整体数字化率水平较低,但这也带来了高成长空间:长久来看,各行业的数字化率终将提升到一个较高水平。这个过程中发掘的潜力,会成为人工智能应用率在未来达到更高水平的基础。更高的应用率有其前提,即中国要在 2049 年完成数字化进程,所有行业的数字化率要达到完全数字化的最高水平(所有主要数据都能在线获得),即数字化率达到 8%(相当于亚马逊和其他顶级 TMT 公司当前水平)(CB Insights,2018)。较高的 IT 投资水平将推

---

① 指数数值主要来源于 BCG、阿里研究院和百度发展研究中心(2019)。此项研究计算了 AI 应用方案市场的年度营收,并访问了行业客户以估算 AI 应用带来的实际收益,以最终估测 2017 年各行业中的 AI 应用率。

② 人们将人工智能定义为自动化时代驱动行业发展的"电能"。与发电类似,人工智能能量的产生也需要"煤炭"。数据就是用于产生人工智能能量的"煤炭",因为所有人工智能模型自动数据分析能力的获得都离不开数据训练。与电能的另一个相似之处是,应用人工智能需要大量数据。例如,苹果的人脸识别模型使用了 500 多万张真实人脸图像样本进行训练,随着新数据的增加,该模型仍在不断完善。因此,数据在成本和数量上的可获得性是决定人工智能解决方案在特定行业中是否可行的关键因素。

动传统行业数字化进程,并将在人工智能应用进程中将当前的阻碍转化为后发优势。

基于应用场景不同限制的增长拟合

该指数显示了带有行业特征的增长曲线拟合。同可以通用的"电力"不同,人工智能解决方案在行业中的应用依然严重依赖于部署定制,而且应用场景的限制不同,所应用的解决方案也会体现较大差异。① 结合从人工智能解决方案的实际部署中所吸取的经验,基于不同行业的场景特性,人工智能在行业中的应用率增长类型可分为以下几类(见表9.3):

表 9.3 人工智能应用率增长的行业特征

分类	特点
强后发优势	高度依赖基础设施(例如传感器)的部署,因此在各个场景中的应用率很低。一旦基础设施部署到位,人工智能应用率将大幅上升,例如采矿业和能源行业
后发优势	取决于基础设施和自动化进程,例如农业和交通运输业
快速增长	部分受基础设施限制,但部分受商业动机限制,例如制造业、教育和医疗
线性增长	主要由消费者和用户驱动,如零售行业
缓慢增长	受高应用率或高投资回报率限制,如当前应用率已较高的电信行业
市场充足	应用率非常高,仅受技术升级驱动,例如金融业、证券业

综合上述三个关键指数,基于两种假设——人工智能应用水平可能仍然处在技术成熟度曲线的各个阶段,以及增长拟合在未来30年中会呈现不同曲线,各行业2049年人工智能应用率的计算如表9.4所示。

表 9.4 中国各行业 2049 年人工智能应用率

行业代码	行业名称	2017年应用率	2017年数字化率	数字化潜力	增长拟合	2049年应用率 低	2049年应用率 中	2049年应用率 高
A	农林牧渔业	0.5%	0.4%	18.14	6.62	42.1%	60.0%	77.8%
B	采矿业	0.5%	1.0%	8.00	11.05	34.3%	44.2%	60.5%

---

① AI算法(如人脸图像识别算法)在每个行业场景中的应用都需要交付工程师的额外工作配合,如为特定场景进行参数调整等。学界和业界都在进行增强人工智能或称通用人工智能(AGI)的研究来解决此问题,以提升 AI 技术的通用解决率,但 AGI 的研究还处于起步阶段,距离实际应用距离遥远。

(续表)

行业代码	行业名称	2017年应用率	2017年数字化率	数字化潜力	增长拟合	2049年应用率		
						低	中	高
C	制造业	3.7%	2.0%	4.00	4.34	46.3%	64.2%	68.7%
D	电力燃气及水的生产和供应业	1.0%	2.0%	4.09	11.05	35.1%	45.1%	61.8%
E	建筑业	1.9%	1.0%	8.00	4.34	48.4%	67.1%	71.7%
F	交通运输、仓储和邮政业	4.5%	3.0%	2.67	6.62	52.1%	55.7%	79.4%
G	信息传输、计算机服务和软件业	8.0%	4.0%	2.00	2.57	35.3%	41.1%	61.4%
H	批发和零售业	5.6%	2.0%	4.00	3.13	65.3%	70.0%	85.9%
I	住宿和餐饮业	5.5%	2.0%	4.00	2.92	56.6%	64.4%	84.6%
J	金融业	14.0%	5.0%	1.60	2.57	49.4%	57.3%	85.8%
K	房地产业	1.9%	1.0%	8.00	2.57	34.2%	39.7%	59.4%
L	租赁和商务服务业	2.0%	6.0%	1.33	4.64	11.6%	12.4%	17.7%
M	科学研究技术服务和地质勘查业	3.5%	8.0%	1.00	2.92	9.0%	10.2%	13.4%
N	水利、环境和公共设施管理业	2.9%	3.5%	2.29	6.62	30.8%	43.9%	56.9%
O	居民服务和其他服务业	1.9%	1.4%	6.93	2.92	34.7%	36.4%	51.8%
P	教育	3.0%	3.9%	2.05	4.64	26.6%	28.5%	40.6%
Q	卫生、社会保障和社会福利业	0.5%	0.8%	9.76	4.64	21.2%	22.6%	32.3%
R	文化、体育和娱乐业	6.0%	5.0%	1.60	2.57	21.2%	24.6%	36.9%
S	公共管理和社会组织	2.0%	3.0%	2.67	4.34	16.7%	23.1%	35.3%

数据来源：专家访谈与行业案例统计；BCG、阿里研究院和百度发展研究中心（2019）；Harvard Business Review Analytic Services（2019）；Wiles（2018）。

2.3 各职业人工智能应用率的计算

为支撑人工智能对不同特征劳动力的替代效应分析，我们对应按照职业分类的人工智能应用率计算结果，将职业与行业进行匹配。如前所述，人工智能无法完全替代人类智慧和所有职业，我们的计算结果表明，各行业对人工智能的不同采用程度会使就业率受到不同影响。

职业一列基于 CSCO 两位数代码。因为准确的行业就业率无法获得,匹配度则是根据职业定义得出的大致结果。① 根据计算结果,各职业的 2049 年人工智能应用率如表 9.5 所示。

表 9.5 中国 2049 年各职业人工智能应用率

代码	职业名称	应用率	代码	职业名称	应用率
11	科学研究人员	21.48%	32	安全保卫和消防人员	41.73%
12	科学研究人员	9.55%	33	邮政和电信业务人员	43.70%
13	工程技术人员	15.39%	39	其他办事人员和有关人员	74.88%
14	工程技术人员	7.14%	41	购销人员	61.15%
15	工程技术人员	5.38%	42	仓储人员	46.12%
16	工程技术人员	14.43%	43	餐饮服务人员	74.62%
17	农业技术人员	1.54%	44	饭店、旅游及健身娱乐场所服务人员	38.74%
18	飞机和船舶技术人员	20.13%	46	医疗卫生辅助服务人员	36.57%
19	卫生专业技术人员	3.08%	47	社会服务和居民生活服务人员	47.27%
21	经济业务人员	46.01%	48	社会服务和居民生活服务人员	57.83%
22	金融业务人员	47.67%	51	种植业生产人员	71.08%
23	法律专业人员	11.86%	52	林业生产及野生动植物保护人员	77.92%
24	教学人员	7.76%	53	畜牧业生产人员	64.55%
25	文学艺术工作人员	12.76%	54	渔业生产人员	53.87%
26	体育工作人员	24.30%	55	水利设施管理养护人员	43.87%
27	新闻出版、文化工作人员	30.46%	59	其他农、林、牧、渔、水利业生产人员	60.02%
28	宗教职业者	1.66%	61	勘测及矿物开采人员	44.18%

① 大多数职业只对应一个行业,例如金融业务人员对应金融业。对于与两个或更多行业匹配的职业,例如文学艺术工作人员同时对应教育与文化、体育与娱乐,我们按照定义测定并添加了权重(例如 50%—50%),从而平衡对应关系。

(续表)

代码	职业名称	应用率	代码	职业名称	应用率
62	金属冶炼、轧制人员	54.19%	78	烟草及其制品加工人员	64.19%
64	化工产品生产人员	54.19%	79	药品生产人员	22.65%
65	化工产品生产人员	46.35%	81	木材加工、人造板生产、木制品制作及制浆、造纸和纸制品生产加工人员	64.19%
66	机械制造加工人员	64.19%	82	建筑材料生产加工人员	67.07%
67	机电产品装配人员	64.19%	83	玻璃、陶瓷、搪瓷及其制品生产加工人员	64.19%
68	机电产品装配人员	64.19%	84	广播影视制品制作、播放及文物保护作业人员	24.64%
69	机电产品装配人员	43.66%	86	工艺、美术品制作人员	64.19%
71	机械设备修理人员	64.19%	87	文化教育、体育用品制作人员	64.19%
72	电力设备安装、运行、检修及供电人员	45.15%	88	工程施工人员	39.68%
73	电子元器件与设备制造、装配、调试及维修人员	41.06%	89	工程施工人员	41.93%
74	橡胶和塑料制品生产人员	64.19%	91	运输设备操作人员及有关人员	79.42%
75	纺织、针织、印染人员	64.19%	92	环境监测与废物处理人员	43.87%
76	裁剪、缝纫和皮革、毛皮制品加工制作人员	64.19%	99	其他生产、运输设备操作人员及有关人员	79.42%
77	粮油、食品、饮料生产加工及饲料生产加工人员	64.19%			

注：此表显示了对应于中国两位数职业代码的人工智能应用率。某些两位数代码的名称虽然相同，但并不属于相同职业类别（具体划分需参考三位数职业代码）。

3. 未来人工智能对就业的影响（到 2049 年）

估算出各行业、各职业的理论替代率和应用率后，我们研究了人工智能对未来就业的多层次影响。在这一部分中，我们首先将每种职业的理论替代率与应用率结合起来,估算人工智能的实际替代概率。然后,运用中国2005年、2010年和2015年人口普查数据,分析了人工智能对不同特征劳动力的替代效应。最后,勾勒出行业层面的就业结构,并预测出了每个行业中被人工智能所替代的劳动者数量。

3.1 人工智能对不同特征劳动力的替代效应分析

人工智能对整个劳动力市场有重大影响,但对不同特征劳动者的影响会有所不同。接下来,我们根据劳动者的年龄、性别、受教育程度和收入水平等特征将样本划分为不同子样本,估算出了人工智能对不同特征劳动者的实际替代概率,其中实际替代概率等于理论替代概率乘以应用率。例如,为了计算人工智能在不同年龄组的实际替代概率,我们将每个职业的就业人数(根据中国人口普查2010年数据计算得出)用作该年龄组的权重矩阵,计算出每个年龄组的实际替代概率的加权平均值。

根据年龄划分组别

首先,我们根据劳动者年龄计算出人工智能替代概率加权平均值,结果如图9.4所示。根据年龄,劳动者被分为从年轻到年老的5组。结果表明,20—29岁年龄组的人工智能替代概率最低,而60—69岁年龄组的人工智能替代概率最高。造成这一现象的主要原因是,年轻人更有可能获得新知识和新技能,而老年人适应技术变革的能力较弱,因此更有可能被人工智能所取代。

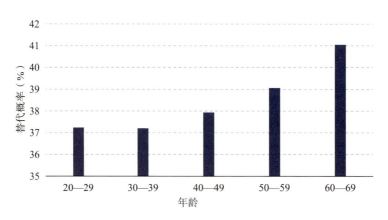

图9.4 不同年龄组的人工智能替代效应

根据性别划分组别

图9.5显示了根据劳动者性别计算出的人工智能替代概率加权平均值。结果表明,女性劳动者比男性更容易被人工智能替代,但差距仅为1个百分点。一些研究表明,在求职、晋升机会和劳动报酬方面,女性在劳动力市场上比男性受到歧视的可能性更大(Darity and Mason,1998),这可能是二者在替代概率上细微差别的来源。如果人工智能对不同性别的影响不可避免,那么减少对女性的歧视应是防止劳动力市场性别差距进一步扩大的必要之举。

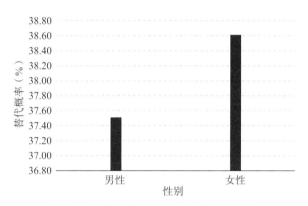

图9.5 不同性别组的人工智能替代效应

根据受教育程度划分组别

一些研究表明,人工智能对就业的替代效应并不是技术中性的,对高技能劳动力和低技能劳动力的影响存在较大差异(Brynjolfsson and MaAfee,2014;Michaels et al.,2014)。图9.6显示了根据受教育程度计算得出的人工智能替代概率。我们根据受教育程度将样本分为五组,并计算出了每组的替代概率。结果显示,人工智能替代概率随着受教育程度的提高而降低:文盲、小学和初中组的替代率较高,而高中及以上组的替代概率则大大低于前者。特别是具有大学及以上教育程度的人,人工智能的替代概率仅为低教育程度组的一半。

根据收入水平划分组别

图9.7显示了人工智能对不同收入水平劳动者的替代效应。由于收入变量仅存在于2005年人口普查数据中,因此我们使用了2005年人口普查数据来计算权重矩阵。我们将所有劳动者的收入分为由低到高的5组,并汇报了每组的替代概率。可以看出,最高收入群体的替代概率仅为30.5%左右,而最低

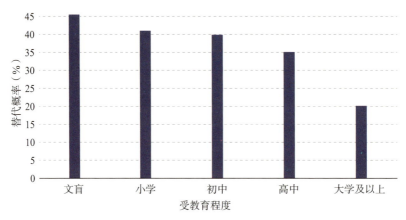

图 9.6 不同受教育程度组别的人工智能替代效应

收入群体的替代概率则高达 41.1%。更重要的是，与一些现有研究的结论类似(Frey and Osborne, 2017)，该图也显示出收入与替代概率之间呈显著负相关。美国总统经济顾问委员会(Council of Economic Advisers, CEA) 2016 年曾预测，人工智能将替代 83% 的小时工资低于 20 美元的工作岗位；对于小时工资在 20 美元到 40 美元之间的工作岗位，替代比例为 31%；对于小时工资高于 40 美元的工作岗位，替代比例仅为 4%(CEA, 2016)。

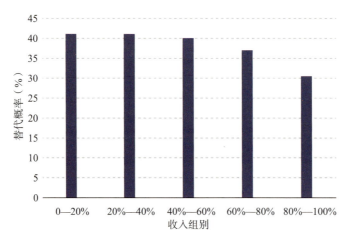

图 9.7 不同收入组别的人工智能替代效应

3.2 人工智能对就业的替代效应的预测

在 Frey and Osborne(2017) 的研究基础上，我们将各行业中每种职业的就业人数作为权重,计算出每个行业的平均理论替代概率。在本章第二部分的计算中,我们还得出了各行业的人工智能应用率。两者相乘可用来预测2049年各行业人工智能的实际替代概率。根据中国目前的行业分类,劳动力就业主要分布在19个行业大类中。我们可以根据2015年人口普查数据中的各行业就业比率和2018年中国就业人数来估算这些行业大类中的就业人数,并结合人工智能的实际替代概率,预测2049年每个行业中被人工智能替代的就业人数。

从表9.6的结果可以看出,中国将有1.42亿城市劳动力被人工智能替代,占城市总就业人数(4.34亿)的32.7%;同时,中国农村劳动力中将有1.35亿人被替代,占农村劳动力总数(3.42亿)的39.5%。到2049年,中国将有2.78亿劳动力被人工智能替代,占中国当前就业人数的35.8%。具体而言,城市中就业人数替代最多的三个行业是制造业,交通运输、仓储和邮政业,以及农、林、牧、渔业;农村中就业人数替代最多的三个行业是农、林、牧、渔业,制造业,以及建筑业。

表9.6 2049年被人工智能替代的就业人数估算

行业代码	行业名称	理论替代概率	应用率	城市总就业人数(万人)	城市替代就业人数(万人)	农村总就业人数(万人)	农村替代就业人数(万人)
A	农林牧渔业	70.49%	60.02%	6 790.73	2 872.91	22 170.97	9 379.73
B	采矿业	52.07%	44.18%	664.31	152.82	242.59	55.81
C	制造业	63.47%	64.19%	9 144.04	3 725.66	3 966.79	1 616.23
D	电力燃气及水的生产和供应业	48.34%	45.15%	534.05	116.55	85.42	18.64
E	建筑业	58.30%	67.07%	3 273.79	1 280.04	2 364.36	924.46
F	交通运输、仓储和邮政业	56.86%	79.42%	7 676.48	3 466.77	1 950.94	881.06
G	信息传输、计算机服务和软件业	37.07%	41.06%	2 296.87	349.62	741.42	112.86
H	批发和零售业	58.14%	70.01%	2 166.61	881.92	761.92	310.14
I	住宿和餐饮业	63.85%	64.39%	599.18	246.34	54.67	22.48
J	金融业	46.48%	57.33%	903.12	240.66	61.50	16.39

(续表)

行业代码	行业名称	理论替代概率	应用率	城市总就业人数（万人）	城市替代就业人数（万人）	农村总就业人数（万人）	农村替代就业人数（万人）
K	房地产业	47.61%	39.68%	707.73	133.71	78.58	14.85
L	租赁和商务服务业	42.67%	12.38%	764.17	40.37	136.67	7.22
M	科学研究技术服务和地质勘查业	28.60%	10.23%	364.72	10.67	34.17	1.00
N	水利、环境和公共设施管理业	52.65%	43.87%	286.57	66.19	71.75	16.57
O	居民服务和其他服务业	51.79%	36.40%	1 497.96	282.39	515.92	97.26
P	教育	12.61%	28.50%	1 871.36	67.26	300.67	10.81
Q	卫生、社会保障和社会福利业	12.12%	22.65%	1 063.77	29.20	167.42	4.60
R	文化、体育和娱乐业	38.44%	24.64%	347.35	32.90	44.42	4.21
S	公共管理和社会组织	42.80%	23.13%	2 461.86	243.75	413.42	40.93

根据之前的估算结果，我们还得出了另外两种人工智能应用率：高应用率和低应用率。在表 9.7 中，我们根据这两种情形的人工智能应用率，估测了 2049 年的就业替代人数。结果表明，假设人工智能应用率较高，那么 2049 年的就业替代人数为 3.326 亿；反之，假设人工智能应用率较低，那么就业替代人数则为 2.007 亿。

表 9.7　其他情形下 2049 年被人工智能替代的就业人数估算

行业代码	行业名称	高应用率	高替代数量（万人）		低应用率	低替代数量（万人）	
			城市	农村		城市	农村
A	农林牧渔业	77.77%	3 722.86	12 154.70	42.07%	2 014.03	6 575.57
B	采矿业	60.46%	209.14	76.37	34.31%	118.67	43.34
C	制造业	68.67%	3 985.53	1 728.97	46.32%	2 688.52	1 166.31
D	电力燃气及水的生产和供应业	61.78%	159.50	25.51	35.06%	90.51	14.48
E	建筑业	71.74%	1 369.33	988.94	48.40%	923.71	667.11

（续表）

行业代码	行业名称	高应用率	高替代数量（万人）		低应用率	低替代数量（万人）	
			城市	农村		城市	农村
F	交通运输、仓储和邮政业	79.42%	3 466.77	881.06	52.08%	2 273.21	577.72
G	信息传输、计算机服务和软件业	61.44%	523.13	168.87	35.33%	300.84	97.11
H	批发和零售业	85.93%	1 082.40	380.64	65.34%	823.11	289.46
I	住宿和餐饮业	84.58%	323.60	29.52	56.61%	216.59	19.76
J	金融业	85.78%	360.09	24.52	49.37%	207.25	14.11
K	房地产业	59.37%	200.06	22.21	34.17%	115.14	12.78
L	租赁和商务服务业	17.65%	57.56	10.29	11.57%	37.74	6.75
M	科学研究技术服务和地质勘查业	13.44%	14.02	1.31	9.00%	9.38	0.88
N	水利、环境和公共设施管理业	56.87%	85.81	21.48	30.76%	46.40	11.62
O	居民服务和其他服务业	51.82%	401.98	138.45	34.68%	269.04	92.66
P	教育	40.64%	95.91	15.41	26.65%	62.88	10.10
Q	卫生、社会保障和社会福利业	32.29%	41.63	6.55	21.17%	27.30	4.30
R	文化、体育和娱乐业	36.86%	49.22	6.29	21.22%	28.33	3.62
S	公共管理和社会组织	35.31%	372.02	62.47	16.69%	175.89	29.54

据估计，到 2049 年，中国将有 2.01 亿至 3.33 亿劳动力被人工智能替代。然而，人工智能对中国劳动力市场的影响也受制于许多其他因素。首先，它取决于人工智能技术和人类传统劳动力的相对使用成本和收益。虽然目前中国劳动力成本显著增加，但与发达国家相比仍然相对较低，而人工智能技术的应用目前成本较高。若将劳动力成本因素考虑在内，人工智能的应用则可能需要更长时间。其次，中国逐步加快的人口老龄化进程也会作用于人工智能对中国劳动力市场的影响，但人工智能也会反过来弥补老龄化进程加快造成的劳动力数量的减少。根据贺丹（2018）的预测数据，从 2018 年到 2049 年，中国劳动年龄人口数量将减少 1.67 亿—2.57 亿（如图 9.8 所示），而减少的劳动力很可能会

被人工智能所替代。换言之,人工智能技术的发展在一定程度上减轻了老龄化对中国劳动力市场的负面影响。最后,与其他技术类似,人工智能技术在产生巨大替代效应的同时,也具有非常显著的创造效应。受人工智能上下游产业发展的驱动,人工智能技术将创造出一系列相关领域的工作或新职业。虽然数据和方法的限制使我们无法对这个数字做出准确估计,但是人工智能技术无疑会对中国的劳动力市场同时产生正面和负面的影响,此种重大影响需要进行综合分析。

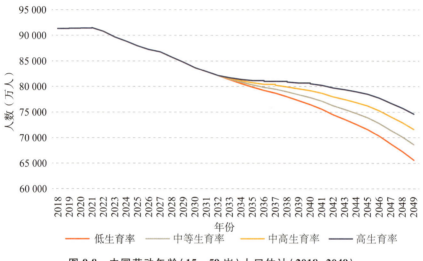

图 9.8 中国劳动年龄(15—59 岁)人口估计(2018–2049)

数据来源:贺丹(2018)。

4. 结论和政策建议

自动化和人工智能技术在当今经济和社会的发展中发挥了关键作用,它们是一种能够替代劳动力的技术进步,越来越多的工作可能会被人工智能替代。根据计算的人工智能应用率和 Frey and Osborne(2017)估计的人工智能理论替代概率,本研究估算了人工智能对中国各种职业的实际替代概率。通过在职业层级应用实际替代概率,我们还探讨了人工智能对不同特征劳动力的替代效应,发现人工智能对女性、老年人、受教育程度低和低收入的劳动力有较大的替代作用。最后,我们还预测了每个行业中被人工智能替代的就业人数,结果显示,到 2049 年中国将有 2.78 亿劳动力(不同人工智能应用率下结果是 2.01 亿至 3.33 亿)被人工智能替代,占中国当前就业人数的 35.8%。

虽然本研究侧重于相关性分析而非因果推断,但它为研究自动化和人工智能对中国劳动力市场的影响提供了第一手实证证据。中国将发展以人工智能为代表的智能产业作为国家重要的产业政策之一,同时也须认真处理人工智能对劳动力市场的潜在影响。

首先,应全面考察人工智能对劳动力市场的影响,特别是对不同群体劳动力的影响,此举十分必要。我们的研究表明,人工智能对不同职业、不同行业和不同特征的劳动力具有异质性影响。只有准确分析人工智能的不同影响,才能制定更有针对性的政策。

其次,要更加重视人力资本投资的重要性,不断提升中国劳动者的人力资本。中国应该采取更多措施,来帮助劳动力市场中相对弱势的群体(如女性、低教育程度、老年人和低收入群体),特别是通过职业教育或培训来提升其劳动技能和人力资本,从而尽可能地避免人工智能的负面影响。我们还应该关注人工智能对劳动者福利的影响,尽量减少由于就业机会减少和工资增长放缓导致的福利损失。

最后,政府还应该关注人工智能可能造成的社会两极分化和不平等现象。随着人工智能的发展,劳动力将至少分化为两个不同的群体——高技能群体和低技能群体,两者将面临完全不同的工作机会和收入水平,而这种社会分化将会进一步加剧不平等和社会矛盾的激化。为了解决这些问题,政府可以发挥税收和转移支付制度的作用。例如,对人工智能设备或机器人征税,补贴被替代的劳动者或者用以提高他们的工作技能;此外,此项税收也可用于解决老龄化造成的养老金短缺问题。

参考文献

Atkinson R D. 2019. The task ahead of us, transforming the global economy with connectivity, automation, and intelligence[R/OL].(2019.01.07)[2020.02.17]. https://itif.org/publications/2019/01/07/task-ahead-us-transforming-global-economy-connectivity-automation-and.

Brynjolfsson E, McAfee A. 2014. The Second Machine Age: Work, Progress, and Prosperity in a Time of Brilliant Technologies[M]. London: W. W. Norton & Company.

CB Insights. 2018. Amazon strategy teardown: Amazon's barreling into physical retail, financial services, healthcare, and AI-led computing[R/OL]. (2018.03)[2020.01.25]. https://www.cbinsights.com/research/report/amazon-strategy-teardown/.

Darity W A, Mason P L. 1998. Evidence on discrimination in employment: Codes of color, codes of gender[J]. Journal of Economic Perspectives, 12(2): 63-90.

Frey C B, Osborne M A. 2017. The future of employment: How susceptible are jobs to computerisation?[J]. Technological Forecasting and Social Change, 114: 254-280.

Gartner. 2017. Forecast: The business value of artificial intelligence, Worldwide, 2017-2025[R/OL]. (2018.03.25)[2020.01.25]. https://www.gartner.com/en/documents/3868267.

Harvard Business Review Analytic Services. 2019. The rise of intelligent automation: Turning complexity into profit[R/OL]. (2019.02.11)[2020.02.17]. https://hbr.org/sponsored/2019/02/the-rise-of-intelligent-automation.

He K, Zhang X, Ren S, et al. 2015. Delving deep into rectifiers: Surpassing human-level performance on ImageNet classification[C]. IEEE International Conference on Computer Vision: 1026-1034.

Michaels G, Natraj A, Van Reenen J. 2014. Has ICT polarized skill demand? Evidence from eleven countries over 25 years[J]. Review of Economics and Statistics, 96(1): 60-77.

Sicular S, Lovelock J D. 2018. Predicts 2018: AI and the future of work[R/OL]. (2017.11.28)[2020.01.25]. https://www.gartner.com/en/documents/3833572.

Sicular S, Hare J, Brant K. 2019. Hype cycle for artificial intelligence, 2019[R/OL]. (2019.07.10)[2020.01.25]. https://www.hypergiant.com/gartner-framework-applying-ai-enterprise/.

White House. 2019. The annual report of the council of economic advisers-Appendix B: Statistical tables relating to income, employment, and production[R/OL].[2020.02.17]. https://www.govinfo.gov/app/details/ERP-2019/context.

Wiles J. 2018. Action plan for HR as artificial intelligence spreads[R/OL]. (2018.10.29)[2020.01.25]. https://www.gartner.com/smarterwithgartner/action-plan-for-hr-as-artificial-intelligence-spreads/.

BCG，百度发展研究院，阿里研究院. 2019. 解读中国互联网新篇章：迈向产业融合[R/OL].

(2019.01)［2020.02.17］. http://image-src.bcg.com/Images/BCG-China-Internet-Report_tcm55-211547.pdf.

国家统计局. 2018. 中国统计年鉴2018. 北京:中国统计出版社.

贺丹. 2018. 中国人口展望(2018):从数量压力到结构挑战[M]. 北京:中国人口出版社.

任莉颖,李力,马超. 2012. 中国家庭动态跟踪调查2010年职业行业编码[R]. 北京大学中国家庭动态跟踪调查技术报告系列:CFPS-8.

中国建设银行. 2019. 中国建设银行2018年年度报告(A股)[EB/OL].(2019.03.27)［2012.01.25］. http://group1.ccb.com/cn/investor/reportv3/20190329_1553855391.html.

中国建设银行.2018. 中国建设银行2017年年度报告(A股)[EB/OL].(2018.03.27)［2012.01.25］. http://www.ccb.com/cn/investor/reportv3/20180327_1522156951.html.

中国建设银行.2017. 中国建设银行2016年年度报告(A股)[EB/OL].(2017.04.28)［2012.01.25］. http://group1.ccb.com/cn/investor/reportv3/20170428_1493365956.html.

中国农业银行. 2019. 中国农业银行2018年年度报告(A股)[EB/OL].(2019.04.01)［2012.01.25］. http://www.abchina.com/cn/AboutABC/investor_relations/report/am/201904/t20190402_1828783.htm.

中国农业银行. 2018. 中国农业银行2017年年度报告(A股)[EB/OL].(2018.03.26)［2012.01.25］. http://www.abchina.com/cn/AboutABC/investor_relations/report/am/201803/t20180328_1366579.htm.

中国农业银行. 2017. 中国农业银行2016年年度报告(A股)[EB/OL].(2017.04.27)［2012.01.25］. http://www.abchina.com/cn/AboutABC/investor_relations/report/am/201703/t20170331_1037553.htm.

中国银行业协会. 2019.《2018年中国银行业服务报告》发布暨文明规范服务工作总结大会在京举行[EB/OL].(2019.03.15). https://www.china-cba.net/Index/show/catid/14/id/19841.html.

INNOVATION CAPACITY

第十章
创新能力

郑世林（北京大学国家发展研究院）
庄芹芹（中国社会科学院数量经济与技术经济研究所）
汪勇（北京大学国家发展研究院）

1. 引 言

改革开放以来,中国经济保持较高增速,目前已经成为世界第二大经济体。创新是经济长期增长的重要驱动力,在经济取得惊人成就的同时,中国创新能力也实现了跨越式提升。1990 年,中国研发(R&D)资金占 GDP 比重仅为 0.67%,2017 年达到了 2.13%,投入强度已经达到了中等发达国家水平。专利申请量和授权量从 1985 年的 9 411 件和 111 件,提高至 2017 年的 353.6 万件和 172.1 万件,成为世界第一大专利国。伴随专利数量的爆炸式增长,无论是发明专利占比,还是国际专利授权数量和专利引用率等衡量专利质量的指标都得到了较快提升。根据 2018 年 7 月世界知识产权组织(WIPO)、美国康奈尔大学和欧洲工商管理学院(INSEAD)共同发布的《全球创新指数(2018)》(Global Innovation Index 2018)(Dutta et al., 2018),中国创新排名超过加拿大、澳大利亚、挪威等发达国家,排名第 17 位,首次进入全球创新前 20 强。在中国,高铁、移动支付、电子商务、人工智能等新技术和新商业模式被广泛应用。

尽管中国创新能力实现了跨越式提高,但与发达国家之间的差距还很大,尤其是在创新质量方面。中国是专利数量世界第一大国,但是平均专利质量严重低于美国、日本等创新型国家。中国是论文数量世界第二大国,但是论文引用率与美国、英国等国家差距很大。基础研究投入比重低使得中国在基础理论、重大创造发明方面远远滞后,这大大制约了中国创新质量的提升。除此之外,研发资源错配,知识产权保护力度不够,以及伴随创新质量不足而来的在国际分工和摩擦中处于不利地位,也是导致我国创新质量不高的重要因素。

展望未来 30 年,在专利和论文数量上,中国创新能力与发达国家的差距会逐步缩小。在基础研究投入、专利和论文质量上,中国追赶创新型国家还将面临较大的挑战。为了对世界创新事业做出更大贡献,中国需要进一步提升创新能力,其中关键在于做好两方面工作:一方面,要在创新投入结构上进行较大调整,注重提升基础研究在研发投入中的比重,尤其是企业的基础研究占比;另一方面,改革创新制度,减少创新资源的误配和创新的无效率,并加强知识产权保护力度。

本章主要关注中国创新能力,以及对2049年的中国的创新能力进行展望。第二部分主要梳理中国创新事业的发展历程,第三部分主要分析中国与创新型国家创新能力的差异,第四部分展望2049年中国的创新能力,第五部分是中国创新能力提升所面临的问题和挑战,第六部分总结和提出相应的政策建议。

2. 中国创新事业的发展历程

中国科技体制改革历程可以划分为试验摸索期(1978—1984)、改革试行期(1985—1994)、改革深化期(1995—2005)、改革提升期(2006—2011)及创新驱动期(2012年至今)五个阶段。总体来说,这五个阶段展现了中国创新从数量增加到数量与质量并升的跨越式发展。

2.1 试验摸索期(1978—1984)

中华人民共和国成立初期,经济基础十分薄弱,科技体制尚未建立,科技资源非常匮乏。在"一五"计划期间,中国初步建立起了学科齐全的科学研究体系、工业技术体系、国防科技体系,为后续科技事业的发展奠定了基础。

1978年,党中央召开全国科技大会,邓小平同志在大会上做出"科学技术是生产力"的重要论断。1982年,全国科学技术奖励大会进一步明确了"经济建设必须依靠科学技术,科学技术工作必须面向经济建设"的战略方针。在此指导思想下,1982年,当时的国家计委(国家发展和改革委员会前身)、科委(科学技术部前身)牵头的第一个国家科技发展计划《第六个五年计划科学技术攻关项目计划》制订。此后,中国又相继实施了多项国家计划,如国家技术改造计划、国家重点科技攻关计划、国家重点实验室建设计划等,科技创新在探索中不断发展。

2.2 改革试行期(1985—1994)

随着城乡经济体制改革逐步展开,科学技术体制改革拉开序幕。1985年,

《中共中央关于科学技术体制改革的决定》提出了在运行机制、组织结构及人事制度方面的改革。1985年出台的《中共中央关于教育体制改革的决定》着力提升民族素质、加快人才培养。之后围绕提高自主创新能力，充分发挥高技术引领未来发展的理念，国家自然科学基金、国家高技术研究发展计划（863计划）、星火计划相继在1986年被提上日程。1988年，国家高新技术产业开发区发展开启，8月国务院批准设立北京市新技术产业开发试验区、实施"火炬计划"，旨在加快一些基础较好的高技术、新技术领域的产业化进程。1990年，深圳证券交易所建立，为中国公司做大做强提供了有效融资方式，为科技发展注入了更多的活力。在这之后，1991年，选定武汉东湖新技术开发区等26个开发区作为国家高新技术产业开发区。1992年，增建苏州、无锡、常州等25个第二批国家高新技术产业开发区。1993年7月，全国人大通过《中华人民共和国科学技术进步法》，将促进科学技术进步、发挥科学技术第一生产力的作用以法律形式予以明确。

这一阶段，科技体制改革全面启动，取得了非常显著的创新绩效。专利数量从1985的14 372件快速增加到1994年的77 735件，10年间翻了4倍。特别是发明专利数量有了明显提升，年均增加1 051件。

2.3 改革深化期（1995—2005）

这一时期的科技体制改革逐步深化。虽然这一时期中国经济增速加快，但经济增长呈现高能耗、高成本的粗放型增长模式。因此，这一阶段创新政策主要是优化经济增长模式，改善劳动生产效率，提高我国经济增长质量。1995年，全国科学技术大会召开，中共中央、国务院制定了《关于加速科学技术进步的决定》，首次提出了实施"科教兴国"战略，全面落实科学技术是第一生产力的思想，通过把科技和教育摆在经济、社会发展的重要位置来提高全民族的科技文化素质。此后，中国又依次出台一系列法律、法规和政策，进一步深化科技体制改革，创造性地提出以企业作为技术开发主体的重大方针，如《中华人民共和国促进科技成果转化法》（1996）、《关于"九五"期间深化科学技术体制改革的决定》（1996）等。为了落实科教兴国发展战略和坚持以企业为创新主体，1996—

2005年间,国家有关部门相继出台了国家重点基础研究发展计划(973计划)、知识创新工程、国家科技创新工程等十几项重大专项计划。

总体而言,这一时期针对制约科技发展的突出问题,科技体制改革进一步深化。一方面,实施"科教兴国"战略极大促进了国家创新能力的提升。国家整体研发投入迅速增加,年均复合增长率高达18.7%。研发投入在1995年为172亿美元;到2005年,达到955亿美元,占到GDP的1.2%。与此同时,创新产出快速增长,专利数量1995—2005年间翻了近5倍。另一方面,《中华人民共和国促进科技成果转化法》等措施的实施,提高了科技成果转化能力。根据《中国科技统计年鉴》的统计数据,1995年技术市场成交额仅为268亿元,而2005年达到了1 551亿元,年均复合增长率为19.2%。

2.4　改革提升期(2006—2011)

在这一阶段,中国面临国内外一系列复杂严峻的挑战,存在着经济增长过度依赖资源消耗、经济结构不合理、自主创新能力不足等问题。2006年,《国家中长期科学和技术发展规划纲要(2006—2020年)》颁布,提出提高自主创新能力是调整经济结构、转变增长方式、提高国家竞争力的中心环节,建设创新型国家成为面向未来的重大战略选择。

在《国家中长期科学和技术发展规划纲要(2006—2020年)》指导下,2008年年底《关于促进自主创新成果产业化的若干政策》出台,它主要针对企业技术创新能力不强、自主创新成果转移机制不健全等突出问题,提出加快推进自主创新成果产业化,提高产业核心竞争力,促进高新技术产业的发展。知识产权保护制度是开发与利用知识资源的基础制度,能够激励自主创新成果的大量涌现与广泛应用。为此,2008年知识产权战略上升为国家战略,国务院制定《国家知识产权战略纲要》支撑知识产权事业发展。此外,为强化把握新一轮经济和科技发展制高点,国务院制定了《关于加快培育和发展战略性新兴产业的决定》,重点对节能环保、新一代信息技术、新能源等7个战略新兴产业进行规划部署。

整体上,这一时期科技体制改革进入提升期。国家贯彻实施自主创新战略的方针,持续加大研发支出。OECD 的数据显示,这一时期研发支出年平均增长率约为 16.7%,2011 年研发支出达到 2 428 亿美元,是 2006 年研发支出的 2.5 倍。研发强度较改革深化期有了快速提升,年平均水平达到了 1.56%,几乎是改革深化期 0.88% 的 2 倍。创新成果在短短的 6 年时间中"井喷式"增长,专利申请总量从 2006 年的 57 万多件迅速增加,2010 年突破了 100 万件,2011 年达到了 160 万件。发明专利申请 6 年时间更是翻了一倍,从 2006 年的 21 万件增长到 2011 年的 52 万件。

2.5 创新驱动期(2012 年至今)

2012 年,党中央、国务院召开全国科技创新大会,提出了创新驱动发展战略,并将这一战略明确写入党的十八大报告。随着创新驱动发展战略的实施,中国科技体制改革同步推进。2015 年,《中共中央 国务院关于深化体制机制改革加快实施创新驱动发展战略的若干意见》与《深化科技体制改革实施方案》先后印发,提出营造激励创新的公平竞争环境,建立技术创新市场导向机制,构建更加高效的科研体系等一系列措施。为进一步加快推进创新驱动战略实施,2016 年中共中央、国务院制定了《国家创新驱动发展战略纲要》,明确提出了中国科技事业"三步走"发展目标:一是 2020 年进入创新型国家行列,科技进步贡献率提高到 60% 以上,R&D 经费支出占国内生产总值比重达到 2.5%;二是 2030 年进入创新型国家前列,主要产业进入全球价值链中高端,R&D 经费支出占国内生产总值比重达到 2.8%;三是 2030 年到 2050 年建成世界科技创新强国,成为世界主要科学中心和创新高地。现阶段逐步建立了适应社会主义市场经济发展的科技创新体制,各项科技体制改革的措施举措不断细化,科研布局结构持续优化,制约科技创新的体制障碍逐步破除,科技创新水平达到了前所未有的新高度。

这一时期创新投入和产出迅速增长。从 2012 年开始,研发支出每年增加约 300 亿美元,到 2017 年中国研发支出总量达到了 4 427.20 亿美元,研发强度达到了 2.13%。创新成果同样呈现良好的增长态势,专利申请数量 2012—2017 年增长 27 万件,到 2017 年突破了 369 万件,尤其是发明专利,从 2012 年的 65

万件快速上升至 2017 年的 138 万件，增长了 1 倍，而且发明专利占比从 31.8% 提升至 37.4%。这一阶段科技创新水平加速迈向世界第一方阵，科技成果转化量质齐升，科技进步贡献率升至 57.5%。

3. 中国与创新型国家创新能力的比较分析

从人均 GDP 来看，在满足对外开放等一定条件之下，追赶经济体不仅表现为向发达经济体的经济收敛（Lucas, 2009），也表现出创新能力的收敛（Curran et al., 2010; Sharp, 2014; Lee, 2015）。美国、德国、法国、英国等欧美发达国家是世界上具有代表性的创新型国家，也是追赶经济体重要的参考对象。日本、韩国同为经济追赶成功的亚洲发达经济体，并与中国在产业结构上表现出较大的相似性。鉴于此，本部分以美国、德国、法国、英国、日本和韩国为对比，通过比较创新投入与创新产出指标，分析中国与这些国家在创新数量与创新质量方面的差异，为未来 30 年中国创新能力的发展提供目标指引和努力方向。

3.1 科技创新投入的比较

中国研发投入总量增长迅猛，但投入强度仍显不足。图 10.1 显示，1991—2017 年中国研发总额从 134.4 亿美元快速升至 4 427.2 亿美元，26 年间增长了 31.9 倍，年均复合增长率为 14.4%；同期，美国、日本和德国的研发总额分别增长了 105.3%、51.5%、61.5%，而韩国则增长了 7.79 倍。2017 年，研发总额排名最高的是美国（4 836.8 亿美元），紧随其后的是中国，日本、德国和韩国分别以 1 551 亿美元、1 100.8 亿美元和 842.5 亿美元位居第 3 至 5 位。从经验上看，一国人均 GDP 越高，该国研发强度（以研发投入占 GDP 比重表示一国研发强度）倾向于越高。1991—2017 年，中国研发强度呈现明显上升趋势。中国研发强度在 1991 年仅为 0.72%，在 2002 和 2014 年分别突破 1% 和 2%。2017 年，美国、日本和德国研发强度分别达到 2.79%、3.20% 和 3.02%，韩国更是高达 4.55%，远高于中国（2.13%）。这表明，中国研发投入仍有相当大的提升空间。

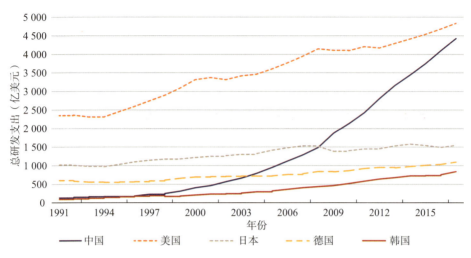

图 10.1　1991—2017 年各国总研发支出比较（以 2010 年美元为基准）

数据来源：OECD。

研发活动除了大量资金投入之外，还需要研究人员的深度参与。中国研究人员总量位居世界前列，但研究人员密度大幅落后于美国、日本、德国等创新型国家。以研究人员全时当量计算，中国研究人员总数从 1991 年的 47.1 万人快速升至 2016 年的 169.2 万人，增长了 2.59 倍，年均复合增长率为 5.15%。值得注意的是，2009 年中国研究人员数量相比上一年出现了大幅下降，但此后一直稳步上升。2016 年，中国研究人员总数排名第一，美国以 137.1 万人紧随其后，日本、德国和韩国分别以 66.6 万人、40 万人、36.1 万人排在第 3 至 5 位。以千名就业人员中的研究人员数衡量研究人员密度，1991—2016 年期间，中国研究人员密度大幅上升，从 0.72 上升至 2.18，年均复合增长率为 4.36%。但相比创新型国家，中国研究人员密度仍明显偏低。2016 年，中国研究人员密度仅相当于美国的 24.4%、日本的 21.9%、德国的 23.8% 和韩国的 15.8%。

研究可以划分为基础研究、应用研究和试验发展研究三类，而基础研究是整个创新活动的源泉。中国基础研究不受重视，投入强度明显偏低。图 10.2 显示，1996—2016 年中国基础研究投入占比一直在 5% 附近波动，远低于创新型国家。2016 年，中国基础研究投入为 5.25%，而同期美国、日本和韩国的这一指标分别达到 16.9%、12.6% 和 16%。以基础研究投入占 GDP 比重衡量基础研究投入强度,中国基础研究投入强度仅从 2000 年的 0.047% 上升至 2016 年的 0.118%。同期,美国、日本和韩国基础研究投入强度分别为中国的 4.01 倍、3.56 倍和 5.58 倍。

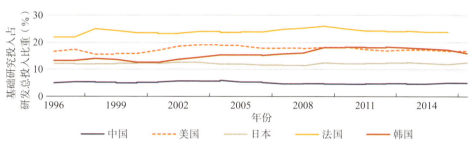

图 10.2　1996—2016 年各国基础研究占比比较

数据来源:UIS.Stat。

政府是研发资金的重要来源,中国政府研发投入居于世界前列。1991—2017 年,中国政府研发投入总额从 66.6 亿美元升至 673.9 亿美元,增加了 8.31 倍,年均复合增长率为 15.6%。类似地,我们用政府研发投入占 GDP 的比重表示政府研发强度。伴随经济的快速增长,中国政府研发强度波动较大,但自 2012 年以来,一直保持在 0.3% 以上。2017 年,中国政府研发强度达到 0.324%,超过美国(0.271%)和日本(0.25%),但仍大幅低于德国(0.406%)和韩国(0.487%)。

高等学校在人才培养和科学技术创新方面发挥着重要作用。中国高等学校研发投入基数低、增长快。1991—2017 年,中国高等学校研发投入总额从 11.6 亿美元增长至 318.3 亿美元,提高了 26.5 倍,年均复合增长率为 13.6%,其中 2001 年和 2009 年分别以 30.7% 和 20.1% 的增速成为阶段性高点。2017 年,中国高等学校研发投入总额达到了美国的 50.5%,名列全球第二位。与此形成鲜明对比的是,中国高等学校研发强度远远落后于创新型国家。尽管中国高等学校研发强度从 1991 年的 0.06% 上升至 2017 年的 0.15%,提高了 1.45 倍,但由于初始的基数过低,2017 年中国高等学校研发投入强度仅为美国的 42.1%、日本的 39.8%、德国的 29.3%,以及韩国的 39.6%。

高等学校应是开展基础研究的主体之一,但中国高等学校在整个科研布局中更加偏重研发活动的中后端。2016 年,中国高等学校基础研究经费占 R&D

经费比重仅为 40.3%,低于创新型国家超过 50% 的平均水平,如 2016 年美国为 61.8%。在世界一流大学排名中,美国高校与英国高校数量最多,中国与这两个国家仍有明显差距。2019 年,在 QS 世界大学排名前 200 大学中,美国占有 48 所、英国 29 所、德国 12 所、日本 9 所,而中国仅 7 所,分别为清华大学(第 17)、北京大学(第 30)、复旦大学(第 44)、上海交通大学(第 59)、浙江大学(第 68)、中国科学技术大学(第 98)和南京大学(第 122)。

企业是科技创新的主体,承载着将知识和专利转化为实际成果的关键角色。研发投入是科技企业创新的源泉,决定了其市场的核心竞争力。中国企业研发投入总额快速增长,从 1991 年的 53.5 亿美元升至 2017 年的 3 435 亿美元,提高了 63.2 倍,年均复合增长率为 17.4%。2017 年,中国企业研发投入总额达到美国的 97.1%,位列全球第二。但从研发强度来看,中国仍大幅低于创新型国家。1991—2017 年,中国企业研发强度从 0.29% 增至 1.65%,提高了 4.7 倍,年均复合增长率为 6.9%。与高等学校类似,中国企业初始研发强度偏低,2017 年中国企业研发强度相当于美国的 81%、日本的 65.4%、德国的 78.9%,以及韩国的 45.7%。

一方面,中国企业在通信技术、高铁、互联网+等领域积极创新,并形成引领世界创新的一种新模式。高铁、移动支付、电子商务和共享自行车被称为中国现代的"四大新发明"(An,2017)。尽管中国并非这些技术的发明者,但由于中国市场巨大,中国在这些技术的推广应用上已经处于世界领先地位。另一方面,受当前技术水平所限和短期利益驱使,中国大多数企业集中于具有明显商业化前景的新技术、新产品的开发上,而忽视研发周期较长而收益不稳定的基础研究。2016 年,中国企业基础研究经费支出占中国基础研究经费总支出的比重仅为 3.2%,远低于美国(25.8%)、日本(46.7%)和韩国(57.7%)。

3.2 科技创新产出指标的比较

中国专利数量增长迅速,遥遥领先。据 WIPO 数据统计,1985—2017 年,中国发明专利申请总量从 8 558 个升至 1 381 594 个,增长了 160.4 倍,年均复合增长率为 17.2%。2001 年,中国加入 WTO,专利申请量增长加快。2006 年,中国召开全国科学技术大会,提出了自主创新、建设创新型国家战略,专利申请量稳步上升,并于 2009 年之后出现了"爆炸式"增长。2011 年,中国专利申请量超过美国,成为全球专利申请第一大国。2017 年,中国专利申请量占到全球的 43.6%,位居世界第 1,美国、日本和韩国分列第 2 至第 4 位。

与专利总量不同,中国专利质量严重低于创新型国家。广义专利分为发明、实用新型和外观设计三种。发明专利最能代表一个国家的科技发明创造能力,故以发明专利占三种类型专利比重衡量一国专利平均质量,如图 10.3 显示,1985 年中国发明专利占比为 59.5%,低于美国(92.3%),但略高于日本(53.6%)和德国(55.1%),并远高于韩国(22%);到了 2017 年,中国发明专利占比下降至 37.4%,不仅远低于美国(93.3%),还低于日本(89.5%)和德国(77.3%),甚至低于韩国(74.5%)。这表明,中国专利过于注重数量,而忽视了质量。

图 10.3　1985—2017 年各国发明专利占比比较

数据来源:WIPO。

论文是衡量一个国家创新产出的另一项重要指标。在科技论文发表方面,中国科技论文产出增长迅速,位居世界前列,但与美国相比差距仍较大。据 ESI 数据库统计,2008 年 1 月至 2018 年 10 月,中国科技论文总数和论文被引总次数分别达到 2 407 339 篇和 25 047 434 次,均处于世界第二位(见表 10.1)。同期,美国在这两项指标上的数值分别高达 4 067 567 篇和 75 366 555 次。以论文被引总次数排名,英国、德国和法国居于美国、中国之后,位列第 3 至第 5 位。

与专利类似,中国科技论文的质量与创新型国家相比仍明显不足。引用率是评价一个国家科技论文质量的重要标准。表 10.1 显示,在科技论文篇均被引次数指标上,中国仅为 10.4 次/篇,不仅远低于欧美国家英国(18.86 次/篇)、美国(18.53次/篇)、德国(17.37次/篇)和法国(16.7次/篇),也低于亚洲国家日本(12.7次/篇)和韩国(10.96次/篇)。

表 10.1 各国科技论文发表情况

国家	科技论文总量（篇）	被引总次数（次）	篇均被引次数（次/篇）	排名（按论文被引总次数）
美国	4 067 567	75 366 555	18.53	1
中国	2 407 339	25 047 434	10.40	2
英国	1 002 004	18 899 104	18.86	3
德国	1 082 319	18 799 261	17.37	4
法国	754 105	12 591 003	16.70	5
日本	848 977	10 779 183	12.70	7
韩国	542 655	5 948 403	10.96	13

数据来源:ESI。

4. 中国2049年主要创新指标预测

根据第一章中美两国人均GDP预测结果,2040年中国人均GDP水平将达到美国2017年人均GDP水平。按照创新能力收敛规律,我们预判中国2040年创新能力也能达到美国2017年的相应水平。第三部分的分析显示,由于人口、经济规模等因素,创新数量指标不存在明显的收敛性,而创新质量指标具有收敛规律。鉴于此,本部分预测了与中国创新质量相关的几个重要指标。

4.1 总研发强度

据OECD数据显示,2017年中国和美国的总研发强度分别为2.13%和2.79%。基于上述分析,中国2040年总研发强度要达到美国2017年的水平,意味着2017—2040年间中国该项指标的年均增速达到1.18%。2000—2017年中国总研发强度年均增速高达5.24%,以目前增速来看,中国2040年总研发强度达到美国2017年的水平相对容易。我们测算出1997—2017年间美国总研发强度年均增速为 0.59%,以此作为中国总研发强度在 2040—2049 年的各年增速,可预测出 2049 年中国总研发强度将达到 2.93%。若以日本和韩国创新发展模式运行,2049 年中国总研发强度有望突破 3.5%。

4.2　基础研究投入强度

2017 年,中国和美国基础研究投入强度分别为 0.118% 和 0.473%。若中国 2040 年基础研究投入强度要达到美国 2017 年的水平,则 2017—2040 年中国该指标年均增长需达到 6.23%,而中国在 2000—2017 年间的平均增速为 5.61%。进入经济新常态以来,科技进步对中国经济发展的作用日渐突出,而基础研究是科技进步的源泉。因此,中国对基础研究的投入将有望实现高速增长。我们以 1997—2017 年美国基础研究投入强度平均增速 0.48% 作为 2040 年之后的中国增速,2049 年中国基础研究投入强度将达到 0.494%。

4.3　企业基础研究占比

2016 年,中国企业基础研究投入占比(企业基础研究投入占到基础研究总投入的比率)仅为 3.17%,美国却高达 25.76%。若中国 2040 年企业基础研究投入占比达到 25.76%,则要求 2016—2040 年其以年均 9.12% 的速度增长。受到国际金融危机冲击,中国企业基础研究投入在 2009 年出现了大幅下降,导致中国企业基础研究投入占比从 2008 年的 4.3% 降至 2009 年的 1.64%。2000—2016 年,中国企业基础研究投入占比年均增速为 -0.02%。因此,从目前增速来看,中国 2040 年企业基础研究投入占比达到美国 2016 年的水平难度极大。以 1996—2016 年美国企业基础研究投入占比年均增速 0.6% 作为中国 2040 年之后的增速,2049 年中国企业基础研究投入占比将达到 27.18%。

4.4　高等学校研发强度

2017 年,中国、美国高等学校研发强度分别为 0.153% 和 0.363%。中国高等学校研发强度若要在 2040 年达到美国当前水平,需以年均 3.83% 的速度增长,而 2000—2017 年中国高等学校研发强度年均增速高达 4.16%。这表明,中国将有较大可能实现 2040 年目标。以 1997—2017 年美国高等学校研发强度年均增速 1.14% 作为中国 2040 年之后的增速,2049 年中国高等学校研发强度将达到 0.402%。

4.5 研究人员密度

2016 年,美国研究人员密度达到 8.93,而中国仅为 2.18。基于同样分析,中国 2040 年研究人员密度要达到 8.93,需保证 2016—2040 年以年均 6.04% 的速度增长,而中国 2000—2016 年间的平均增速仅为 4.92%,这表明中国要实现这段时间研究人员密度向美国收敛还面临较大压力。1996—2016 年,美国研究人员密度年均增长 1.55%。若以该数值作为 2040—2049 年中国的年均增速,则 2049 年中国研究人员密度将达到 10.3。

4.6 发明专利占比

2017 年,中国发明专利占比仅为 37.4%,而美国却高达 93.3%。2040 年中国发明专利占比要达到 93.3%,需在 2017—2040 年以 4.06% 的速度增长,而 2000—2017 年间实际增速仅为 1.22%。若中国 2040 年后以 1997—2017 年间美国发明专利占比年均速度(0.02%)增长,则 2049 年中国发明专利占比将达到 93.5%。

综上所述,如表 10.2 所示,中国 2049 年在总研发强度和高等学校研发强度指标上实现收敛目标的可能性较大,即 2.94%(3.5%)和 0.40%,而中国要在基础研究投入强度和研究人员密度指标上实现 0.494% 和 10.3 的收敛目标则具有较大压力。由于基数低、增长速度缓慢等因素,中国 2049 年发明专利占比、企业基础研究占比分别实现 93.47% 和 27.18% 的收敛目标具有极大挑战。

表 10.2 主要指标预测值

指标	基准值(年份)	预测值(增速*)			难易程度
		2035 年	2040 年	2049 年	
总研发强度	2.13%(2017)	2.63%(1.18%)	2.79%(1.18%)	2.94%(0.59%)	容易
基础研究投入强度	0.12%(2017)	0.35%(6.23%)	0.47%(6.23%)	0.49%(0.48%)	难

(续表)

指标	基准值 (年份)	预测值(增速ª)			难易程度
		2035年	2040年	2049年	
企业基础研究占比	3.16% (2016)	16.65% (9.12%)	25.76% (9.12%)	27.18% (0.60%)	极难
高等学校研发强度	0.15% (2017)	0.30% (3.83%)	0.36% (3.83%)	0.40% (1.14%)	容易
研究人员密度	2.18 (2016)	6.66 (6.05%)	8.93 (6.05%)	9.79 (1.55%)	难
发明专利占比	37.36% (2017)	76.49% (4.06%)	93.33% (4.06%)	93.47% (0.02%)	极难

注：ª 相对上一年的增速。

5. 中国提升创新能力面临的挑战

本章第三部分的分析表明，中国创新在数量上已达到世界前列，但在质量上仍明显落后于创新型国家。因此，中国创新能力提升的落脚点主要在于创新质量。基础研究能力薄弱，研发资源错配，知识产权保护力度不够，以及伴随创新质量不足而来的国际环境不确定性上升，成为制约中国创新质量提升的关键因素。

5.1 基础研究能力薄弱

基础研究是国家整体创新质量提升的重要保障。与美国、日本和德国等创新型国家相比，中国顶尖基础研究人才和团队比较匮乏，重大原创性成果缺乏（万钢，2017）。这与我国基础研究配置模式紧密相关。首先，中国基础研究起步较晚、基础薄弱，研发经费投入结构不合理。在总研发投入中，基础研究经费占比始终处于5%左右的较低水平，远低于应用研究的15%和试验发展的80%。其次，基础研究投入主体单一。中国政府几乎是基础研究投入的唯一主体，通过国家财政拨款的形式拨付给高校和科研机构的经费量占高校和科研机构基础研究经费的近90%，而美国政府用于基础研究的资金比重维持在30%左右。

中国企业对基础研究的投入占全社会基础研究总投入的比重不足3%,但美国企业基础研究经费占美国基础研究总经费的20%。最后,中国竞争性经费在基础研究资助中仍占据主导地位,致使中国科学研究追求短期利益,缺乏长远设计。

5.2 研发资源错配

研发资源投入的扭曲也导致了中国创新质量不高。研发资源在不同所有制企业之间的错配导致了企业创新质量的降低。一般来说,国有企业由于其固有的管理体制使得其生产效率低于非国有企业,但国有企业得到了中央和地方政府的过度支持。创新质量更高的非国有企业难以得到政府补贴,使得该类企业创新活动容易受到市场失灵的不利影响。由于研发资源未能完全按照市场化方式配置,非国有企业的创新能力得不到充分发挥,从而造成国家创新质量难以快速提升。

我们利用2000—2007年规模以上工业企业数据库,实证研究了政府补贴对不同所有制企业创新投入与产出的影响。研究结果表明,一方面,政府补贴显著提高了非国有企业的研发投入,但对国有企业没有显著影响;另一方面,虽然政府补贴显著提高了国有企业和非国有企业的新产品产值,但对非国有企业的影响是国有企业的3.5倍(见附录表A10.1)。但是,现实中政府补贴大多流向了国有企业。2000—2007年,国有企业获得的平均补贴大约是非国有企业的4.6倍,而且两者获得的政府补贴差距逐年拉大。由此可见,政府扶植政策偏重生产效率相对较低的国有企业,这导致科技援助资金使用效率下降,未能有效提高企业的创新水平。

5.3 知识产权保护力度不够

知识产权保护力度不够是导致中国创新质量不足的制度性因素。首先,对知识产权违约的惩罚力度不够。由于举证成本高、处理周期长与判决执行难,尤其是判决赔偿低,企业对侵权行为容忍度高,维权积极性弱,这反过来助长了一些企业的侵权行为,导致企业损失很大。特别地,由于企业进行基础研究投入费用很高,一旦受到侵权,企业将很难获得回报,这也就造成了中国企业更多从事模仿和应用活动,而不是进行基础研究和关键产品的创新。其次,专利申请审核力度不够。一方面,申请专利成本低、收益高,企业往往将一件专利拆分成多项小专利,导致有限的审查资源被大量低质量专利占用,高质量专利容易被淹没。另一方面,实用新型专利无须实质审查,申请难度低、性价比高,企业大量申请,造成专利平均质量不高。最后,各地区知识产权保护程度存在较大差距,地方保护主义的存在使得中国还未形成统一的知识产权保护市场。中国各地区的经济发展水平和市场运行效率差别较大,导致各地区知识产权保护水平差别也较大。企业为地方创造税收,并解决当地就业。在本地企业涉及侵权时,地方政府往往对其给予保护,增加权利人的诉讼难度和成本,甚至影响知识产权案件的司法判决,导致发达地区的知识产权侵权行为在欠发达地区无须或较少承担法律责任。

保护力度不够制约了知识产权保护制度对企业创新的保障作用。本研究利用 2010—2018 年 A 股上市公司的数据和知识产权日报网公布的各省知识产权保护指数,考察了知识产权保护对企业创新的影响。研究结果表明,知识产权保护没有带来企业研发投入和专利产出的显著增加,甚至对外观设计专利具有极大的抑制作用(见附录表 A10.2)。

5.4 国际环境不确定性上升

创新质量不高使得中国在国际分工和贸易摩擦中处于劣势地位。中国创新国际环境主要面临两方面不确定性:其一,知识产权贸易摩擦风险上升。近年,美国调查的涉及中国的案件数量大幅上升,而中国控诉美国企业侵犯知识产权的案件也日渐增多(冉瑞雪等,2018)。其二,技术性贸易壁垒风险上升。近年来,欧美发达国家对中国实施的技术性贸易措施明显增多,并从传统产业逐步转向高新技术产业。从外因来看,全球贸易保护主义抬头。由于发达国家拥有技术优势,在标准制定上拥有更多话语权,因而技术性贸易措施成为重要贸易壁垒。从内因来看,中国企业出口依赖度大,中国企业创新能力和自主品牌市场占有率日益上升,对发达国家的高新技术产业形成了一定冲击。

6. 总结和相应政策建议

本研究发现：(1)过去40年，中国在创新领域实现了跨越式发展，在研发投入、专利、论文等创新数量指标上已处于世界前列。(2)中国的创新质量与创新型国家相比仍存在巨大差距，如研究人员密度、基础研究投入强度和发明专利占比明显偏低。(3)以美国为追赶目标，中国总研发强度和高等学校研发强度指标实现预期目标可能性较大，但在企业基础研究投入占比、发明专利占比指标上具有极大挑战。(4)中国知识产权保护力度不够，政府干预过多导致的资源错配，以及国际环境不确定性的日益上升，尤其是基础研究能力薄弱，成为制约中国创新质量提升的关键因素。

6.1 加大基础研究投入力度

提高中国创新质量的长效机制在于加大企业和政府基础研究投入力度。一方面，提高企业基础研究比重。企业应该成为基础研究投入的主体，通过基础研究提升企业的原始创新能力，并掌握核心技术。政府在发挥引导作用的同时，应鼓励银行、风险投资、机构投资者等参与，提高企业基础研究的投入，减少研发型中小企业的税负；政府应鼓励大学和科研院所教授和科研人员创业，形成产学研合作的长期激励机制。另一方面，政府研发投入结构应该向基础研究集中。由于基础研究本身具有长期性、高风险性和正外部性等特征，政府应提高基础研究投入的比重，确保基础研究经费投入增幅高于其他类型研发支出增幅，加大对高校和科研院所基础研究经费的投入力度，尤其要降低基础研究经费中的竞争性比重。

6.2 优化资源配置

提高中国创新质量需要减少创新资源的误配，创新资源在各类企业中应进行公平分配。"所有制歧视"是中国资源错配最重要的表现形式之一。一方面，中国应继续深入推进混合所有制、兼并重组等形式的国企改革，改善在市场准入、融资、税务等方面的不公平，打破长期存在的"所有制歧视"，让国有企业和非国有企业更加公平地竞争,促使人才、资金、实物等资源从低效率部门向高效率部门流动。另一方面,政府要减少选择性产业政策的使用,应从补贴转向普惠性税收激励,充分发挥市场在资源配置中的决定性作用和竞争的筛选功能。

6.3 加强知识产权保护力度

提高中国创新质量的制度性保障在于加强对知识产权的保护力度。其一,加大对知识产权侵权行为的惩罚力度。对于一般性侵权行为,相关执法部门应大幅提高侵权的最低赔偿额度;建立惩罚性赔偿责任,对于恶意、反复侵权行为,应提高惩罚等级,并在国家专利局和人民法院备案。其二,提高专利审核力度。政府考核应从重视专利数量转向重视专利质量,加强专利审核力度,严格审查发明专利的创造性,减少一个专利拆分为多个专利的现象;考虑将实用新型和发明专利分开立法、独立管理,专利制度重在鼓励原创性发明。其三,统一执法标准。加快建设专门的知识产权法院,探索建立知识产权上诉法院,适当集中专利案件的审理管辖权,解决知识产权案件初审与终审管辖权不同而带来的执法标准不统一问题。其四,积极参与知识产权的国际规则制定。加强知识产权司法与知识产权贸易纠纷的国际交流,推进国际标准体系对接,努力促使形成公正的知识产权国际保护制度。

参考文献

An. 2017. Spotlight:China's'four great new inventions in modern times'[EB/OL].(2017.08.08)[2020.01.25]. http://www.xinhuanet.com/english/2017-08/08/c_136507975.htm.

Curran C-S, Bröring S, Leker J. 2010. Anticipating converging industries using publicly available data[J]. Technological Forecasting and Social Change, 77(3):385-395.

Dutta S, et al. 2018. Global innovation index 2018:Energizing the world with innovation[R/OL].[2020.03.17]. http://www.doc88.com/p-7307816031413.html.

ESI[DB/OL].[2020.04.29]. http://esi.clarivate.com.

Lee K R. 2015. Toward a new paradigm of technological innovation:Convergenceinnovation[J]. Asian Journal of Technology Innovation, 23:1-8.

Lucas R E. 2009. Trade and the diffusion of the industrial revolution[J]. American Economic Journal: Macroeconomics, 1(1): 1-25.

Sharp P A. 2014. Meeting global challenges: Discovery and innovation through convergence[J]. Science, 346(6216): 1468-1471.

UIS. Stat[DB/OL]. [2020.04.29]. http://data.uis.unesco.org/.

WIPO[DB/OL]. [2020.04.29]. http://www.wipo.int/ipstats/en/.

冉瑞雪等. 2018. 2017年度中国企业应诉美国337调查综述（上）[EB/OL]. (2018.01.27) [2020.01.25]. http://news.zhichanli.cn/article/5774.html.

万钢. 2017. 面向科技强国的基础研究[J]. 中国基础科学, 19(4): 1-8.

附表 A10.1　政府补贴对企业创新投入和创新产出的影响

变量	研发强度			新产品产值		
	全样本	国有企业	非国有企业	全样本	国有企业	非国有企业
政府补贴	0.0001*** (0.0000)	0.0001 (0.0000)	0.0001*** (0.0000)	0.0350*** (0.0020)	0.0109** (0.0047)	0.0386*** (0.0022)
控制变量	Yes	Yes	Yes	Yes	Yes	Yes
企业固定效应	Yes	Yes	Yes	Yes	Yes	Yes
年度固定效应	Yes	Yes	Yes	Yes	Yes	Yes
样本量	1 301 798	104 754	1 197 044	1 304 151	119 588	1 184 563
拟合优度	0.0011	0.0007	0.0012	0.0146	0.0069	0.0156

注：在全样本回归中，控制了企业年龄、企业资产和企业所有制。在分样本回归中，控制了企业年龄和资产。***、**、*分别表示在1%、5%和10%水平上显著。

附表 A10.2　知识产权保护对企业创新投入与创新产出的影响

变量	创新投入		创新产出				
	研发投入	研发强度	专利	发明专利	实用新型	外观设计	PCT专利
产权保护指数	−0.061 (0.181)	−0.023 (0.023)	0.019 (0.238)	0.233 (0.195)	−0.052 (0.173)	−0.315** (0.133)	−0.003 (0.017)
控制变量	Yes	Yes	Yes	Yes	Yes	Yes	Yes

（续表）

变量	创新投入		创新产出				
	研发投入	研发强度	专利	发明专利	实用新型	外观设计	PCT专利
企业固定效应	Yes	Yes	Yes	Yes	Yes	Yes	Yes
年度固定效应	Yes	Yes	Yes	Yes	Yes	Yes	Yes
样本量	16 282	16 290	17 508	17 508	17 508	17 508	17 508
拟合优度	0.420	0.053	0.032	0.029	0.033	0.005	0.002

注：控制变量包括企业年龄、所有制和滞后一期的资产、流动比率、企业所得税、ROA、资产负债率。***、**、*分别表示在1%、5%和10%水平上显著。

ROLE OF GOVERNMENT AND
INDUSTRIAL POLICY

第十一章
政府角色与产业政策

王勇（北京大学新结构经济学研究院）

要实现可持续的、健康的宏观经济增长,需要微观层面的持续的产业升级,而后者又取决于市场和国家如何发挥作用(Lin,2011;Lin and Wang,2019)。在过去的 40 年中,中国建立并进一步完善了具有中国特色的社会主义市场经济体制,尽管还存在各种各样的失误和问题,但是总体而言,中央和地方政府在促进结构转型和产业升级、推动市场化改革、融入贸易全球化和增强国力等方面发挥了积极有效的作用。过去 40 年,我国人均 GDP 的年均增长率高达9.4%,2018 年我国人均 GDP 达到 9 732 美元,已成为世界第二大经济体。

在我国经济发展取得巨大成就的同时,针对我国是否应当继续实施产业政策的学术争论也愈发激烈(Lin,et al.,2018)。自 2008 年国际金融危机以来,与产业政策相关的政策与学术研究重新引起了全世界的关注(Rodrik,2008;Aghion and Roulet,2014)。此外,美国特朗普政府一直批评中国政府采用的产业政策违反了 WTO 相关规定,并对美国经济造成了损害,甚至引发了中美之间严重的贸易冲突。由此可见,产业升级以及中国政府应该在产业升级中扮演怎样的角色,已经成为学术研究和政策制定层面的核心议题。

在本章中,笔者尝试回答以下两个重要的问题:当前和未来 30 年中,我国产业升级面临的最重大的挑战是什么?在经历了 40 年的改革开放后,我国政府应该如何调整未来 30 年的产业政策?

首先,笔者将讨论当前我国产业升级面临的主要挑战。其次,从新结构经济学的角度,说明政府制定产业政策应该遵循的基本原则。再次,从实践角度出发,阐述《中国制造 2025》中关于产业政策的基本事实,这些事实作为美国 301 调查和中美贸易冲突的核心问题,充分体现了在全球化背景下我国制定和实施产业政策的复杂性。接下来,展望未来 30 年,讨论我国应该如何调整产业政策。最后是对全章的简短总结。

1. 产业升级面临的主要挑战

我国产业升级面临的主要挑战全部都是结构性的。作为最大的中等收入国家,我国的经济发展在同时经历四个结构性过程,并且国内经济呈现垂直结构的特征,在国际上则受到"三明治效应"(sandwich effect)的影响。因此在讨论产业升级问题时,必须要从结构入手。

在人类历史上,我国是唯一一个同时经历四个结构性过程的大国(Wang,2017),这四个过程分别是:

- 结构转型与产业升级过程

随着经济增长,资源会先从农业部门向制造业部门转移,然后再向服务业部门转移,在此过程中,农业所占的劳动力份额不断下降,制造业的劳动力份额先上升后下降,而服务业吸纳的劳动力则持续上升,这就是著名的"库兹涅茨事实"(Kuznets Fact)。这种随着经济增长经济结构也不断变化的过程被称作结构转型。产业升级指的是在更加微观的层面上,随着人均GDP的提高,资本更加密集的高附加值产业不断取代劳动力密集型的低附加值产业的过程。

- 经济转轨过程

我国仍处于从计划经济向市场经济的转轨过程中。过去40年中,我国采取"渐进式改革"和"双轨制"模式,在市场化改革的同时维持了经济稳定。①

- 全球化过程

与大多数国家一样,我国逐渐由封闭走向对外开放,尤其是在2001年加入WTO之后,我国融入世界经济、贸易、金融体系的开放进程不断加快,已经成为世界最大的出口国。此外,我国跨境资本流动数量持续提升,资本账户开放和人民币国际化成为国际社会关注的重要议题。同时,我国融入全球化的过程伴随大量技术转移,必然涉及国际知识产权保护和国际人才流动等重要问题。

- 大国崛起过程

随着经济实力的提高,我国在政治、外交、军事方面的国际影响力也不断增强。特别是"一带一路"倡议受到国际社会的广泛关注,被认为是中国重要的地缘政治战略。

虽然以上四个结构性过程中的每一项本身都不是我国所独有的,但同时经历这四个过程的大国却只有中国。讨论我国政府应当如何制定和实施产业政策时,必须结合以上四个过程,虽然这将使问题分析变得更加复杂和困难,但唯有如此,我们才能得到全面而可靠的结论。笔者认为,我国产业升级至少面临以下三大挑战:

---

① Wang(2015)通过建立模型刻画了我国内生的序贯性制度改革如何与经济增长相互影响。

1.1 生产性服务业发展不足[①]

我国正处于结构转型和产业升级过程中,为了成功脱离中等收入陷阱,我国必须实现从制造业向服务业的结构转型,以及从基础制造业向高质量制造业的产业升级。

为了更好地理解制造业与服务业之间投入产出的关系,我们将制造业分为基础制造业和高质量制造业,将服务业分为生产性服务业和消费性服务业。由图11.1可见,生产性服务业,包括金融、电信、商业服务(例如创新研发)等,作为高质量制造业和消费性服务业的上游产业,为下游产业生产提供中间品,从而在结构转型和产业升级过程中发挥重要作用。

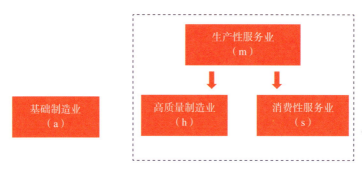

图 11.1 产业升级和结构转型

然而行政准入壁垒过高和缺乏市场竞争使我国的生产性服务业发展不充分,效率低下。从供给端来看,生产性服务业为高质量制造业和消费性服务业提供生产必需的中间品,生产性服务业发展不足必然会阻碍我国结构转型和产业升级过程。从需求端来看,根据恩格尔定律(Engle's Law),由于高质量制造业产品和消费性服务的消费弹性很高,随着人均收入的提高,两者在居民消费中所占的份额会越来越高。因此,当生产性服务业供给无法满足社会需求时,会导致国内需求不足,甚至会引发经济停滞。

此外,由于自我预期的实现和多重均衡的存在,如果政府在经济转型和产业升级过程中无所作为,经济发展很可能会陷入"坏的"均衡中。如果人们预期未来对于生产性服务业中间品的需求很高,企业就会进入生产性服务业部门,

---

[①] 这一部分主要基于 Lin and Wang(2020)。

生产性服务业产品将会因为竞争而变得更加便宜,下游高质量制造业产品和消费性服务的价格相对于基础制造业产品也变得更便宜,因此无论是收入效应还是替代效应,都会使居民对于高质量制造业产品和消费性服务的需求增加,对于下游产业的需求增加又反过来刺激对于生产性服务业中间品的需求,从而完成之前"生产性服务业具有高需求"这一个预期的自我实现,产业升级和经济转型顺利进行,这样的经济体处在"好的"均衡中。相反,如果人们对于未来生产性服务业中间品的需求持悲观态度,经济体也会因为预期的自我实现陷入"坏的"均衡中。虽然"好的"均衡帕累托占优于"坏的"均衡,却仍不是社会最优的状态。因为每一个生产性服务业部门的企业都只关心自身利润,而没有考虑其生产经营决策对于该部门其他企业及下游部门的影响。

因此,如果政府在结构转型和产业升级中不作为,可能会阻碍结构转型和产业升级进程,也可能会导致过早地"去工业化"。其背后的政策含义是,政府应当通过税收和补贴协调企业间的关系,从而克服市场失灵。一方面,政府应当通过基础设施建设和相应政策支持、鼓励企业进行产业升级,进入合适的新产业,避免经济增长停滞。另一方面,政府应当对投机性投资保持警惕,这些投机性投资可能会形成羊群效应,导致某些"过热"领域(例如房地产市场)吸收大量资源,造成资源从制造业部门流入低附加值的服务业部门,使得去工业化进程过早出现,脱实向虚。我国正处于产业升级和结构转型的关键阶段,当务之急是降低生产性服务业的行政壁垒,促进结构转型和产业升级,我认为这是当前供给侧改革的重中之重。

1.2 "三明治"效应的威胁[①]

我国作为中等收入大国,深度参与到贸易全球化进程中。随着经济发展,人民收入不断提高,我国在国际市场上面临"三明治"效应的影响。即那些比我国更贫困的国家,由于其劳动力成本更低,可以通过技术模仿承接中国正在失去比较优势的劳动密集型产业,对我国产生赶超效应。与此同时,发达国家相较我国具有更强的创新能力,会对我国产生压制效应:它们一方面通过向我国出口高科技产品获得垄断利润,另一方面又通过加强对知识产权的保护力度阻

---

① 这一部分基于 Wang and Wei (2019)。

止技术向中国扩散,在某些极端情况下,某些发达国家甚至会直接断供高科技核心产品,使我国整个产业的价值链瘫痪。

为了更加规范地阐述"三明治"效应的影响,我们假设世界上有三个国家:发达国家 N(North)、中等收入国家 M(Middle)和低收入国家 S(South)。有 n 种不同的可贸易品,只有劳动一种生产要素。如图 11.2 所示:

图 11.2　三明治效应

不同国家拥有不同的科技水平,能生产的产品种类也不同。低收入国家 S 技术最低,只能生产 $[0, n_S]$ 区间内的产品;中等收入国家 M 技术水平较高,有能力生产更大区间内的商品 $[0, n_M]$;高收入国家 N 技术最高,能够生产所有种类的商品。由于低收入国家 S 的劳动力成本最低,所有 $[0, n_S]$ 内的商品都在低收入国家 S 生产,同样的,所有 $[n_S, n_M]$ 区间内的商品都由中等收入国家 M 生产,所有 $[n_M, n]$ 种类的商品都由发达国家 N 生产。为了更好地理解这个模型,我们可以将 N,M,S 三个国家分别理解成美国、中国和越南。

一方面,当越南模仿中国的技术后,就可以生产更多种类的商品,即 n_S 变大,中国所生产的产品范围也就变小了,有些原本在中国生产的产品由于越南的低成本优势,转移到了越南生产,这将导致我国出口减少,劳动力需求降低,从而我国劳动力工资相对于美国降低,中美之间的人均 GDP 差距扩大。这就是越南的追赶效应带来的影响。另一方面,当美国通过某些政策减小了向中国的技术扩散,即 n_M 变小时,同样会增大中美之间的人均 GDP 差距。这就是发达国家的压制效应。此外,我们可以证明中等收入国家的体量越大,受到"三明治"效应的影响也就越大。

除了用来讨论科技政策,"三明治"效应同样可以用于讨论贸易政策的影响。例如,如果美国向从中国进口的商品增加关税,将会降低对于中国产品的总需求,扩大中美之间的经济差距。如果美国和越南决定互相降低双边贸易关税,但却维持对中国进口产品的关税不变,同样会阻碍中国收入水平向美国收敛的过程。事实上,贸易政策和科技政策的制定不仅要考虑经济因素,还要考虑政治因素,这不可避免地涉及上文提到的第四个结构过程——大国崛起过程。

以上讨论对于中国具有重要的政策意义。为了防范"三明治"效应对我国的不利影响,我国应当不断增强自主创新和技术模仿能力。在制定产业政策时,需要全面考虑追赶效应和压制效应两个方面,而非仅仅关注来自美国等发达国家的压力。如果我国的增长模式不能及时地从投资驱动型转变为创新驱动型,将会不可避免地延滞当前的四个结构性过程。

此外,中国应当继续坚定不移地积极融入国际贸易体系,而非重新走封闭的老路。由于地缘政治风险的存在,我国需要未雨绸缪,做好被世界贸易体系和技术交流体系孤立的准备。尤其是那些高度依赖进口且难以被替代的高科技产品,我国必须提前评估这些核心部件遭遇禁运的风险,并且做好预案。

1.3 产业政策背后扭曲的政府激励

政治上的中央集权和经济上的分权是我国社会的重要特征。[①] GDP 增长率是考核地方政府绩效的关键指标。地方政府为了追求更高的 GDP 增长率相互展开竞争,都希望本地商品拥有更强的市场竞争力,这极大地促进了当地经济发展和商品市场的改革。但在要素市场上,有效的市场化改革的核心是建立全国范围内一体化的无歧视的要素市场,然而不同地方政府对要素市场一体化的偏好不同,因此要素市场改革迟迟难见成效。此外,商品市场改革的成功经验,即地方政府先行作为试点,成功之后再在全国推开的模式,对于要素市场改革也不再适用。为了有效分析产业政策背后的政策激励,我们就需要结合前文提到的第二个过程——经济转轨过程。

我国在改革开放之初是一个短缺经济体,在实行了近 30 年的计划经济体制后,地方政府之间的 GDP 竞赛能够有效提高供给和刺激经济增长。然而,又经过了 40 年的市场化改革,制约改革的瓶颈从供给端转移到了需求端。市场化改革的主要目标是减少资源错配(要素市场改革),并通过供给侧改革来应对

---

① Bardhan(2016)对于政府在经济发展中的作用做了综述。

有效需求的变化。在新的发展阶段,地方政府出于"唯 GDP 论"和维稳要求,倾向于过度补贴和保护低效的本地产业/企业(尤其是国有企业),从而导致产能过剩和资源错配。这种现象在经济衰退时期尤其严重(Wang,2017)。

以钢铁行业为例。2010—2014 年,我国钢铁行业产能严重过剩,因此中央政府不得不采取去产能的政策,要求地方政府关闭规模小于一定标准的钢厂,从而达到削减钢铁产能的目的。而这些小型钢厂为了避免被关停,反而纷纷扩大生产,以求产能超过关停的"生死线"。地方政府对此心知肚明,但由于这种产能扩张能为地方带来 GDP、就业和税收,因此地方政府缺少激励真正去制止这一行为,这导致一项旨在削减产能的政策最终却起到了截然相反的效果。① 这些钢铁企业背靠地方政府,相互之间展开激烈竞争,导致我国出口钢材的价格一降再降,甚至引发了美国和欧盟的反倾销报复。很显然,钢铁行业产能过剩问题并非源自中央政府的出口补贴政策,而是地方政府保护当地 GDP 和就业所造成的。

造成产业政策失败的另一原因涉及中国的政治经济学,即我国缺乏有效的机制使地方政府因其错误的产业政策而受到惩罚。中央政府出台支持特定产业发展的政策后,地方政府总是盲目跟风,即使该产业不符合当地的比较优势也要坚持发展,因为这种行为在地方政府看来不仅可能获益,而且完全没有风险。通过发展中央政府支持的产业,地方政府能够获得相关配套政策规定的金融支持,即使未来产业政策失败也不需要为此负责。当所有地方政府都有这样的想法并付诸行动时,投资过热、权力寻租和产能过剩自然无法避免。2012 年前后,在国家政策支持下光伏产业的畸形扩张就是惨痛的教训。

想要改变这种状况,就要适当调整地方政府评价机制,使其与新的发展阶段相符。让地方政府具有更多的自主权,并真正根据本地条件制定相应政策促进当地产业发展,同时也要加强独立第三方对于产业政策的评估。此外,中央政府在制定全国范围内产业政策时应当更加谨慎,在政策宣布和执行前应进行有效的成本收益分析。更重要的是,如何在未来让"倒逼改革"机制持续发挥作用,是中央政府面临的重要挑战。

---

① Wang(2013)基于中国和印度的经验,建立了政治经济学模型来说明财政分权对于各级政府关于外国直接投资(FDI)政策的非单调影响。

2. 如何制定合适的产业政策[①]

产业政策的理论依据是政府行为可以纠正市场失灵，尤其是在市场失灵严重的发展中国家。而人们反对产业政策的依据是，政府失灵往往比市场失灵更加严重，这是因为相对于企业和市场而言，政府掌握的信息更少，也更容易被利益集团绑架，从而导致资源错配和权力寻租。

尽管市场化改革已经进行了40年，中国仍然遗留了很多计划经济时代的扭曲，这些扭曲使产业政策议题更加复杂。因此，只有结合中国的经济转轨过程才能区分何为好的产业政策、何为坏的产业政策。

新结构经济学将产业分为五类：(1)追赶型产业，例如装备制造业，我国技术水平距离世界技术前沿还很远。(2)领先型产业，也就是中国现在已经在国际上领先的产业，例如高铁和家用电器。(3)转进型产业，这些产业在我国逐渐失去了比较优势并撤出中国，例如服装和制鞋业。(4)(短周期)换道超车型产业，指相对于自己的经济发展阶段，中国在该产业上的水平已经远远超出对应的水平，而是接近甚至超越了发达国家的水平，这类产业的技术研发周期特别短，以人力资本投入为主，例如在线支付和5G技术。(5)(长周期)战略型产业，指与国防安全和经济安全相关的产业，例如军工、军舰、航空航天工业等。随着中国的发展，某个特定行业的所属类型和五类行业在全国经济中的占比都会发生变化。

对于不同类型的产业而言，最优产业政策和政府角色也会不同。具体来说，对于追赶型产业(我国现阶段大多数行业都属于这类产业)，政府应当帮助企业引进先进技术。例如，政府可以建设工业园区，园区内的基础设施和营商环境相对于园区外更好，从而鼓励外国企业在园区内直接投资建厂。

领先型产业需要通过自主研发实现技术进步，因此政府可以仿照发达国家完善专利保护制度，在必要情况下，甚至可以通过政府采购鼓励创新。此外，这类产业的产品主要面向国际市场，政府可以通过帮助相关企业建立海外经销机构来开发新的市场。

[①] 本部分主要基于 Lin, et al.(2018) 的第一章和第三章。

对于转进型产业,政府应当鼓励这类产业转移到劳动力成本更低的国家,在那里这些产业仍然具有自生能力,这类产业转移会增加我国的 GNP 而非 GDP。此外,政府应当支持针对原行业失业工人的技能培训,帮助这些工人提升工作能力,使他们能够在具有更高附加值的产业重新就业。

换道超车型产业通常以人力资本投入为主,政府应当积极引进国内、国际相关人才,减免税收并补助企业创新,为企业提供硬件基础设施和相关政策支持。

对于涉及国防安全的战略型产业,即使该产业内的大多数企业都不符合比较优势,缺乏自生能力,政府仍需要为它们的生产和研发提供长期补助,并通过政府采购支持这些企业的发展。同样,对于那些涉及国家经济安全的行业,例如高科技芯片制造业等,一旦产品进口受到限制,整个生产链都会瘫痪,国家经济也会受到极大损失,因此政府应当鼓励国内企业加入这类行业中,增加核心部件的国内生产比例,尽量减少国际环境带来的不稳定因素。值得注意的是,战略型产业和前四类产业都不同,即使企业缺乏自生能力,政府出于地缘政治的考虑,仍要给予其政策支持。

我国的政府能力使得战略型产业的发展能够获得充分的制度支持。但对于其他四类产业而言,如何扮演合适的角色对于地方政府来说是一个很大的挑战,尤其是在当前区域发展不均衡和国际形势变化的大背景下,这个问题将变得越来越重要。

3. 中美关于产业政策的分歧

在讨论我国当前和将来的产业政策时,中美贸易摩擦永远是绕不开的话题。2019 年 5 月 10 日,特朗普政府正式决定对从中国进口的价值 2 000 亿美元的商品增加关税,从 10% 增加到 25%。此外,3 天之后美国政府公开宣布,计划对剩余 3 000 亿中国进口商品征收 25% 的关税。作为反制,中国对从美国进口的价值 600 亿美元商品自 2019 年 6 月 1 日起增加关税。中美两个世界大国之间的贸易摩擦对全世界都产生了影响,双方的谈判也早已超越贸易层面。我国的贸易政策成为美国政府指责中方的关键点,也是双方谈判的重要议题。

美国所启动的 301 调查直指《中国制造 2025》,后者常常被美国政府当作中国政府实施产业政策的证据。《中国制造 2025》是李克强总理于 2015 年提出的行动纲领,旨在提高我国在高科技领域的国际地位。《中国制造2025》包括九大目标:(1)提高国家制造业创新能力;(2)推进信息化与工业化深度融合;(3)强化工业基础能力;(4)加强质量品牌建设;(5)全面推行绿色制造;(6)大力推动重点领域突破发展;(7)深入推进制造业结构调整;(8)积极发展服务型制造和生产性服务业;(9)提高制造业国际化发展水平。此外,还有十大具有战略意义的产业将得到国家支持:航空航天装备、高档数控机床和机器人、节能与新能源汽车、海洋工程装备及高技术船舶、新一代信息技术产业、生物医药及高性能医疗器械、电力装备、先进轨道交通装备、新材料,以及农机装备。此外,《中国制造2025》还计划在2025年之前建立40个创新中心。

《中国制造2025》的具体目标是减少对国外高科技产品的依赖,增加中国制造在国内高科技产品市场中的比重。例如,《中国制造2025》明确表明在2020年之前,实现40%的关键零件和材料能够自主生产,且这个比例要在2025年前增加到70%。不同产品的国产化目标比例如图11.3所示。

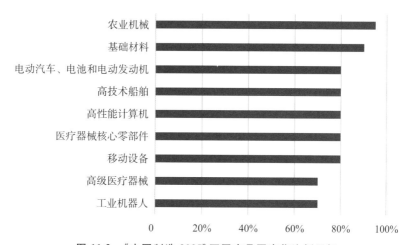

图 11.3 《中国制造 2025》不同产品国产化比例目标

数据来源:Morrison(2019)①。

此外,中国政府还选取了反映制造业实力的关键指标,并在《中国制造2025》中根据这些指标制定了可量化的发展目标。例如,规模以上制造业研发经费内部支出占主营业务收入比重应从2015年的0.95%上升到2025年的1.68%,

---

① Morrison(2019)对《中国制造2025》的内容进行了总结。

而制造业劳动生产率的年均增长率在 10 年之内应保持在 6.5% 以上。表 11.1 详细展示了《中国制造 2015》中所列出的 4 大类指标中的 12 类关键指标。

表 11.1 《中国制造 2025》中的关键指标

类别	制造业转型关键指标	2015 年	2025 年
创新能力	1.研发经费支出占主营业务收入比重(%)	0.95	1.68
	2.每亿元主营业务收入有效发明专利数	0.44	1
质量效益	3.制造业质量竞争力指数	83.5	85.5
	4.制造业增加值率(%)	—	4
	5.劳动生产率增长率(%)	—	6.5
IT 与制造业融合指标	6.宽带普及率(%)	50	82
	7.数字化研发设计工具普及率(%)	58	84
	8.关键工序数控化率(%)	33	64
绿色发展	9.单位工业增加值耗能下降(%)	—	34
	10.单位工业增加值二氧化碳释放下降(%)	—	40
	11.单位工业增加值用水量下降(%)	—	41
	12.工业固体废物综合利用率(%)	65	79

数据来源：Institute for Security and Development Policy（2018）[1]。

我国面临着跨越中等收入陷阱的挑战。随着劳动力价格上涨，劳动密集型低附加值产业正在失去比较优势，因此我们必须全力进行产业升级，提升创新能力，提高产品质量。《中国制造 2025》明确指出，与世界先进水平相比，中国制造业仍然大而不强，在自主创新、资源利用效率、产业结构水平、信息化程度、质量效益等方面差距明显，转型升级和跨越发展的任务紧迫而艰巨。制造业的这一自我评价直击要害，与前文分析几乎一致。为了实现可持续发展，我国必须沿着《中国制造 2025》指出的方向将制造业做强。在某种意义上，《中国制造 2025》受到了德国"工业 4.0"的启发，后者在 2013 年被提出，旨在巩固德国在机械工程领域的科技领先地位。

中国政府进行产业升级和发展经济的目标合理合法，它国无权指责或干

---

[1] Institute for Security and Development Policy（2018）记录了《中国制造 2025》的一些重要事实。

涉,然而美国政府不满中国达成这一目的的方式,并且对我国的长期发展目标(即在 2049 年,中华人民共和国建国 100 周年之际,成为世界制造业的领导者)表现出强烈担忧。2018 年 6 月 15 日,美国贸易代表罗伯特·莱特希泽(Robert Lighthizer)发表了如下声明:

> 中国政府正在通过不公平的贸易政策和像《中国制造 2025》那样的产业政策,试图颠覆美国在高科技行业和全球经济的领导地位。

《中国制造 2025》的批评者认为,这些旨在增强国内企业竞争力的政策会导致出口补贴,违反 WTO 的规定。他们还担心我国政府会向目标行业内的国内企业提供巨额金融支持,或者支持它们侵犯外国知识产权,并通过不公平竞争使这些企业获得全球竞争优势。总体而言,《中国制造 2025》被发达国家看作我国不是市场经济体和我国政府全面干预经济活动的证据。特别是美国政府认为《中国制造 2025》会增强中国国力,从而威胁美国世界先进制造业领导者的地位。许多其他发达国家也有此类担忧。

对于这些批评,中国政府称《中国制造 2025》仍然坚持"深化市场化改革,让市场在资源配置中起主导地位"这一基本原则。此外,《中国制造 2025》中提到的所有政策都是公开、透明和非歧视性的,仅仅起引导作用而非实际工作的方案,其中的量化目标仅仅提供建议而非强制实施。许多人认为美国之所以批评《中国制造 2025》并非因为这些规划是错误的,而是因为《中国制造 2025》将增强中国企业的竞争力,进而威胁美国在高端制造业领域的全球领导地位。显然,我国不会仅仅因为美国的态度就终止这项计划。

中美两个大国之间观念的冲突已经导致了严重的后果,这些后果超出了两国贸易摩擦的范畴。冲突加剧了各国之间的不信任,为全球经济带来高度不确定性。所有国家都开始担心世界贸易系统将会分裂成两个不同的阵营,担心新的冷战发生。毫无疑问,任由目前的形势继续发展下去将会产生灾难性后果,因此无论是中方、美方还是世界各国都需要采取措施阻止这一切的发生。

4. 未来 30 年,我国应当如何调整产业政策

从前文的分析中可以看出,当前我国制定、实施产业政策最大的挑战是我

国经济结构的复杂性,包括我国正在同时经历四个结构性过程,以及作为最大的中等收入国家受到"三明治"效应的前后夹击。不同的结构性过程带来的困难和约束各不相同,这意味着任何成功的产业政策都需要在各类困难和约束中权衡取舍,在复杂的结构中找到平衡点。

具体来讲,我国未来的产业政策调整需要注意以下几点:

(1) 加速要素市场的市场化改革步伐。要素市场扭曲使政府不得不依赖充满争议的产业政策才能实现资源的有效配置。和大多数发展中国家一样,我国在要素市场上仍存在大量扭曲,这些扭曲一部分是计划经济时代的遗存,一部分来源于经济增长带来的产业结构内生变化,结构变化带来要素需求的变化,导致有效要素供给与需求的不匹配。例如,如果中国拥有成熟有效的风险投资市场,就能够为企业研发投资提供资金,而目前企业研发严重依赖政府补贴。根据第二部分提到的五类产业划分,随着中国经济的发展,领先型产业和换道超车型产业在整个经济中的占比会越来越大,我们需要更加有效的金融市场来快速应对需求面的变化。

(2) 发展符合比较优势的行业,减少中央计划和产能过剩的风险。除战略型产业以外,其他四类产业的发展都需要符合比较优势(Ju, Lin and Wang, 2011;2015)。地方政府应当被赋予更大的政策空间,从而能够根据当地情况,发展真正符合当地比较优势的产业。

(3) 加强知识产权保护,鼓励国内企业创新,提升高等教育质量,为企业创新提供高技能人才。这对领先型产业和换道超车型产业尤其重要(Tang, Wang and Zhao, forthcoming)。如何才能创造创新友好型环境、吸引全球人才和鼓励创新呢?深圳为我国其他城市做了很好的榜样。如何鼓励企业通过攻克核心技术获取全球竞争力,而非仅仅通过政治寻租获利?在这方面,华为在这方面值得我们学习。

(4) 改进产业政策工具。总体来说,在其他条件不变的情况下,退税比额外补贴效果更好,前者不仅执行起来更加简单,而且造成的扭曲和争议也更少。此外,随着我国逐渐迈入高收入国家行列,我们应该学习借鉴发达国家制定和实施产业政策的经验,提高创新能力。

(5) 对产业政策进行动态调整。最优产业政策在我们划分的五类产业中各不相同。根据新结构经济学理论,随着一个行业的发展,这个行业可能会从某种类型的产业变成其他类型的产业。因此,即使是同一地点、同一行业的产业政策也不是一成不变的,我们需要根据行业发展对产业政策进行动态调整。例如,有学术研究表明,设立出口加工区(export processing zones)对于发展劳动密集型产业(例如组装)是一个成功的产业政策,然而当劳动力成本上升时,其发挥的作用会越来越小,尤其对于发达地区而言,设立出口加工区往往收效甚微。因此,随着经济发展,出口加工区应当转变为工业园区,以适应当地比较优势的变化。

(6)从垂直结构角度分析,生产性服务业在产业升级和结构转型中发挥着越来越重要的作用,应当得到更多关注。当前生产性服务业发展的最大障碍是高行政准入壁垒和国企主导(Li, Liu and Wang, 2015;Du and Wang, 2013)。因此,我国应优先对生产性服务业进行市场化改革,增加其市场竞争力。否则,生产性服务业的滞后发展可能成为阻碍下游民营经济发展的瓶颈,并最终导致总体经济发展的停滞(Lin and Wang, 2020)。

(7)根据"三明治"效应,中国作为中等收入国家,在调整产业政策时,不仅应当考虑发达国家的行为,还应当想到那些紧追中国发展脚步的国家的反应。未来产业政策的重点是:一方面提高创新能力以应对发达国家的竞争;另一方面提高生产效率和劳动生产率以应对低收入国家的挑战。除此之外,产业政策的最优调整速度也应当充分考虑发达国家的压制效应和低收入国家的追赶效应(Wang and Wei, 2019)。

(8)当前的产业政策过分强调核心工业和产品的国产化比例,可能会使得其他国家误以为我国要实行进口替代政策。因此,我国未来的产业政策或许应该强调如何帮助市场甄别核心零部件、产品和产业,这些部件、产品和产业不仅要具有高附加值,还应该符合我国潜在的比较优势。此外,产业政策应起到促进产业升级的作用,包括提供特定行业所需的基础设施、消除现有的政策障碍,这也符合学界和业界对于市场化改革的共同期待。

(9)作为最大的中等收入国家,中国应当意识到自身巨大的体量和影响力,我国的产业政策不仅关乎自身,还会在国际上造成影响。因此,未来我国应当谨慎地评估产业政策带来的国际影响,必要时努力提高国际社会对于我国产业政策的接受程度。例如,《中国制造2025》引发的合资企业的担忧和西方世界的批评,很大程度上源于我国缺乏与合资企业及西方世界的沟通。在评估产业政策可行性时,不能仅仅出于我国的需要,还要考虑到政策对于世界经济的溢出效应。

(10)我国作为正在崛起的大国,要充分评估可能存在的地缘风险。对于关乎国家和经济安全的战略型行业,一旦外国对于关键零部件施行出口限制,我国一定要有可行的替代方案。为了国防和经济安全,我国应当快速、精准地找到最容易受到国际政治影响的行业发展瓶颈,发展它并寻找替代品。

5. 结 论

本章中,我们重新审视了一个长期以来充满争议的重要话题:政府角色和产业政策,并在未来30年中国经济发展的背景下对其进行了详细讨论。本章的核心观点是,我国产业升级所面临的挑战本质上来说是结构性的,这种结构性特征体现在我国正同时经历四个结构性过程、国内经济的垂直结构、贸易领域的"三明治"效应,以及中央政府和地方政府之间政治经济的复杂联系。在新结构经济学的分析框架下,我们依据不同的发展阶段将产业分为五类,并从理论上说明如何根据产业划分制定不同的产业政策。之后笔者从中美贸易摩擦的具体案例出发,说明在全球化背景下我国制定和实施产业政策的复杂性。最后,我们根据以上分析,为未来30年我国产业政策的调整提供了10条建议。

(作者感谢黄益平教授、姚洋教授以及内部研讨会其他参与者的评论和建议。感谢张维晟同学将英文稿件翻译成中文。作者对于本文可能存在的错误负全责。)

参考文献

Aghion P, Roulet A. 2014. Growth and the smart state[J]. Annual Review of Economics, 6: 913-926.

Bardhan P. 2016. State and development: The need for a reappraisal of the current literature[J]. Journal of Economic Literature, 54(3):862-892.

Du J, Wang Y. 2013. How to reform SOEs under China's state capitalism[M]//Zhang J. Unfinished Reforms in Chinese Economy. Singapore: World Scientific Publishing Ltd.: 1-38.

Institute for Security & Development Policy. 2018. Made in China 2025[R/OL]. (2018.06) [2020.03.17]. https://isdp.eu/content/uploads/2018/06/Made-in-China-Backgrounder.pdf.

Ju J, Lin J Y, Wang Y. 2015. Endowment structure, industrial dynamics and economic growth[J]. Journal of Monetary Economics, 76: 244-263.

Ju J, Lin J Y, Wang Y. 2011. Marshallian externality, industrial upgrading and industrial policies[J]. Policy Research Working Paper, Series 5796.

Li X, Liu X, Wang Y. 2015. A model of China's state capitalism[J/OL]. SSRN, 2015.08.[2020.03.17]. https://papers.ssrn.com/sol3/papers.cfm?abstract_id=2061521.

Lin J Y. 2011. New structural economics: A framework for rethinking development[J]. World Bank Research Observer, 26 (2): 193-221.

Lin J Y, Wang Y. 2020. Structural change, industrial upgrading and middle-income trap[J/OL]. Journal of Industry, Competition and Trade. (2020.02.12) [2020.01.25]. https://link.springer.com/article/10.1007/s10842-019-00330-3#citeas.

Lin J Y, Wang Y. 2019. Remodeling structural change[M]// Monga C, Lin J Y. Oxford Handbook of Structural Transformation. Oxford: Oxford University Press.

Lin J Y, et al. 2018. Industrial Policies: Summary, Reflection and Prospect[M]. Beijing: Peking University Press.

Morrison W M. 2019. The Made in China 2025 initiative: Economic implications for the United States[R/OL]. (2019.04.12) [2020.03.17]. https://crsreports.congress.gov/product/pdf/IF/IF10964.

Rodrik D. 2008. Normalizing industrial policy[R/OL]. [2020.03.17]. http://www.doc88.com/p-6681598239637.html.

Tang H, Wang Y, Zhao Q. Forthcoming. Intellectual Property Rights Protection from the Perspectives of New Structural Economics[M]. Beijing: Peking University Press.

Wang Y. 2013. Fiscal decentralization, endogenous policies, and foreign direct investment: Theory and evidence from China[J], Journal of Development Economics, 103: 107-123.

Wang Y. 2015. A model of sequential reforms and economic convergence[J]. China Economic Review, 32: 1-26.

Wang Y. 2017. Thinking and Debates on New Structural Economics[M]. Beijing: Peking University Press.

Wang Y, Hua X. Forthcoming. The State as a Facilitator of Innovation and Technology Upgrading, in Oxford Handbook of State Capitalism[M]. Oxford: Oxford University Press.

Wang Y, Wei S. 2019. The sandwich effect: Challenges for middle-income countries[J], INSE Working Paper.

OPENING-UP

第十二章
对外开放

余淼杰(北京大学国家发展研究院)
钟腾龙(北京大学国家发展研究院)

1. 引 言

中国从1978年开始实行改革开放政策,不仅深刻地改变了中国,也深刻影响了世界。得益于对外开放政策,中国已成为世界上货物贸易第一大国和服务贸易第二大国。中国吸收外资和对外直接投资也达到较大规模,2018年分别为1 349亿美元和1 298亿美元,占世界总额的7.9%和19.3%。过去40余年间,中国的对外货物贸易量增长了204倍,国内生产总值增长了34倍,中国实现了对外贸易发展的"奇迹"。本章旨在回顾我国对外开放的具体政策实践、成果和经验教训,并对我国对外开放进一步发展提出政策建议。

笔者认为,中国的对外开放进程可分为三个阶段:广度开放(2001年之前),深度开放(2001—2016),以及全面开放(2017年以后)。

改革开放前,中国实施进口替代战略,体现为"进口少、出口少"的特征。同时,中国实施以重工业为导向的发展战略,通过降低利率、人民币贬值、扭曲劳动力和原材料甚至农产品价格等渠道促进重工业的发展。这一战略导致了劳动力过剩、劳动者收入水平低,从而导致经济增长缓慢。

1978年后,中国政府放弃了重工业发展战略,开始实施出口导向型战略,这一战略一直持续到2008年全球金融危机爆发。在中国加入世界贸易组织之前,我国出口增长的主要驱动力是基于要素禀赋的比较优势。中国是一个劳动力丰富的国家,劳动力成本相对低廉。因此,中国主要出口劳动密集型产品,成为"世界工厂"。然而,中国加入世界贸易组织后,劳动力成本不断上升,与越南和其他东南亚国家相比,劳动力成本不再具有优势。事实上,这段时期中国的出口繁荣最根本的推动力是加入世界贸易组织后急剧扩大的市场规模。

2008年全球金融危机对全球经济发展,特别是发达国家经济发展,造成了严重的负面冲击。主要发达经济体的需求持续减弱,中国主要依靠出口拉动经济增长的模式不再可行,中国出口的主要驱动力也正从成本优势转向质量、品牌、服务等新的优势。党的十九大明确指出,我国经济已从高速增长阶段转向高质量发展阶段,提高供给质量已成为当务之急。与此同时,贸易保护主义和反全球化势力不断抬头。在此背景下,中国政府提出了构建全面开放、促进中国经济和世界经济发展的新格局。

2018年年初以来,美国挑起的中美贸易摩擦不断升级。这不仅给中美经济带来负面影响,也给全球经济发展带来严重不确定性。中国所面临的外部环境变得越来越复杂。因此,中国应该冷静且自信地应对挑战。一方面,针对美国发起的贸易攻击,中国必须予以反击;另一方面,中国将通过扩大市场准入、改善外商投资环境、加强知识产权保护、主动扩大进口等渠道进一步扩大对外开放。

本章的其余部分安排如下:第二、三部分分别探讨了我国对外开放过程中广度开放阶段和深度开放阶段的发展历程。第四部分阐述全面开放的最新进展。第五部分给出了促进对外开放高水平全面开放的一系列政策建议。

2. 广度开放阶段(1978—2000)

中国加入世界贸易组织前的对外开放政策包括设立经济园区、放宽外商投资市场准入、削减进口关税率和鼓励加工贸易等。在这一节中,我们将具体阐述以上四个方面的发展过程、成就与存在的问题,并对中国的广度开放阶段进行评价。

2.1 设立经济园区

设立经济园区是中国诸多重要的对外开放政策之一。2000年前,经济园区设立可以分为"点、线、面"三个阶段,"粗放式"地强调量上的开放。

第一阶段是20世纪80年代初期,国家选取四个城市作为经济特区,即"点"阶段。入选的四个城市分别是深圳、珠海、汕头和厦门。选择深圳是因为它优越的地理位置——它是一个靠近香港的小村庄。同样的道理也适用于珠海,这是一个位于澳门附近的珠江西岸的小镇。汕头之所以被选中,是因为它与东南亚国家的中国移民有着紧密的联系。同样,选择厦门是因为它靠近台湾地区。

第二阶段是1984年至1991年期间,从辽宁北部沿海城市大连到广西南部沿海城市北海之间的共14个城市被设立为沿海港口开放城市,这14个城市为大连、秦皇岛、天津、烟台、青岛、连云港、南通、上海、宁波、温州、福州、广州、湛江和北海,所有这些城市连接在一起成为一条"线"。

第三阶段是从东部沿海城市向中部乃至西部省份延伸,特别是在沈阳、天津、武汉、南京等地设立了 25 个高新技术产业开发区,形成了一个"面"。截止到 1992 年,中国已经建立了 6 个经济特区(增加了海南和上海浦东)、54 个国家级经济开发区、53 个高新技术产业园区和 15 个保税区。

所有这些经济园区(经济特区、经济三角洲、经济开发区和高科技开发区),都有着非常相似的政策设计。特别是,位于园区内的外国企业在最初 3 年内免征企业所得税,第 4 和第 5 年只需要支付税率为 17% 的企业所得税,这是中国国内企业应征税率的一半。这项政策持续了大约 30 年。2007 年之后,外国企业需要承担与国内企业相同的 25% 的企业所得税率。此外,所有类型的经济园区都允许拥有外商独资企业及其子公司。

2.2 放宽外商投资市场准入

1978 年后,中国政府逐步放宽外商投资市场准入。1979 年,《中外合资经营企业法》颁布,标志着外商投资企业是合法经济组织。随后出台了更多相关法律法规,为外商投资监管提供了法律依据,保护了外国投资者的权益。外商投资从无到有逐步发展,1978 年至 1991 年期间累计总额为 234 亿美元,但这一数额仍然非常有限。

1992 年,党的十四大宣布建立市场经济体制,这大大提高了外国企业和个人在中国投资的意愿。与经济园区由东部向中西部延伸的趋势一致,外商投资准入区域也是从东部沿海城市延伸到中部甚至西部省份。此外,为了便利国外投资者和提高外商投资质量,中国政府于 1995 年发布《外商投资产业指导目录》(简称《目录》)。在《目录》中,所有行业分为鼓励、允许、限制和禁止四组。同时,中国开始向外国投资开放部分服务业,包括零售、金融、货运和软件业。1992 年后,中国吸收外国投资增长速度加快;1993 年,外国投资流入达到了 389 亿美元的高水平;从 1994 年到 1999 年,外国投资每年总计超过 400 亿美元。

2.3 削减进口关税率

1978年之前,中国采取进口替代战略,对外国产品设置高关税壁垒和非关税壁垒。1992年,党的第十四次全国代表大会宣布建立市场经济体制。此后,中国开始积极降低进口关税率。1992年年初的简单平均进口关税率仍为42%,1994年在世界贸易组织乌拉圭回合谈判期间降至35%。在接下来的3年里,中国进一步削减进口关税率,削减幅度高达50%;至1997年年底,进口关税率仅为17%左右。中国对外开放之所以迈出这一大步,最重要的原因是希望尽快加入世界贸易组织。1994年,中国还只是世界贸易组织的观察成员国,而不是正式成员。2001年加入世界贸易组织后,中国的简单平均进口关税率从17%降低到2006年的10%。2006年以来,中国进口关税率保持稳定。

贸易自由化对中国经济意义重大。要理解一个国家的经济发展,就必须理解该国企业生产率变动情况,这正如保罗·克鲁格曼(Paul Krugman)所指出的,生产率不是一切,但是几乎又意味着一切。贸易自由化有利于促进企业提升生产率已经成为学界的共识。例如,Yu(2015)研究发现,贸易自由化(中国加入世界贸易组织)对中国企业生产率增长的贡献率约为14.5%。

2.4 鼓励加工贸易

加工贸易是了解中国过去40年贸易发展的关键。加工贸易是指国内企业从国外获得原材料或中间投入,经过本地加工后出口最终产品的过程(Feenstra and Hanson,2005)。正如Dai,Maitra and Yu(2016)中提到的,iPhone是中国加工贸易的一个完美例子。富士康位于深圳,是著名的iPhone组装商,从日本、韩国和美国等国家进口智能手机的155种中间零部件,在国内组装生产出最终产品后再将产品出口到美国等国外市场。中国企业在这一过程中主要赚取加工组装费用。各国政府通常通过降低甚至免除中间产品的进口关税来鼓励加工贸易。

1978年以后,特别是1992年党的第十四次全国代表大会宣布建立市场经济体制后,加工进口和加工出口迅速发展。就在中国加入世界贸易组织前夕,政府决定建立出口加工区(export processing zone,EPZ),以进一步促进加工贸易。与早期的经济园区不同,出口加工区遍布全国。它们不仅限于东部沿海城市,有的也位于西部内陆城市,如乌鲁木齐。只有加工企业才能进入出口加工区,并享受特殊关税待遇。EPZs 内的企业被视为"在境内但在海关之外",这是因为对它们免征进口税。

图 12.1 显示了 1978 年后中国按贸易方式(包括一般贸易、加工贸易和其他贸易)划分的进出口额演变趋势。从图中可以看出,加工贸易出口额从 1981 年的 11.3 亿美元增加到 2000 年的 1 376.5 亿美元,从 2001 年的 1 474 亿美元增加到 2008 年的 6 751 亿美元,年均增长 29%,远远超过 1992 年至 2001 年的 12.3%,这表明加入世界贸易组织后加工贸易出口增速加快。1993 年加工贸易出口额超过一般贸易出口额,并持续到 2010 年。

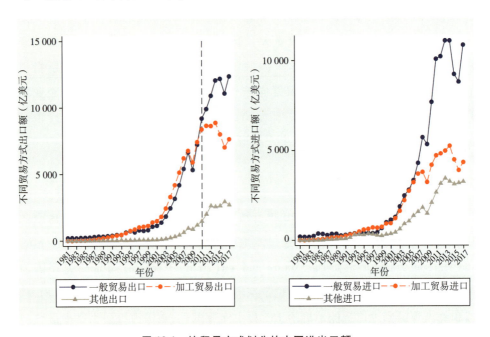

图 12.1　按贸易方式划分的中国进出口额

数据来源:相应年度《中国海关统计年鉴》。

图 12.1 还描绘了 1978 年后中国按贸易方式划分的进口额演变趋势。加工贸易进口额从 1981 年的 15 亿美元增加到 2000 年的 925.6 亿美元,从 2001 年的 939 亿美元增加到 2008 年的 3 784 亿美元,年均增长 24.6%,远超 1992 年至 2001 年 16.1% 的年均增长,这表明加入世界贸易组织后加工贸易进口增速加

快。在2007年一般贸易进口额开始快速增长之前,一般贸易进口和加工贸易进口额这两条曲线保持同一水平。

加工贸易密集型产业往往是劳动密集型产业。因此,加工贸易吸收了这些行业的许多劳动力,特别是家电、玩具、服装鞋帽和皮革制品等四大加工行业。这四个行业在2009年雇用了1 320万人,2014年雇用了1 620万人,占所有制造业就业的10%以上。加工贸易也是中国融入全球价值链的主要推动力。中国在这一时期内发展为全球最大的"世界工厂"。当然,这也意味着中国保持了较高的全球贸易顺差。事实上,中国约三分之二的贸易顺差来自加工贸易。

2.5 对广度开放阶段的评价

改革开放前,我国采取以重工业为主导的战略和进口替代战略,导致农业劳动力过剩,城市化率低,居民收入低。但是,这些因素为改革开放以来实施出口导向型战略奠定了基础。

作为对外开放的重要举措之一,中国在1978年至2000年间逐步设立了一系列经济园区,并为区内企业提供优惠政策,促进进出口增长。同时,中国政府还放宽了外商直接投资的市场准入。中国拥有大量廉价劳动力,但缺乏技术和设备,加工贸易成为中国参与全球贸易的必然选择。加工贸易增长迅速,中国成为一个新的"世界工厂"。在此期间,中国于1986年申请加入关贸总协定,并于1992年开始积极削减进口关税。从1992年到1997年,进口关税下降了近60%。这无疑表明了中国扩大开放的决心。

然而,在广度开放阶段,我国仍然不是世界贸易组织成员,这对我国的国际贸易构成了严重的威胁。一个典型的威胁是,美国只将中国视为暂时的正常贸易关系(NTR)伙伴国,因而美国国会每年对此进行审议。如果取消NTR地位,中国出口商将面临高额的非NTR关税的惩罚。因此,中国的出口仍然面临很大的不确定性,加入世界贸易组织将会解决这个问题。

3. 深度开放阶段(2001—2016)

进入21世纪以来,中国的对外开放重心由广度开放向深度开放转变。

2001—2016 年，中国加入世界贸易组织、进一步放宽外商直接投资市场准入、放松对外直接投资限制、建立自由贸易试验区，以及建设新经济试点城市等五件大事体现了中国进入深度开放阶段。在这一节中，我们将分别介绍这五项举措，并对中国的深度开放阶段进行评价。

3.1 加入世界贸易组织

- 兑现关税削减承诺

作为加入世界贸易组织的条件之一，中国承诺在 2006 年前将进口关税削减到一定程度，这一关税率被称为约束关税率，中国征收的进口关税率不能高于约束关税率。2001—2006 年，平均实际应用关税率一直低于 2001 年承诺的平均约束关税率。也就是说，中国已经兑现了加入世界贸易组织时签署的降低进口关税率的承诺。

- 消除出口贸易政策的不确定性

1992 年至 2008 年间，中国名义货物出口额增长了 16 倍以上。更重要的是，2001 年中国正式加入世界贸易组织后，出口增长速度明显加快。在加入世界贸易组织之前，从 1992 年到 2001 年，年均名义出口增长率约为 14.1%；而加入世界贸易组织后，从 2002 年到 2008 年，年均名义出口增长率却高达 27.3%。

中国出口飙升的很大一部分原因，可以归结为中国加入世界贸易组织后消除了高关税威胁。根据美国的法律，从中国等非市场经济国家进口的产品，必须缴纳 1930 年《斯穆特—霍利关税法》(*Smoot-Hawley Tariff Act*) 规定的相对较高的关税。这些关税被称为"非正常贸易关税"或"第 2 栏关税"，通常比美国向世界贸易组织成员方提供的"最惠国待遇"或"第 1 栏关税"高得多。当中国于 2001 年 12 月 11 日加入世界贸易组织后，美国于 2002 年 1 月 1 日承认中国为永久正常贸易关系国，因而完全消除了中国出口商对关税突然飙升的担忧 (Pierce and Schott, 2016)。

- 削减非关税贸易壁垒

中国出台的非关税措施 (NTMs) 中，食品安全、人类与动物健康、产品质量与安全、环境保护等方面的非关税措施约占实施的非关税措施总量的 90%。

中国积极遵循国际标准化组织 (ISO)、国际电工委员会 (IEC) 等国际标准，并制定了相应的国家标准。NTMs 的 1 448 项强制性标准中,有 555 项(约 38%)直接采用 ISO、IEC 和其他国际组织制定的标准。中国以国际通行做法精简国家标准,在标准化进程中寻求国际合作。特别是,随着新的《中华人民共和国标准化法》的颁布,中国打算通过减少相关领域的限制,为促进贸易、经济和社会发展提供更大的可能性。

经原国家质量监督检验检疫总局(现为国家市场监督管理总局)确认的非关税壁垒措施有 2 071 项,其中,只有 646 项措施单方面适用于世界各国,其余的 1 425 项措施(约 69%)以双边或多边方式适用于某些国家或地区。需特别指出的是,在这些双边或多边实施的措施中,有 896 项(约 63%)在 2010 年以后实际实施。这表明,多年来中国与各国的非关税壁垒措施设定关系正日益从单边关系(即从对所有国家采取同样的措施)转为双边关系,中国对其他国家的非关税壁垒处于不断削减的进程中。

3.2 进一步放宽外商直接投资市场准入

《外商投资产业指导目录》自 1995 年首次发布以来,先后于 1997 年、2002 年、2004 年、2007 年、2011 年、2015 年和 2017 年更新 7 次。鼓励类别由 1995 年的 115 个增加到 2017 年的 153 个,限制类别从 1995 年的 56 个减少到 2017 年的 7 个,被禁止的类别从 1995 年的 10 个减少到 7 个。这表明外商投资市场准入不断放宽,并积极引导外资投向中国优先发展的产业。例如,政府鼓励外国投资从劳动密集型产业扩展到资本和(或)技术密集型产业。

同时,中国政府还出台了优惠政策,以鼓励更多的外资进入中西部地区。到目前为止,几乎所有的服务业都允许外国投资者进入,但其中一些行业仍然有持股比例的限制。得益于此,中国服务进口也从 2011 年的 2 480 亿美元快速增长到 2018 年的 5 140 亿美元,年均增长 11.4%。

图 12.2 描述了 1983 年至 2018 年中国年度引进外商直接投资情况。外商直接投资从 2000 年的 407 亿美元增长到 2018 年的 1 349 亿美元,年均增长 7%。值得注意的是,外商直接投资近年来增速有所放缓,2011 年至 2018 年的平均年增长率仅为 3%。

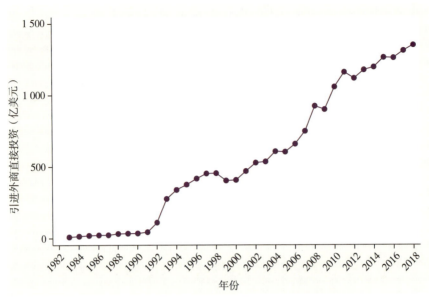

图 12.2　1983—2018 年中国引进外商直接投资情况

数据来源：国家统计局。

3.3　放松对外直接投资限制

1991 年前，只有国有企业才被允许在国外投资，而且无论投资金额多少，都需要逐案审批（Voss et al.，2008）。20 世纪 90 年代，由于贸易顺差和外商直接投资的大量流入，中国的外汇储备迅速增加，这促进了中国对外直接投资（OFDI）的增长。但这一时期对外直接投资仍受到严格限制，例如 1991 年政府颁布了《关于加强海外投资项目管理的意见》，加强了对海外直接投资的限制和管理。从图 12.3 可以看出，从 1982 年到 1999 年，中国对外直接投资一直处于非常低的水平，年平均对外直接投资仅为 15 亿美元。

进入 21 世纪后，对外直接投资政策由限制转向放松。2000 年，中国政府首次提出"走出去"战略。对外直接投资从 2000 年的 10 亿美元大幅增加到 2001 年的 69 亿美元，但在随后的 3 年里很快回落。2004 年，政府首次出台了许多放松对外直接投资限制的政策，例如，国务院关于投资体制改革的决定；国家发展和改革委员会、商务部等部门出台的一系列具体政策措施，包括简化审批程序、下放审批权限和提高审批效率等。得益于此，中国对外直接投资在 2005 年增长了一倍多，达到 123 亿美元，并在未来几年不断增长。

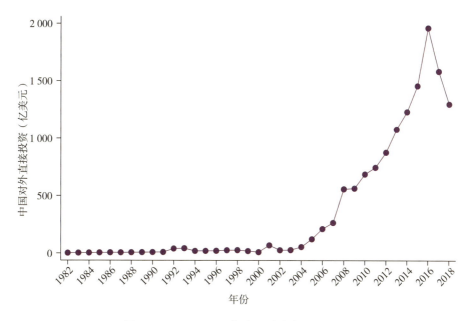

图 12.3　1982—2018 年中国对外直接投资情况

数据来源：中国商务部；UNCTADstat。

据 2009 年联合国贸易和发展会议（UNCTAD）公布数据，受全球金融危机影响，2008 年全球 FDI 流量下降了 14%，而中国 2008 年对外直接投资流量较 2007 年增长了两倍。基于此，中国政府进一步鼓励对外直接投资，具体措施包括将资源开发类项目的审批门槛值提高到 3 亿美元以上，其他项目的审批门槛值提高到 1 亿美元以上等。

2014 年，中国对外直接投资进入了"注册为主、审批为辅"的新阶段。在这个阶段，只有涉及敏感行业的项目，或者金额超过 10 亿美元的项目，才需要事先获得官方批准；所有其他项目只需要在省市级别的发展和改革委员会注册即可；已设立的中国境外企业被免予办理核准登记手续。因此，中国的对外直接投资在 2016 年进一步增长到 1 960 亿美元，比 2014 年高出 730 亿美元。但之后，由于贸易保护主义和反全球化行动升级，中国对外直接投资在近两年（2017 和 2018 年）出现下降。

3.4　建立自由贸易试验区

2013 年，政府在上海首先设立了自由贸易试验区（free trade zone，FTZ，简称

"自贸区")。该地区占地面积不大（初始面积只有 29 平方公里左右），但其潜在的经济影响巨大。自贸区建设的总体思路可以概括为"1+3+7 三步走"。首先，政府于 2013 年 9 月在上海设立了第一个自贸区。其次，2015 年 4 月，自贸区扩展至广东、天津和福建等沿海大省。最后，2016 年 9 月，政府又在辽宁、陕西、河南、湖北、重庆、四川、浙江等地设立了 7 个沿海和内陆自贸区。设立自贸区的目标是积累成功经验，以在其他非自贸区准备好进行改革时，将成功经验推广到这些地区。

在中国早期经济特区试点的基础上，政府为自贸区试点设定了四种角色：第一，自贸区试点旨在进一步促进贸易和投资便利化，这或多或少与出口加工区的发展方向相一致。对于自贸区内的货物生产和贸易，政府要求"一线放开，二线管住"。其具体逻辑是，自贸区内使用的进口中间产品将获得关税豁免（"一线放开"），但使用这类中间投入的最终产品不能在区外销售到中国国内市场（"二线管住"）。

第二，自贸区试点旨在推广中国的"负面清单"投资模式。与以往的"正面清单"不同，新的负面清单投资模式对外资在华投资的监管或限制较少。如果产品或行业处于负面清单上，则不允许外国投资者在这些领域投资。换句话说，外国投资者可以投资于清单上没有列出的任何项目。这给外国投资者提供了巨大的投资空间。事实证明，这种政策设计是最成功的政策改革。由于 11 个自贸区都取得了巨大成功，2018 年，中国政府决定将这一政策推广到全国。

第三，自贸区试点旨在进一步推动中国金融改革。值得一提的是，自贸区旨在通过可转换资本项目促进金融创新，并提供更多金融服务。事实证明，到目前为止，这项改革的效果有限。不难理解，这是因为自贸区仅占自贸区所在城市的很小一部分，且金融改革在自贸区内外无法明确划分。

第四，自贸区试点要求地方政府消除官僚作风，简化业务流程；自贸区还特别强调事后监管，而非事前审批。

3.5 建设新经济试点城市

与自由贸易试验区的大张旗鼓不同，我国 12 个城市被设立为新经济试验区的开放举措却鲜为人知。2015 年，政府决定在 5 个城市群中选择 12 个城市进行"新经济试点"。山东省省会济南是12个城市中最大的；选择福建沿海城市漳州，主要是因为漳州与台湾地区关系密切；广西沿海城市防城港入选是因为它是毗邻越南的一个经济特区，政府希望通过建立这个新的经济区来发展边境贸易；东莞位于珠江三角洲城市群。其他8个城市分布在中国的5个大都市圈：辽宁的大连和河北的唐山是最接近京津冀都市圈的两个北方城市；选择西安是因为它是中国西北部最大的城市；重庆入选是因为它是成渝特大城市的核心城市之一；武汉和南昌入选是因为它们是中国中部的两个大城市；最后，上海浦东和江苏苏州与长江三角洲经济带相连。

这些新经济区的试验目标主要集中在以下六个方面：一是探索新的政府管理模式，二是探索各产业园区之间的协调方式，三是探索鼓励外国直接投资的新途径，四是促进国内高质量产品出口，五是大力改善金融服务，六是着力推进区域全面开放。

经过3年的实验，由北京大学国家发展研究院领导的独立评估小组对这12个城市的新经济改革评估满意。小组特别注意到，这些改革措施成功地促进了地方经济发展，并明显有助于供给侧结构性改革。

3.6 对深度开放阶段的评价

加入世界贸易组织后，中国履行了削减进口关税的承诺，中国出口商面临的贸易政策不确定性大幅降低，这些均导致了进出口的快速增长。如图12.4所示，我国对外贸易依存度(国际贸易总额占GDP的比重)快速上升，由2001年的38.1%增长到2006年的63.95%。这意味着对外贸易对GDP增长的贡献率显著提高。与此同时，中国进一步扩大了外商直接投资的市场准入，放宽了中国企业对外直接投资的限制。

金融危机爆发后，国外市场受到严重冲击，需求疲软，贸易保护主义抬头。进入21世纪以来，特别是2004年后，中国的劳动力成本急剧上升，人口红利迅速消失。与许多东亚国家相比，中国在劳动密集型产业上不再具有显著的比较优势。中国海外市场的很大一部分已被越南和孟加拉国等国占据。因此，继续依靠简单的加工贸易来促进中国出口的战略已不再可行。事实上，全球金融危机爆发后，加工进出口额均大幅下降，如前面图12.1所示。

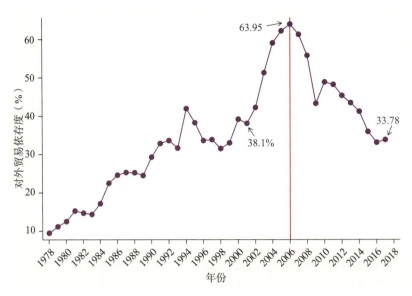

图 12.4　中国对外贸易依存度（1978—2018）

数据来源：相应年度《中国海关统计年鉴》。

党的十八大提出深化外贸体制改革，通过体制改革促进对外开放，培育外贸竞争新优势。为此，中国政府于 2013 年开始设立自由贸易试验区，并于 2016 年开始实施新经济城市试点。这两项举措成功地促进了地方经济发展，推进了供给侧结构性改革。党的十九大明确指出，中国经济已从高速增长阶段进入高质量发展阶段。中国政府提出构建全面开放的新格局，促进中国经济和世界经济共同发展。下一节我们将介绍全面开放的具体措施。

4. 全面开放阶段（2017 年至今）

2017 年，党的第十九次全国代表大会提出建立一个全面开放新格局，这标志着我国进入全面开放阶段。其中，最重要的举措包括落实"一带一路"倡议、自由贸易港试验和粤港澳大湾区发展。

4.1 "一带一路"倡议

"一带一路"倡议由中国政府于 2013 年提出，致力于推动区域合作和跨大陆互联互通。"一带一路"倡议旨在加强中国与其他"一带一路"沿线国家和地区的基础设施、贸易和投资联系。目前,已有64个国家和地区积极参与"一带一路"建设。这些国家包括10个东盟国家、18个西亚国家、8个南亚国家、5个中亚国家、7个独联体国家、16个中欧和东欧国家。"一带一路"倡议的参与范围仍在继续扩大,"一带一路"倡议甚至被解读为对所有国家或地区和国际组织开放,而不仅限于"一带一路"沿线国家或地区。

除了推进国际贸易,"一带一路"倡议尤其注重基础设施建设。作为历史上规模最大的基础设施投资项目之一,"一带一路"倡议致力于解决不同国家之间存在的"基础设施鸿沟"问题,从而有利于促进沿线国家和地区的经济增长。总而言之,"一带一路"倡议呼吁通过建设基础设施、加强文化交流、扩大贸易和投资,将参与国家和地区纳入一个具有高度凝聚力的合作框架中。

4.2 自由贸易港试验

党的第十九次全国代表大会的一份报告中首次提出了"自由贸易港"的概念。国家主席习近平也曾明确指出赋予自由贸易试验区更大改革自主权,并探索建立开放水平更高的自由贸易港(习近平,2017)。

自由贸易港的主要特征是,从行政监管的角度看,它不属于海关的管辖范围。自由贸易港具有港口和自贸区的特征,具有许多与贸易相关的功能,包括产品加工、物流和仓储,但这是一个比自贸区更开放的平台。实际上,建设自由贸易港口将有助于自贸区朝着更透明的制度环境的目标迈进,比如新加坡和我国香港地区。同时,打造自由贸易港需要在贸易便利化措施、船舶燃油价格、金融支持、海关监管、检验检疫等方面取得突破。此外,自由贸易港将能够更好地应对深刻变化的全球环境。

4.3 粤港澳大湾区发展

建设和发展粤港澳大湾区是中国对外开放最紧迫的任务之一。大湾区包括9个市辖区以及香港地区和澳门地区。9座城市位于珠江的东西两岸,分别是深圳、东莞、惠州、广州、佛山、江门、肇庆、中山和珠海。从这个意义上讲,大湾区与珠江三角洲地域上相吻合,而珠江三角洲是中国发展水平最高的经济开发区之一。

大湾区发展应着眼于以下几个方面:把实体经济与金融经济结合起来,重点放在实体经济上;服务业应该发挥辅助作用;中国正在从制造业大国向创新大国转型,大湾区应在创新型国家建设中发挥关键作用;制度创新;更多地关注生态环境保护。促进大湾区发展的其他开放措施包括进一步扩大市场准入,改善外国投资者的投资环境,加强知识产权保护和主动扩大进口等。

5. 促进高水平全面开放的政策建议

本章前几节回顾了 1978 年以来中国在国际贸易、投资自由化和融入国际经济等方面的开放实践、成就及存在的问题。近些年,中国所面临的内外环境日益复杂,国内劳动力成本上升,人口老龄化加剧,单边主义和国际贸易冲突加剧。习近平总书记强调,中国对外开放的大门不会关闭,只会越开越大。在这一节中,我们将制定一套具体的政策建议,以促进中国高水平和高质量对外开放。

第一,支持多边主义,为世界贸易组织改革做出贡献。当前,单边主义和保护主义抬头,多边贸易体制的权威性和有效性受到严重挑战。在此背景下,中国应积极参与世界贸易组织改革。具体来说,中国可以努力加强世界贸易组织争端解决委员会的作用,并确保中国在该委员会中拥有席位。

第二,巩固现有区域自由贸易协定,积极推动新的自由贸易协定。迄今为止,中国已与欧洲、亚洲、大洋洲、南美洲和非洲的 25 个伙伴达成了 17 项自由贸易协定。中国要深化与这些国家和地区在贸易、投资、文化交流等各领域的合作。同时,目前有 13 个区域自由贸易协定正在谈判中。其中,所谓的"区域全面经济伙伴关系"(RCEP)规模最大。2012 年后,RCEP 谈判已进行了 22 轮,现在已进入谈判的关键阶段,中方一直在积极与谈判各方沟通,希望解决各方存在的主要分歧。此外,中国也应该考虑加入目前由日本主导的"全面与进步跨太平洋伙伴关系协定"(CPTPP)。这主要有两个重要原因:其一,CPTPP 对开放水平的要求低于其前身"跨太平洋伙伴关系协定"(TPP),这与中国现有的开放程度相似;其二,加入 CPTPP 可以扩大中国的"朋友圈",并在一定程度上抵消中美贸易摩擦对中国经济可能带来的负面影响。

第三,通过进一步开放和高质量发展应对中美贸易冲突。一方面,中国必须正面应对美国发起的贸易摩擦,为美国出口设置必要的高关税和非关税壁垒,以及对在这场贸易冲突中受损的行业和工人给予必要的补贴;另一方面,中国需要通过放宽市场准入、扩大进口等方式扩大开放和促进高质量发展。随着中国GDP接近美国,并有望在2027年超越美国,中美贸易摩擦届时将达到顶峰。中美之间的竞争关系将长期存在(甚至在未来30年)。中国政府和人民要做好心理准备,做好本职工作。

第四,进一步扩大市场准入,提高开放质量。中国政府将鼓励更多的外国投资和进口,努力扩大外国市场准入。具体包括:在全国范围内推行负面投资清单制度;对在中国注册的各类企业一视同仁;提高企业在华经营的便利性。例如,建立统一、安全、有效的电子清关系统,以实现海关一体化和简化业务程序;为外国商人和国际人才提供更宜居的环境和更优质的服务,这也是中国提高人才流动性和吸引人才的重要手段;中国还应努力加强对知识产权的保护,这将倒逼中国企业积极进行自主创新,提高自身竞争力;为了减少对国外技术的依赖,中国政府应该设立专项资金,鼓励企业开发核心技术;目前我国服务贸易存在逆差,这与我国目前的经济发展阶段相适应,但在未来,我们要大力发展服务业和服务贸易,使服务贸易成为拉动中国经济增长的又一个引擎。

参考文献

Dai M,Maitra M,Yu M. 2016. Unexceptional exporter performance in China? The role of processing trade[J]. Journal of Development Economics,121:177-189.

Feenstra R C,Hanson G H. 2005. Ownership and control in outsourcing to China:Estimating the property-rights theory of the firm[J]. The Quarterly Journal of Economics,120(2):729-761.

Naughton B J. 2018. The Chinese Economy:Adaptation and Growth (2nd ed) [M].Cambridge:MIT Press.

Pierce J R,Schott P K. 2016. The surprisingly swift decline of US manufacturing employment[J]. American Economic Review,106(7):1632-1662.

UNCTADstat[DB/OL]. [2020.04.29]. http://unctadstat.unctad.org.

Voss H,Buckley P J,Cross A R. 2008. Thirty years of Chinese outward foreign direct investment[C]. Paper presented at 19th Chinese Economic Association UK Conference:China's Three Decades of Economic Reform (1978-2008),1-2 April,University of Cambridge,UK.

Yu M. 2015. Processing trade,tariff reductions and firm productivity:Evidence from Chinese firms[J]. The Economic Journal,125(585):943-988.

习近平. 2017. 习近平:探索建设自由贸易港[EB/OL].(2017.10.18)[2020.01.25]. http://www.xinhuanet.com/politics/19cpcnc/2017-10/18/c_1121820571.htm.

ECONOMIC DIPLOMACY

第十三章
经济外交

查道炯（北京大学国际关系学院）
董汀（北京大学国际关系学院）

中国经济外交已走过 70 年的漫长历程,推动中国成为全球化进程中的主要变革力量,亦为民族进步和海外利益拓展做出了重要贡献。中国在经济外交上取得的成就为谋划未来的外交努力奠定了基础。在国内层面,对外开放作为国家发展战略之一,经过 40 年的实验与实践,已成为公众所认同的发展观念。外国企业乃至公民在中国市场与社会里参与竞争,也赢得了国内和国际社会的广泛认可和高度评价。在国际体系层面,中国正前所未有地融入区域性、全球性经济及政治合作。事实上,如今无论言及经济基础还是言及制度根基,中国与世界都已建立起史无前例的相互依存关系。

但与此同时,中国在规划经济外交的未来发展道路时所面临的困境也显而易见。一方面,中国在多边经济机制中扮演着更加积极的角色,并通过这一途径向世界传递中国声音。在我们自己看来,这是发展自然而然的结果,且做法与其他发达国家并无二致。而另一方面,许多国家却很难适应中国国力的壮大,有些还着力压制中国的发展,如 2017 年特朗普上台后的美国。毫无疑问,无论中美双边关系如何发展,中国与西方经济体如何克服地缘政治与地缘经济摩擦乃至对抗的讨论将经久不衰。

对中西方差异的解释和例证不一而足。其中看上去最无法调和的是:缓解中西方地缘政治紧张关系是否要以双方政体的一致性为必要前提。赞同"中国特色"发展道路概念的学者倾向于坚持这一区别,毕竟中国的经济增长和政府的政绩也佐证了其有效性(如 Yao,2010)。相形之下,自由主义国际秩序的追随者(坚持"美国主导"的或更普遍意义上的"西方主导")——无论是出于无意识的先验认知还是有意设计而为——则倾向于断定中国是现有秩序的"修正主义者",因此已经到了就未来互动方向对华进行"重新认知"的时候了(Campbell and Ratner,2018)。

本章将通过三个问题来展开对中国经济外交的探讨:70 年来,中国的经济外交在哪些方面确实卓有成效?有哪些方面值得(继续)认真关注?我们对未来的举措有哪些建议?基于此,本章将呈现中国经济外交"两位一体"的独有特征:既有发展中国家的典型特点,也具备发达国家的行为风格。对这种共存状态的描述是有用的且事实上非常必要。传统上,有关全球经济外交的主流英文学术文献往往要么无视单独研究中国的价值①，要么置历史沿革及其惯性而不顾，仅仅观察中国进入 21 世纪后才提出的倡议（如 Heath，2016）。如此的研究方式不仅导致片面夸大中国在海外的实力及影响力（如 Zhang and Keith，2017），包括有选择性地解读/重新诠释中国的政策，还忽视了中国调整国内政策以适应国外需求的种种努力，而后者无疑是值得肯定的。此外，章末还将提供一个简练的议题清单，列出了我们认为在思考未来中国经济外交抉择时值得关注的问题。"兼听则明"，我们希望未来中国通过经济外交更好地与其他国家来往，建立以理解彼此政策意涵为基础的相处模式，而不是一味地追求所谓的"优势"或"胜利"。我们试图通过本章，有目的地构建一种话语路向，激发大家更大的思考空间。

1. 讨论框架的界定

众所周知，除非爆发不可预见的重大灾难，否则支撑当前全球经济、安全和政治的基本结构在今后很长一段时间内不会发生根本性改变。有关中国可能打破全球经济体系的言论，无论是来自外部世界的误读，还是源于国内的"飘飘然"，都将经受不住时间的考验。在未来的各种经济外交场合中，尽管难免被继续评价为"一国俱乐部"，在处理双边、地区和（或）全球经济事务时，中国将继续保有发达国家与发展中国家"两位一体"的特性，追求独立自主的姿态，但绝不是闭关排外，这是本章的基本立场。此外，近来出现的关于所谓"中国 vs.西方"二分法的猜测和争论确实活跃了对话，但是这种对话是否能产生正面的效用非常值得怀疑，自然亦在本章的讨论范围之外。

正如 Bergeijk and Moons（2018）所指出的，"关于经济外交的概念定义最初就模糊不清，有时令人很难就待研究现象的准确描述达成一致的意见，也很难决定哪些部分应归属于其他学科的研究范畴。"这种复杂性很大程度上是因为，比起国家间关系中的军事和政治领域，经济往来中的参与主体以及相关权利义

---

① 例如，一本以"新经济外交"为主题的书，在第 4 版时（初版于 2003 年）编者才认为中国"终于适合作为独立的一章"了。见 Bayne and Woolcock（2017）。

务的界定/竞争,要更加复杂多样。依据驻外主流外交使团的日常工作范围,真正含义上的经济外交应当包括商业、贸易、金融、移民及领事活动(Lee and Hocking,2010)。上述任一领域中的工作,都需要广博的专业知识和丰富经验,这是包括本章作者在内的大部分职业学者所无法充足具备的。但是,学者可以将发生在不同领域内的已知事件放回历史演进的长河中加以考察,为"经济外交"话题提供知识服务。

从主要发达经济体利益代表的视角看,由于中国在全球贸易(国际价值链)和投资流量中所获份额不断增加,"中国崛起"吸引了来自学界和政界的关注。如Zhang and Keith(2017)(相同主题的中文文献也有类似表述)认为,"中国倾向于相信,其经济国策的主要任务是将经济能力转化为政治能力,将国家财富转化为制定新国际规则的权力。与许多国家一样,中国缺席了对后冷战秩序的定义。这些新规则将致力于代表'迟到者'们的利益。"在类似的话语建构下,中国看上去正在积极寻求改变现行秩序,尽管其过往的经济增长曾极大得益于此,并且,在某种程度上中国能够承担得起这种改变所需付出的代价。

但是,正如本章接下来所要展开的,中国经济外交"两位一体"的特性体现在其既有发展中国家的特点,也具备发达国家的特点。这种共存的状态一方面可以展现中国以往经济外交所具有的灵活性,另一方面也能解释批评者对中国经济外交活动产生(并将继续)质疑的根源。

2. 中国经济外交的"两位一体"

2.1 角色一:发展中国家

按照时间顺序,中国发展中国家特色的经济外交发展轨迹主要分为四个阶段,依次为:中国政府机关和外交使团直接推广/推销特定的项目或产品;帮助国内外贸易商和投资者建立直接联系;构建和宣传国家形象以吸引外资流入;在最终和最高阶段,制定经济政策与规则。值得指出的是,这四个阶段是依次出现的,但之后各阶段的典型活动是同步进行的。也就是说,每迈入下一阶段后,较早阶段的行为方式仍在继续(Rana,2018)。

在第一阶段中,中国的海外劳务特别值得提及,因为这是中国海外经济活动旨在服务国内经济而非企图干涉对象国的最佳例证。随着 1973 年原油价格飙升,中东地区出现工程热潮。与孟加拉国、印度、巴基斯坦、菲律宾、斯里兰卡等亚洲发展中国家一道,中国向中东市场输入各类合同劳工(Chossudovsky,1982;Ling,1984)。虽然并没有大张旗鼓的宣传,但事实上,政府组织的劳务输出作为国内减少贫困的重要方式之一,一直持续到 21 世纪初。例如,中国与日本合作设立的"研修生签证",使得数十万中国劳工得以在日本(拿着最低工资或以下)谋得一份体力劳动工作(Zha,2002a)。在以色列,合法和非法的中国劳工数量均相当可观(Li,2012)。类似的例子还有很多,本文仅列举一二,目的是提醒我们自己:以个人就业为主要目标的涉外劳务在历史上是政府外交行为的重要组成部分,未来也应如此。

在第二阶段,政府的外交部门为国内商品的外销搭建平台。经典案例是 1957 年创设的广州交易会(简称"广交会",并于 2007 年更名为"中国进出口商品交易会")。利用广州毗邻香港的地理优势,中国突破了当时美国主导的贸易封锁,成功接触到了西方的产品和技术(Rana,2018)。2000 年,中国的第一个中东投资与贸易促进中心在迪拜落成,这个聚集了大量中国制造产品的零售中心被称作"迪拜龙城"。2018 年,上海市成功举办了首届中国国际进口博览会,为中外商家们带着其产品直接见面提供了场所。所有这些项目背后,中国经济外交官们功不可没。

自 20 世纪 70 年代初以来,中国基本上采取了所有部门全力以赴的做法,致力于扩大出口、吸引外国直接投资及引入先进技术。大量文献记录了中国经济特区的设立、运作以及国内政策的相应改革(Shirk,1994)。例如,国务院前副总理谷牧、李岚清等彼时负责我国对外经贸管理的政府要员,都在回忆录中对这段历史做了详细回顾(谷牧,2009;Li Lanqing,2010),这均为回答本章"我们做对了什么"这个问题提供了充足线索。

毫无疑问,无论是过去、现在还是未来,中国驻外使领馆都一直居于前线,为驻地国企业提供相应的资讯,鼓励它们积极开展对华贸易与投资。类似中国发展高层论坛(始于 2000 年)和博鳌亚洲论坛(始于 2001 年)等年度峰会,已被视为中国与世界经济对话的平台。参会的外国精英多是在大型跨国公司、主要国际开发机构、智库或大学中负责对华开展日常工作的人员。此外,大学或政府下属的智库也组织各种论坛。这些峰会和论坛为保持中国与其他国家的思想交流提供了常态化渠道。

第三阶段是形象塑造阶段。在这一阶段,中国为提升民族形象采取了一系列行动。比如,中央和地方各级政府充分利用进入联合国世界文化遗产名录的项目来促进入境旅游,一批批外国游客亲身见证了中国形象。这样一来,特别是在当时"中国"还是国际叙事中的抽象概念的背景下,有效地创造和巩固了实现国际贸易和投资所需的人文基础。中国还积极参与国际体育和文化盛事的筹办(Chen,2012),模仿数十年前,发达国家在自身国际化阶段所采取的行动(Gottwald and Duggan,2008)。比如,对中国来说,申办 2022 年冬奥会的初衷肯定不是为了收获更多的冬季竞赛项目的奖牌,因此这也肯定不是中国最后一次举办类似的国际体育赛事。

中国形象建设的另一个典型的事例是选择与总部位于达沃斯的世界经济论坛建立联系。传统上,中国的外交实践讲究级别对等,而达沃斯论坛属于非官方组织,其组织者虽然没有代表任何一个国家或国际组织的资格,但却在世界经济日常运行中具有议程设置的作用和影响。逐渐地,中国政府的高层领导参加年度世界经济论坛已成为一项常态化的重要外交活动。2007 年,世界经济论坛的"夏季达沃斯"年会开始在中国大连和天津轮流举办。

当我们对形象塑造作为经济外交手段的效果做出评估时(Ille and Chailan,2011),无论是从国家层面还是从企业层面,都很难就评估的内容或效果划定统一标准。因为就内容而言,每个国家/公司的形象树立都是一个持续的过程,并且需要不断地、及时地调整与重校。而通过这一手段开展的形象传播,也许不会占据主流新闻报道的头条,但却会影响到成千上万从事国际经济与贸易专业人士的判断与行为,如此的效果是不可量化的。

第四阶段是规制管理。从 1949 年起,中国就开始向世界其他国家尤其是发达国家学习制度化。例如,创建于 1952 年的中国国际贸易促进委员会(CCPIT),最初主要是为了建立同日本和其他"第二世界"经济体的联系,后来逐步发展成为中外经济项目对接的主要平台。还有创立于 1983 年的中国国际经济技术交流中心(CICETE),它是为与联合国开发计划署(UNDP)北京办公室进行接轨式合作的产物,在"引进来"的过程中发挥了"播种机"的作用。此外,中国经济政策的制定也极大得益于西方经济人士提供的建议(Bottelier,2018)。尽管不太引人注目但同样值得指出的是,一些国际开发专家发现,许多中国政府机构,包括理论上最具主权敏感性的立法机构,在起草和修订相关法律法规时,均曾积极征求了西方的意见(Seidman and Seidman,1996)。这种意见咨询多是通过培训的方式完成,受聘前来的西方资深专家协助中国制定了一系列新的贸易和投资争端解决规则,与此前相比,尽管这些规则仅仅在中国国内实施,但却有了更高的国际规范趋同度(Sang,1992;Tao,2012)。简而言之,在1992年著名的邓小平南方谈话之后,除政治决心外,中国具备了更多可以吸引外国潜在合作伙伴的东西。

在区域经济合作制度化方面,即使在与欧洲和北美相比起步较晚的东亚地区中,中国也是最晚采取行动的国家之一。中国直到2001年5月才加入孟加拉国、印度、老挝、韩国和斯里兰卡于1975年共同签署的《亚太贸易协定》(*Asia Pacific Trade Agreement*)。相比之下,部分东南亚国家早在1991年1月便已签署《东盟自由贸易协定》。可以说,如果没有1997—1998年亚洲金融危机的蔓延效应,中国可能需要更久的时间才能与东盟(ASEAN)达成自由贸易协定(Free Trade Agreement,FTA)(Zha,2002b)。在16个成员国之间进行的区域全面经济伙伴关系(RCEP)谈判中,中国并没有像某些媒体头条所描绘的那样活跃。其中部分原因是,要想被接纳为地区领导,中国就需要从行业和项目的投资保护转向制度性的投资自由化方向(Wang,2017)。中国的经济外交更重视具体的贸易和投资项目,而没有将经贸机制建设置于优先位置。

作为一个发展中国家,中国上述四个阶段的经济外交行为,就其本质而言,与发达国家的行为轨迹并没有什么不同。本章如此归类的目的在于提醒我们自己:在观察和研究中国经济外交举措时,不可不顾一个发展中国家为适应全球经济变化所经历的学习过程,以及它在应对未来挑战时依然面临的障碍。作为一个发展中国家,中国不仅在国内政策方面进行了必要的政策调整,而且随着其对外关系的发展,也会在经济外交行为中不断增添新的内容。我们也不可忽视,在中国从事更高级阶段的经济外交时,与前几个阶段有关的活动没有被放弃或最小化。将来,尤其是在中国与发达国家之间,一些中国企业是否继续需要政府外交支持才能进入国外市场将是一个主要的争论点；这种争论也会出现在中国与一些发展中国家之间。

2.2 角色二："发达国家"

中国的经济外交手段具备发达国家风格的例子亦不少见。其中，发展援助的政策与实践无疑最具说服力。在开发性金融领域，从20世纪80年代到90年代，从亚洲开发银行（Asian Development Bank，ADB）开始，中国相继加入多个多边开发银行，迈入了债权国的行列。20世纪90年代初，中国成立了自己的开发银行，最典型的是国家开发银行和中国进出口银行，它们最初主要服务于国内领域，后来逐渐将贷款业务发展到境外。2014年金砖国家新开发银行（New Development Bank，NDB）和2015年亚洲基础设施投资银行（Asian Infrastructure Investment Bank，AIIB）分别在上海与北京成立，传达出明确无误的讯息：中国开始尝试制定规则。

除了发展援助，中国在处理与选定发展中国家之间的贸易往来时，还设立了自己的普遍优惠制（generalized system of preference，GSP，简称"普惠制"）。就全球范围来说，在许多方面，普惠制曾是发达国家，特别是前殖民者为满足建立"新国际经济秩序"的要求而做出的具体让步。普惠制出现的目的是促进低收入国家向工业化国家的出口，以支持前者的经济增长和发展。在普惠制下，发达国家对原产地为发展中国家的特定产品征收优惠关税或零关税，最不发达国家可享受豁免的产品类别更多。20世纪70年代起，低收入国家也开始享受普惠制。

如今，全球约有40个给惠国，超过200个国家和地区享受这种制度优惠。不过需要指出的是，在实践中，对于给惠国而言，普惠制是一种方便的经济—政治外交工具。因为给惠方案的设立与变动完全基于给惠国的单方意愿，是否终止对某国的给惠也多与双边和（或）多边外交行动密切相关。简而言之，普惠制的话语权在给惠国（Pallavi，2017）。

中国曾是受惠国之一。2001年起，中国开始对邦交国中的最不发达国家（LDCs）给予免税待遇。2008年12月，中国在联合国千年发展目标（MDGs）高级别会议上承诺，将逐步扩大给予范围，对最不发达国家95%税目的商品实行零关税待遇,2010—2013年,中国分两次兑现了承诺(UNCTAD,2016)。可以预见,在"南南合作"与"一带一路"倡议的支持下,中国式普惠制将继续实施。

大量文献聚焦中国作为捐助国与发达国家形成鲜明对比的发展轨迹(Bräutigam,2011)。事实上,主要由于记录和表述所采用的标准不同,甚至连中国提供援助的确切总额也有待估量(Naohiro Kitano,2018)。曾经身为受援国的经验对中国对外经济援助政策的制定与实践起到了重要作用(Warmerdam and Haan,2015)。正如一些学者指出,中国、日本和韩国的对外援助存在显而易见的共性,一定程度上是因为它们都是从受援国发展而来的援助国(Stallings and Kim,2017)。有件趣事值得一提,2000年,中国政府发起成立中非合作论坛的倡议,其灵感事实上来自1993年日本政府发起的东京非洲发展国际会议。中非合作论坛在很大程度上借鉴了东京非洲发展国际会议的模式,每三年定期举行高层会议,开展以援助为基础的交流项目,所有相关政府部门都参与其中。

建立双边及多边机制是发达国家开展经济外交的另一种典型方式。自21世纪头10年开始,中国越来越积极地加入由发达国家建立的非正式组织,中国官方习惯将其称为"富国俱乐部"。中国国内也逐渐形成了共识,即参加七国集团或八国集团(G7/G8)这样的非正式组织,有助于弥补开放性会员制国际框架(如世贸组织和联合国下属各专门机构)中的不足。

这种认识也部分来源于中国自己发起非正式组织的经验。例如,"上海五国"(中国、俄罗斯、哈萨克斯坦、吉尔吉斯斯坦和塔吉克斯坦)机制最初以巩固落实边界条约的执行为主要任务。在此基础上,2001年,上海合作组织(简称"上合组织")正式成立。上合组织既是成员国间反恐等国际安全事务协商的重要平台,也是成员国之间实行经济外交的舞台,这从其成立伊始便有的常规总理会晤便可窥见(李进峰,2017)。2005年,中国首次派国家元首出席G8+5峰会,这次会议涉及气候变化和世贸组织多哈回合谈判等事关各国切身利益的议题,被誉为"国际合作的新范式"。2008年金融危机后,G8+5扩大为20国集团,中国是创始成员国之一。2009年,中国与巴西、印度和俄罗斯共同成立金砖国家合作机制,与七国集团(G7)年度会议同时举行。2016年,20国集团峰会在中国举办,中国政府巧用主席国的身份开展了为期一年的宣传活动(Kirton,2016)。

诚然,上述例证并不足以描绘出中国经济外交的整体画面,但其中体现出的"发达国家行事风格"已清晰可见。中国经济外交的决心和实践无疑是对稳定世界经济体系的重要贡献,尽管这种应对外部环境的灵活性常常被误读为"自相矛盾"(参见第十六章)。

3. 未来议程

如前所述,回顾中国经济外交的各个方面,是为了明晰中国对外经济政策未来的发展方向。本章两个至关重要的发现值得关注:一是如其他发展中国家一样,中国在第二次世界大战后不同阶段的经济外交活动中都展现出足够的灵活性。二是中国经济外交活动的行事风格不乏"发达国家"特色。而发达国家也将继续按照自己的行事逻辑与习惯,按照自身标准,对中国(国内事务和国际事务)提出期望或要求。同时,中国还将坚持发展中国家的自我定位,同情和支持低收入经济体,帮助它们实现在全球价值链中向上移动的愿望。满足这样两种并行的外部期望是对国家管理能力与技巧的高难度挑战。

本章认为,中国经济外交风格究竟是与抽象意义上的"发达国家"接近还是与"发展中国家"更为接近,与应对国内需求和外部环境变化的能力毫不相干,同样不具相关性的是关于国家地位及相应行为的讨论。展望未来,中国经济外交发展要着重考虑以下四个议题:

3.1 管理中国与世界经济体的距离

尽管中国在国际产品和服务贸易中的总体地位有目共睹,但在文化、历史和制度的方方面面,中国市场与外国市场仍有很大不同。事实上,国际上普遍将中国定性为世界经济中的"新兴"力量,这样的说法是因为中国参与全球生产网络及多边贸易金融体系的历史相对较短。中国对唯发展主义(developmentalism)传统的坚持,即把经济增长置于大多数——如果不是所有——其他(哲学)价值观之上,已经并将继续面临发达国家的抵制,后者所秉持的跨境贸易和投资的关键则是市场准入和监管规则(Zaki Laïdi,2008)。问题是,中国要想继续保持现今在全球价值链中的地位,就必须避免来自成熟/发达市场的任何不利影响。

我们强调对经济距离的认知,也基于意识到全球化的影响已经波及国内外所有行为体,它们因而更容易受到其他国家法规及其变化的影响。在数字时代,人们很容易认为经济距离注定会被拉近。然而,在跨国贸易中,距离仍然很重要,甚至与20世纪90年代中期相比更加重要(Disdier and Head,2008)。这是因为各种其他形式的距离,如文化、政治和历史距离,已经取代了传统经济距离在限制贸易方面的作用。换句话说,货物运输成本虽已有所下降,但产品质量(标准、品质等)与国家形象的相关性却大幅提升,为缩短这种意义上的距离,相关经济外交还任重道远(Gorp,2018)。这也解释了一个现象,即新产品或非传统产品,以及"新"伙伴,都已成为国际贸易市场中的重要驱动因素(Kehoe and Ruhl,2013)。

自2017年以来,中美贸易紧张态势不断升级,值得注意的是,其他发达国家贸易伙伴并未公开对中国表达同情,这是一个有用的提醒:中国与经合组织国家间的政治分歧亟待缩小。中国应主动了解经合组织各政策研究机构服务于哪些主要成员国。中国不可能(也没有必要)赢得别国对自己行为和偏好的政治支持,但是,如果这些研究部门的专家可以令他们的客户了解中国正不断面临着来自本国内部的多重挑战,将是非常有益的。简而言之,无论是国际政策还是国内规制层面,中国如能被作为一个普通经济体对待,何乐而不为?

同理,中国也应该寻找一些更有效的方法,来缩小与"全球南方"(global south,该词汇尚未进入中国讨论国际发展的主流语境)市场的经济距离。从某种程度上来说,中国近年来提出的亚投行和"一带一路"倡议,某种程度上是对兴盛于20世纪70年代"南南合作"理念的复兴(查道炯,2018)。但是,我们需要谨记,当今大部分全球南方国家已有了更广泛的选择范围。中国并没有承诺做发展中家或全球南方的火车头,更重要的是,世界对于中国发挥这一作用的期望也微乎其微。

3.2 界定积极与消极的经济外交

本章主要集中描述和分析了中国和其他国家之间的积极互动。这更符合国际经济学领域的标准假设,即经济一体化创造和平红利。中国与世界其他国家互动的历史中,特别是自20世纪70年代初以来的50年里,中国的发展成就确实为支持这一推论提供了充足的证据。然而,从政策角度来看,一国经济外交只注重如何促进经贸往来以及其他积极、正面的措施是不够的,特别是中国与其他许多国家之间尚存在很多战略上的不确定性。

近年来,有关本章议题的大部分新增英文文献中,要么将中国经济外交的关键动力归因于政治目的与零和竞争,要么把经济外交举措归类为"经济国策"(如Li Mingjiang,2017)。尽管本章没有特别指出,但中国经济外交的发展进程确切印证了字典上对这一词条的定义,即"利用经济资源,实施奖励或制裁,以追求特定政策目标的外交手段"(Berridge and James,2003)。双边范围内,消极经济外交的例子包括推迟或取消国事访问,停止关于促进进出口和其他形式的经济合作,联合抵制和(或)禁运商品,以及金融制裁等。多边环境下,一国政府可以选择退出或不履行规则、条例和(或)义务,以及实施多边制裁。

据报道,早在1970年4月,周恩来总理就曾向来访的日本代表明确提出中日贸易的四原则,列明了中国将不与之做生意的企业类别(Tao Peng,2008)。① 如今,中国与世界其他国家与地区的经济联系的广度和深度不断增加,但类似的明确要求却再未出现。现今,因侵犯我国领土、人权等政治利益或冒犯与历史相关的公众感情而对贸易伙伴采取惩罚性措施时,我们究竟愿意承担多大程度的经济损失?越来越多的英文文献致力于对这一问题的探索。一项研究声称在21世纪头10年,每当中国与某些国家的政治关系陷入紧张,"对贸易的影响只会是暂时的"(Fuchs,2018)。换句话说,在外界看来,中国的经济制裁总是"雷声大,雨点小"。这种印象会导致中国外交信息效力严重不足,对方不会按照我方的预期行事。

中国开展消极经济外交要秉持透明和可预测的原则,即"说到做到""说多少做多少,做不到不说"。其实,相比较让政治对立和敌意持续上升而言,实施制裁实为上策,因为敌意的积累容易导致国防等开支的上升。在国际政治实践

---

① 周总理对日本企业提出的进行中日贸易四项条件,即有下述情况之一者,中国不与之做生意:(一)支持蒋介石反攻大陆、支持朴正熙集团侵犯朝鲜民主主义人民共和国的厂商;(二)在台湾地区和韩国有大量投资的厂商;(三)为美国侵略越南、老挝、柬埔寨提供武器、弹药的企业;(四)在日本的美日合办企业和美国的子公司。

中,和平时期明确划定国与国交往中不可逾越的红线事实上有利于避免出现更为严重的冲突的发生。

3.3 调动全球人力资源促进中国经济发展

当代中国取得的一个显著成就是实现了在全球移民秩序中的地位转变。中国从一个公认的国际移民来源国,逐渐成为全球移民目的国。从非洲到亚洲,从美洲、欧洲到大洋洲,各色背景的人都选择来华工作和生活。正如一本关于国际移民的书中所言,"中国……终于成为世界经济全球化中一名有来有往的成员"(Lehmann and Leonard,2019)。

从人口迁徙的角度看,中国从一个原籍国(国民净流出)到目的国(含过境国)的转变,使中国得以与大多数亚洲邻国实现了一致(Fielding,2016)。2016年,中国加入国际移民组织(International Organization for Migration,IOM),成为该组织第165个成员。一年后,中国成立了自己的国家移民管理局。设立一个专门的政府机构来处理移民问题确实是实质性的一步,这标志着中国不再将其对境内外国人的关注局限在是否违反国内法律法规,外籍人士在华的权益和义务也得到了保障。

如前所述,中国合法或不合法的劳工遍布世界各地,对他们的管理与保护将继续成为中国经济外交的一项重要任务。尽管到目前为止,至少社会学的英文文献表明,在华外国人口仍然普遍缺乏追求公民身份的目标,但是今后,在有关就业权、公民权(或类似权利)方面实现对等的要求一定会出现。

简而言之,对于中国政府来说,保障和促进未来的经济发展,仅仅停留在着力吸引高端人才还远远不够。中国应开始着手准备如何公平应对不同层面的在华外国人,包括普通劳动者、定居者乃至经济难民。

3.4 在制度层面最大程度地发挥合作精神

中国之所以在过往70年中逐步成为外界眼中的"一国俱乐部",更多是独特的历史机遇和转折所造就,而非任何既有理论可以涵盖并解释的。在赶超式经济发展的进程中,中国也极大地得益于其应对外部环境变化的灵活性。然而,对中国来说,区分坚持"特色"与被定义为"特殊"将是明智的。

未来中国的经济外交基调是应该选择竞争还是应该选择合作？发达国家的经验表明，商业活动往往多与前者相关，但在拟订双边、区域或多边协定时，则应秉持合作精神（Bayne and Woolcock，2017）。具体来说，中国应在多边组织（如世界贸易组织）和多边贸易/投资促进的谈判中坚持互利共赢。与此同时，以服务于本国利益为原则灵活行事。谈判中，无须执着于某些抽象的理念，如"共同但有区别"，因为这虽然可以作为讨价还价的筹码，但最终却可能令中国付出更多的代价。这是由于对那些不认可同一原则的国际社会成员而言，故意拖延谈判也同样是低成本的选择。

对中国来说，无论在双边还是在多边环境下，中国的领导层、政府机构和代表均应以避免落入"中等收入陷阱"为外交的首要目标。中国外交，包括其国内经济政策，究竟是应该向发达国家还是应该向发展中国家看齐，并不重要，但在多边体制安排中的灵活程度应当成为考察经济外交成熟度的首要指标。同样，无论是谈判阶段还是实施阶段，稳定的国内社会基础都是经济外交的首要前提。如此一来，中国有望缩小与其他国家（无论是发达国家还是发展中国家）有关正常经济外交行为的认知距离。

参考文献

Fuchs A. 2018. China's economic diplomacy and the politics-trade nexus[M]//van Bergeijk P A G, Moons S J V. Research Handbook on Economic Diplomacy：Bilateral Relations in a Context of Geopolitical Change. Northampton：Edward Elgar Publishing：310.

Lehmann A, Leonard P. 2019. Destination China：Immigration to China in the Post-reform Era[M]. N.Y.：Palgrave Macmillan.

Seidman A, Seidman R B. 1996. Drafting legislation for development：Lessons from a Chinese project[J]. The American Journal of Comparative Law，44(1)：1-44.

Disdier A-C, Head K. 2008. The puzzling persistence of the distance effect on bilateral trade[J]. Review of Economics and Statistics，90(1)：37-48.

Stallings B, Kim E M. 2017. Promoting Development：The Political Economy of East Asian Foreign Aid[M]. Singapore：Palgrave Macmillan.

Sang B X. 1992. China's civil procedure law：A new guide for dispute resolution in China[J]. The

International Lawyer, 26: 2, pp. 413-431.

Campbell K, Ratner E. 2018. The China reckoning: How Beijing defied American expectations[J], Foreign Affairs, 97(2): 60-70.

Chen N. 2012. Branding national images: The 2008 Beijing Summer Olympics, 2010 Shanghai World Expo, and 2010 Guangzhou Asian Games[J]. Public Relations Review, 38(5): 731-745.

Chossudovsky M. 1982. China's manpower exports[J]. Economic and Political Weekly, 17(3): 63-64.

Bräutigam D. 2011. Aid "with Chinese characteristics": Chinese foreign aid and development finance meet the OECD-DAC aid regime[J]. Journal of International Development, 23(5): 752-764.

Désirée M. van Gorp. 2018. Business diplomacy: Its role for sustainable value chains[M]//van Bergeijk P A G, Moons S J V. Research Handbook on Economic Diplomacy: Bilateral Relations in a Context of Geopolitical Change. Northampton: Edward Elgar Publishing: Chapter 3.

Enrique Dussel Peters. 2016. Chinese investment in Mexico: The contemporary context and challenges[J]. Asian Perspective, 40(4): 627-652.

Ille F, Chailan C. 2011. Improving global competitiveness with branding strategy: Cases of Chinese and emerging countries' firms[J]. Journal of Technology Management in China, 6(1): 84-96.

Berridge G R, James A. 2003. A Dictionary of Diplomacy (2nd ed)[M]. N.Y.: Palgrave.

Heath T. 2016. China's evolving approach to economic diplomacy[J]. Asia Policy, 22: 157-191.

Kirton J J. 2016. China's G20 Leadership[M]. London: Routledge.

Gottwald J-C, Duggan N. 2008. China's Economic Development and the Beijing Olympics[J]. International Journal of the History of Sport, 25(3): 339-354.

Pallavi K. 2017. A critical analysis of conditionalities in the generalized system of preferences[J]. The Canadian Yearbook of International Law, 54: 98-133.

Engelbrekt K. 2015. Mission creep? The nontraditional security agenda of the G7/8 and the nascent role of the G-20[J]. Global Governance, 21: 537-556.

Ling H M. 1984. East Asian migration to the middle east: Causes, consequences and considerations[J]. International Migration Review, 18(1): 19-36.

Lee D, Hocking B. 2010. Economic Diplomacy[M]//Robert A. Denemark. International Studies Encyclopedia, Vol. Ⅱ. Oxford: Wiley-Blackwell: 1216-1227.

Li Lanqing. 2010. Breaking Through: The Birth of China's Opening-up Policy[M]. London: Oxford University Press.

Li Minghuan. 2012. Making a living at the interface of legality and illegality: Chinese migrant workers in Israel[J]. International Migration, 50(2): 81-98.

Li Mingjiang. 2017. China's Economic Statecraft: Co-optation, Cooperation and Coercion[M]. Singapore: World Scientific Publishing Company.

Naohiro Kitano. 2018. Estimating China's foreign aid using new data[EB/OL]. (2018.7.30) [2019.3.24]. https://bulletin.ids.ac.uk/idsbo/article/view/2980.

Bayne N, Woolcock S. 2017. The New Economic Diplomacy: Decision-making and Negotiation in International Economic Relations (4th edition)[M]. London: Routledge.

van Bergeijk P A G, Moons S J V. 2018. Research Handbook on Economic Diplomacy: Bilateral Relations in a Context of Geopolitical Change[M]. Northampton: Edward Elgar Publishing.

Bottelier P. 2018. Economic Policy Making in China (1949-2016): The Role of Economists[M]. London: Routledge.

Rana K. 2018. Economic Diplomacy: A developing country perspective[M]//van Bergeijk P A G, Moons S J V. Research Handbook on Economic Diplomacy: Bilateral Relations in a Context of Geopolitical Change. Northampton: Edward Elgar Publishing: 317-325.

Soeya Yoshihide. 1999. Japan's Economic Diplomacy with China, 1945-1978[M]. London: Clarendon Press.

Shirk S L. 1994. How China Opened Its Door: The Political Success of the PRC's Foreign Trade and Investment Reforms[M]. WashingtonD.C.: Brookings Institution Press.

Tao J. 2012. Arbitration Law and Practice in China (3rd ed)[M]. Alphen aan den Rijn: Kluwer Law International.

Tao P. 2008. China's changing Japan policy in the late 1960s and early 1970s and the impact on relations with the United States[J]. The Journal of American-East Asian Relations (15): 152-153.

Kehoe T, Ruhl K. 2013. How important is the new goods margin in international trade?[J]. Journal of Political Economy, 121(2): 358-392.

Fielding T. 2016. Asian Migrations: Social and Geographical Mobilities in Southeast, East and Northeast Asia[M]. London: Routledge.

UNCTAD. 2016. Handbook on the special and preferential tariff scheme of China for least developed countries［R/OL］.［2019.03.03］. https://unctad.org/en/PublicationsLibrary/itcdtsbmisc76_en.pdf.

Warmerdam W, Haan A D. 2015. The dialectics of China's foreign aid: Interactions shaping China's aid policy［J］. Fudan Journal of the Humanities and Social Sciences, 8(4): 617-648.

Yang Yao. 2010. A Chinese way of democratization?［J］China: An International Journal, 8(2): 330-345.

Sung Y-W. 1991. The China-Hong Kong Connection: The Key to China's Open Door Policy［M］. London: Cambridge University Press.

Zaki Laïdi. 2008. How trade became geopolitics［J］. World Policy Journal, 25(2) 55-61.

Zha D. 2002a. Chinese migrant workers in Japan: Policies, institutions and civil society［M］//Pál Nyíri, Igor Saveliev. Globalizing Chinese Migration: Trends in Europe and Asia. Hampshire: Ashgate Publishing: 129-157.

Zha D. 2002b. The politics of China-ASEAN economic relations: Assessing the move toward and FTA［J］. Asian Perspective, 26(4): 53-82.

Zhang X, Keith J. 2017. From wealth to power: China's new statecraft［J］. The Washington Quarterly, 40(1): 185-203.

Wang H. 2017. The RCEP and its investment rules: Learning from past Chinese FTAs［J］. The Chinese Journal of Global Governance, 3(2): 160-181.

查道炯. 2018. 南南合作运动历程:对"一带一路"的启示［J］. 开发性金融研究, 3: 1-8.

谷牧. 2009. 谷牧回忆录［M］. 北京:中央文献出版社.

李恩民. 1997. 中日民间经济外交(1945—1972)［M］. 北京:人民出版社.

李进峰. 2017. 上海合作组织十五年:发展形势分析与展望［M］. 北京:社会科学文献出版社.

TECHNOLOGICAL RIVALRY

第十四章
国际技术竞争

彼得·佩特里(布兰迪斯国际商学院)

1. 创新时代的中国

在技术快速变革的时代,中国正朝着创新前沿不断进发。麦肯锡全球研究所(MGI)估计,到 2030 年,仅仅人工智能这一项重要技术,每年就将为世界经济带来 13 万亿美元的附加值增长(Bughin et al., 2018)。MGI 预计,大部分收益将流向少数几个技术领先的国家。最大的受益者将是中国和美国,它们坐拥充足的创新资源和新产品的巨大市场。如果它们的资源能通过市场有效利用,收益还能进一步增大。

尽管全球宏观经济环境良好,但生产率增长在放缓,因此创新就显得尤为重要。如第一章所述,中国的全要素生产率增速从 2005 年以前的平均 6.1% 下降到 2006—2015 年的平均 2.5%。中国政策越来越多地将创新作为避免陷入"中等收入陷阱"的手段。全球金融危机爆发前 5 年,美国的 TFP 复合增长率为 1.2%,而截至 2017 年的 5 年间,其 TFP 复合增长率下降到了 0.3%(OECD)。有假说认为,经济放缓反映了大的、根本性创新的缺乏。引用谷歌 CEO 桑达·皮采(Sundar Pichai)的疑问,人工智能、基因工程和物联网能成为经济增长的新动力吗(Schleifer, 2018)?

与此同时,中美两国联系越来越紧密,但采用不同的方法激励创新,并具有竞争性的地缘政治目标,因此中美之间的技术竞争也日趋激烈。许多关键创新来自两国的私营企业,但在中国,国家在指导、保护和支持早期技术方面发挥着更大的作用。例如,中国的互联网巨头在很大程度上不受外企竞争的影响,中国许多研发项目得到了政府的补贴。中国"走出去"的战略,以及吸引技术转让的举措都被用来促进自主创新。

在美国,创新的引擎是私营部门,其中包括财务能力强大的大型科技公司。国家通过国防支出及对高校科研项目的政府性资助发挥作用,特别是在航空航天、专业材料、电子和生物科学等领域。但是,美国的大部分创新都依赖于资本市场,专业投资者、风险投资基金、专家顾问和企业家集中在少数几个创新中心。这些中心通常聚集世界一流的大学和研究机构,提供基础研究支持并吸引来自世界各地的人才。

中国和美国是技术的"双巨头",直接竞争 5G 网络等关键技术的领导地位。

两国的政府也参与其中,因为它们都希望国内公司从新市场获得租金,获得赢得未来比赛的经验,以及创造最先进的军事应用。政府干预使商业竞争升级为地缘政治竞争,控制竞争将需要高层决策和对话。

2. 不断追赶的中国

一些衡量创新投入及创新产出的指标(例如专利数量、出口竞争力)显示,中国正在追赶美国,有些指标甚至将在十年内实现反超。然而,仔细研究后会发现,原始数据夸大了中国的能力,因为数据没有充分考虑投入和产出的质量。此外,各部门的技术进步程度存在很大差异,往往会留下"断档",在中国企业的许多活动中,都需要依赖外国产品和专利来填补这些空缺。在当前的贸易战中,这些技术空缺成为中国的弱点。

2.1 中国的飞速进步

第十二章已经对中国技术的快速进步进行了研究。中国的研发支出从1 290亿美元增加到4 430亿美元(见图14.1),仅次于美国。此外,2018年中国的科研人员总数可能已达到300万,为全球最多。即便中国的科研人员暂时在国际舞台上相对缺乏经验,中国也正在与美国一起,成为全球领导者。

图14.1 中美研发支出比较

数据来源:OECD。

全球创新指数(Global Innovation Index,GII)提供了进一步的见解,这是由沃顿商学院、经济合作与发展组织、世界知识产权组织(WIPO)联合汇编的衡量创新投入和产出的综合指标。2013年至2018年,中国的世界排名从第35位上升至第17位,是指数里主要经济体中上升幅度最高的。(GII中各指标大都以人均GDP或每美元GDP表示;当考虑到总量时,中国仅次于美国。)

表14.1进一步拆解了中国的GII排名上升。该指数由七大类别组成,中国在其中六个类别上都有进步,包括创新产出(上升75位)、研究机构(上升43位)、商业成熟度(上升24位)、市场成熟度(上升10位)、基础设施(上升15位),以及人力资本和研究(上升13位)。中国的主要优势在于人力资源、政府拨款和快速改善的经济环境。在同一时期,美国排名略有下降,从第5位降至第6位。美国在四个类别中有所改善,而在三个类别中有所下降,包括人力资本和研究(下降15位)和基础设施(下降7位)。如果这些变化持续下去,中国将在十年内迎头赶上美国。

表14.1 中美全球创新指标对比

指标	中国排名		美国排名	
	2018	2013	2018	2013
总体排名	17	35	6	5
研究机构	70	113	13	17
人力资本和研究	23	36	21	6
基础设施	29	44	24	17
市场成熟度	25	35	1	2
商业成熟度	9	33	8	2
技术产出	5	2	6	7
创新产出	21	96	14	19

注:2018年共有126个经济体参与排名,2013年共有142个经济体参与排名。
数据来源:Dutta, Lanvin and Wunsch-Vincent(2018);Dutta and Lanvin(2013)。

中国在专利方面的进展尤为突出,但这一指标需要谨慎解读。2018年,中国授予了230万项专利,数量上是美国的7倍。其中,34.6万项是"发明"类专利,其余则是"外观设计"和"实用新型"类。在"发明"类专利的数量上,中国与美国接近;但即使是中国的"发明"类专利,质量还是有待提高的。

用其他一些可选指标衡量,中国的创新依然也取得了进展。若在国外专利局进行专利注册,特别有前途的创新才足够弥补在国外注册的额外成本。表 14.2 显示,2010 年至 2017 年,中国海外专利的增长速度是其他国家的 5 倍。中国的注册量仍然相对较低,与法国差不多,但低于美国和日本等领军者。但如果维持近年的增速差异,那么中国在这一指标上将于十年内赶上领军国。

表 14.2 海外专利注册数量比较

	2010	2017	年均增长率(%)
美国	80 522	126 321	6.6
中国	4 919	25 034	26.2
日本	99 223	127 005	3.6
韩国	24 532	40 595	7.5
德国	46 653	66 271	5.1
英国	11 724	17 272	5.7
法国	19 459	27 089	4.8

数据来源:Dutta, Lanvin and Wunsch-Vincent(2018)。

还需要指出的是,中国出口的竞争力也在不断提高。图 14.2(a)和(b)分产品复杂程度显示中美出口额之比。散点可用一条向下的直线拟合。从 2010 年到 2015 年,这条线变得更加平坦,这表明中国在更复杂的产品上进行追赶;直线总体向上平移,表明中国的平均竞争力上升,但两国仍存在显著差异(比如,在以 2015 年为中心的 3 年中,中国十大最复杂出口产品的出口额仅为美国出口额的 1/3,仅在起重和搬运设备这一类产品中,中国出口额超过美国。)虽然这一张图也显示了追赶,但它并未预示未来几十年这一差距会完全消除。

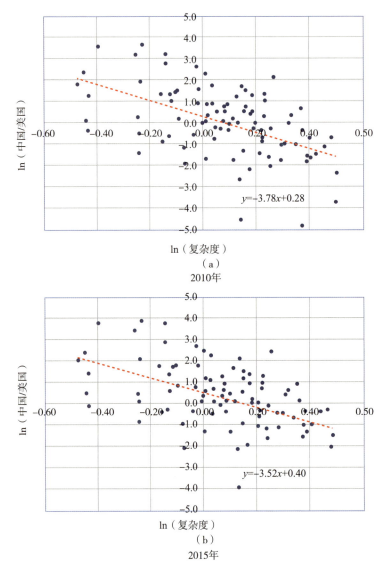

图14.2 分产品复杂程度显示中美出口额之比

注:图14.2(a)和(b)分别以2010年和2015年为中心的3年期窗口计算平均值。纵轴表示除原材料外,中美按国标标准行业分类(ISIC)划分产品,在第三方市场出口额之比(中国/美国)的自然对数。横轴表示由豪斯曼(2007)定义的四位数类别产品复杂度的自然对数。该指数是出口产品国家人均收入水平的加权平均值。

数据来源:UN Comtrade Database。

2.2 不均衡追赶

虽然中国的整体创新能力正在提高,但具体到各领域差异还是很大。以在科技出版物上发表的论文(见表14.3)进行测量,中国的贡献主要集中在自然科学,例如化学、物理学、数学等,以及其中的应用科学,例如工程学和计算机科学。这些方向上的贡献,也可以解释中国专业化生产的格局。

表 14.3 中国科技论文领域分布及增长情况

学科	2013年科技论文数量占比	2013—2017年科技论文数量平均年增长率
所有学科	18.2%	18.9%
医学	7.5%	15.0%
生物科学	13.9%	14.4%
化学	24.5%	14.8%
物理学	19.6%	14.7%
数学	18.0%	17.8%
计算机科学	21.1%	25.1%
工程学	34.8%	22.1%

数据来源:Veugelers(2017)。

使用详细的专利数据可以进一步分析预测中国的创新。我们使用在美国注册的专利数据,并提出问题:中国(在美注册)的专利数量将在哪一年达到美国的25%?[①] 在计算这个日期时,我们假设中国和美国(在美注册)专利维持过去5年中的增长趋势。(即使出现诸如中美贸易争端等情况,使得未来的专利注册趋势发生变化,根据过去数据估计的追赶率,也能对未来技术进步的潜在速度提供合理猜测。)

表14.4和表14.5表明,中国专利生产滞后于美国几十年。但到2030年,

---

① 占美国专利数量的25%,已经是一个行业中(顶尖的美国国外创新者)相当高水平的注册率了。美国国内注册的专利数量显然更多,因为其中会包括一些质量中等的专利。

中国将在大约 1/4 的行业中追赶上美国,到 2049 年这一比例将达到约 1/2。在中国拥有长期发展经验的行业,如烟草、电气照明设备和陶瓷,追赶将较早发生。中国还是电子通信和办公设备的重要供应商、集成商,相关行业也具有良好的发展前景。而在表 14.5 列出的其他领域中,中国落后较多。

表 14.4 中国专利数量将在 2049 年前赶上美国的行业类别

国际标准行业分类(ISIC)四位数代码	2017 年中国占比美国	占比超过 25% 的年份估算	行业名称
1200	77%	2017	烟草制品的制造
2740	31%	2017	电气照明设备的制造
2393	20%	2019	其他陶瓷制品的制造
2670	18%	2021	光学仪器和摄影器材的制造
2210	20%	2021	橡胶制品的制造
2790	17%	2022	其他电子设备的制造
2610	16%	2023	电子元件和电子板的生产
2630	15%	2024	通信设备的制造
4220	12%	2024	公用设施配套工程建设
2817	14%	2026	办公机械和设备的制造(计算机和周边设备制造除外)
2400	13%	2028	基本金属的制造
2750	12%	2029	家用电器的制造
2640	12%	2029	电子消费品的制造
2680	13%	2029	磁性媒介物和光学媒介物的制造
2310	10%	2030	玻璃和玻璃制品的制造
2010	10%	2030	基本化学品、化肥和氮化合物、初级塑料和合成橡胶的制造
2730	11%	2031	配线与配线设备的制造

(续表)

国际标准行业分类(ISIC)四位数代码	2017年中国占比美国	占比超过25%的年份估算	行业名称
2710	12%	2032	电动机、发电机和变压器的制造以及配电和电力控制设备的制造
2620	10%	2033	计算机和周边设备的制造
1900	7%	2035	焦炭和精炼石油产品的制造
2420	10%	2036	基本贵金属和有色金属的制造
4290	7%	2037	其他土木工程项目的修建
2022	8%	2037	颜料、清漆和类似涂料、印刷油墨及胶粘剂的制造
1600	11%	2038	木材、木材制品和软木制品的制造（家具除外）、草编制品及编织材料物品的制造
2813	8%	2039	其他泵、压缩机、旋塞和阀门的制造
2652	11%	2039	钟表的制造
2220	5%	2040	塑料制品的制造
1300	7%	2040	纺织品的制造
2826	7%	2040	纺织、服装和皮革生产机械的制造
2816	8%	2040	起重及装卸设备的制造
2100	7%	2044	药品、药用化学品及植物药材的制造
2300	8%	2044	其他非金属矿物制品的制造
3290	6%	2046	未另分类的其他制造业
2020	7%	2046	其他化学制品的制造
2720	11%	2047	电池和蓄电池的制造
2390	8%	2047	未另分类的其他非金属矿物制品的制造

数据来源：作者基于全球专利统计数据库数据计算。

表 14.5　中国专利数量将在 2049 年后赶上美国的行业类别

国际标准行业分类（ISIC）四位数代码	2017 年中国占比美国	行业名称
缓慢追赶		
1000	6%	食品的制造
1500	5%	皮革和相关产品的制造
1810	3%	印刷和与印刷有关的服务活动
2021	7%	农药及其他农业化工制品的制造
2023	6%	肥皂和洗涤剂、清洁剂和抛光剂、香水及盥洗用品的制造
2029	3%	未另分类的其他化学物品的制造
2200	6%	橡胶和塑料制品的制造
2510	8%	结构性金属制品、油罐、水箱和蒸汽锅炉的制造
2513	4%	蒸汽锅炉的制造，但中央供暖热水锅炉除外
2520	1%	武器和弹药的制造
2591	6%	金属的锻造、冲压、冲压和轧制；粉末冶金
2650	7%	测量、检验、导航和控制设备的制造；钟表制造
2651	8%	测量、检验、导航和控制设备的制造
2660	2%	辐射、电子医疗和电子理疗设备的制造
2810	6%	通用机械的制造
2811	3%	发动机和涡轮机的制造（飞机、汽车和摩托车发动机除外）
2815	3%	锅炉、熔炉和熔炉燃烧室的制造
2819	7%	其他通用机械的制造
2820	5%	专用机械的制造
2821	2%	农业和林业机械的制造
2824	7%	采矿、采石及建筑机械的制造
2829	5%	其他专用机械的制造
2910	3%	汽车的制造
3000	4%	其他运输设备的制造

(续表)

国际标准行业分类(ISIC)四位数代码	2017年中国占比美国	行业名称
3100	9%	家具的制造
3200	4%	其他制造业
3250	2%	医疗和牙科工具和用品的制造
4300	5%	特殊建筑活动
6200	3%	计算机程序设计、咨询及有关活动
落后		
1050	0	乳制品的制造
1100	1%	饮料的制造
1400	2%	服装的制造
1700	10%	纸和纸制品的制造
2030	13%	人造纤维的制造
2590	7%	其他金属制品的制造；与金属加工相关的服务活动
2599	5%	未另分类的其他金属制品的制造
2733	23%	配线设备的制造
2930	2%	汽车零配件的制造

2019年,《麻省理工科技评论》2019年提出"中国擅长什么"的议题(*MIT Technology Review*, 2019),并确定了一系列领域,诸如"深宅"制造系统(该系统使中国在无人机和电动车等产品领域技术领先)、大规模电网、大型建设项目,以及运作成功的私营小众公司(例如在电动汽车及航天运输等领域)。该期刊还提到了中国在支付系统、量子计算及人工智能微芯片等领域的进展。但在很多领域,国外生产制造的组件也起着重要作用。例如,麦肯锡全球研究所就把机器人和半导体列为中国严重依赖外国技术的行业(Mckinsey Global Institute, 2019)。

发展中国家不可避免地需要依靠贸易来弥补技术空缺。然而鉴于美国近期的政策,这些技术空缺成了中国的弱点。中国为减少技术空缺提出了战略计划,例如《中国制造2025》及随后的《新一代人工智能发展规划》(国务院,2015,2017),其目标行业如表14.6所示。中国的这些规划在很多方面都类似于德国的《工业4.0平台计划》(EC,2017),美国的《国家人工智能研发战略计划》,以及欧盟的《欧盟人工智能计划》(EC,2018)。所有这些计划都定下了高水平的技术目标和整体政府战略,甚至都使用了类似的语言来描述。然而,中国计划中的一些元素却招致了西方的批评。

2.3 脱钩的风险

《中国制造2025》在美国经常被提及,被批评的重点是实现全球技术领先的目标、对具体部门的补贴,以及自给自足的目标。可以肯定的是,中国的计划是"自上而下"的,很少提及私营公司和竞争,而这些都是实现雄心勃勃的目标所必需的(这也使得一些中外观察者质疑该计划的有效性)。最近美国贸易代表办公室(USTR)对中国技术政策的调查一再援引《中国制造2025》,以为美对华贸易制裁提供素材和论据。

表14.6 中国战略计划中的重点行业

战略计划	重点行业
中国制造2025	集成电路及专用装备,信息通信设备,操作系统及工业软件,高档数控机床,机器人,航空装备,海洋工程装备及高技术船舶,先进轨道交通装备,节能与新能源汽车,电力装备,农机装备,新材料,生物医药及高性能医疗器械,高端装备创新工程
新一代人工智能发展规划(2017)	知识计算引擎与知识服务技术,跨媒体分析推理技术,群体智能关键技术,混合增强智能新架构和新技术,自主无人系统的智能技术,虚拟现实智能建模技术,智能计算芯片与系统,自然语言处理技术

截至2019年7月,美国已对近一半的中国出口产品征收关税,从禁止华为和其他中国公司向美国销售网络元件,到最终禁止美国公司与其开展业务,并

将它们加入商务部门的"实体清单"①。这些禁令使得高通调制解调器和安卓操作系统等可能不再适用于中国设备。与此同时,美国还迫使其盟国采取类似激进的禁令。

即使有这样的政策措施,脱钩也将是一个非常复杂的过程。美国的措施不仅会影响中国企业,也会影响其他国家的企业及其生产。例如,华为在所有公司中拥有最多的 5G 专利,并且中国公司在 5G 网络中拥有 34% 的标准必要专利(standards essential patents,SEP)(*China Daily*,2019)。中国技术领导者继续参与着全球标准制定。工程师们认为 5G 生态系统包含一系列国际专利,不希望像华为这样的公司会被禁止向他人授予专利使用权。对于许多国家而言,专利使用的限制意味着在中国推出 5G 技术后,其他国家可能要在数年之后才能使用,且成本更高。解开这种技术关联的挑战尚不明晰,而且势必是艰难的。在中国企业发挥主导作用的其他领域也会出现类似的问题。

虽然最近的美国政策可能会放松,但中国企业已经开始质疑发达国家供应商怀疑的可靠性,尤其是被美国政府认为是敏感且存在出口管控的产品类别(见第 4 小节表 14.7)。中国的报复可能进一步加剧不确定性。令人啼笑皆非的是,美国的制裁将增加中国产业政策的紧迫性,甚至是有效性。中国可能会加速投资及改革,以促进私人创新和吸引外国公司和人才。与此同时,华为每年向全世界高校的创新和学术研究投入 3 亿美元,且不附带任何条件。②

3. 开放式创新:理想的方式

中国和美国之间的竞争可能会增加可用于创新的资源,但也会因为彼此保密导致大量重复劳动和低效工作。我们需要一个更加坚固的国际框架,以最大程度地提高创新的生产力。该框架应该鼓励本地创新,同时促进思想、资本和人才的国际流动。在当前的政治背景下,需要更耐心的政策来创造这种技术关联。

---

① 在本章的写作过程中,禁止华为销售的范围仍在谈判。根据美国商务部的审查,某些交易可能会被允许。
② 据《麻省理工科技评论》报告,该计划将资助基础研究(Hao,2019)。

3.1 管理学及经济学意义上的开放式创新

开放式创新作为使组织更具创新性的工具(Chesbrough,2006),最早起源于管理学文献。该术语定义了一种战略,使创新过程中的许多利益相关者参与其中,他们既可以是思想的来源,也可以是市场参与者(Dahlander and Gann,2010)。与之相对的是在公司内部或公司内部专业研发单位进行的研究和开发工作,即封闭式创新,这些工作保密且受到严格的知识产权保护。开放的模式正在被广泛应用,一些公司依靠众包技术来解决技术和设计挑战。在战略的执行过程中,甚至可能涉及共享源代码等私有信息。该概念在中国也引起了关注(Fu and Xiong,2011)。

站在经济学的角度来看,开放式创新也是令人信服的。非竞争性商品的"所有者"对其消费,不会影响到其他人的再消费。在最好的情况下,所有人都可以免费使用技术。知识产权制度作为次优解出现,平衡了创新的激励与利用。

国际合作越来越多地产生新想法。Branstetter,Glennon and Jensen(2019)报告了跨境研发计划的快速扩张,涌现了一些位于中国、印度和以色列的"非传统"美国研究中心。图14.3显示,跨境合作开发的跨国公司专利占美国专利总量的比例急剧增加。

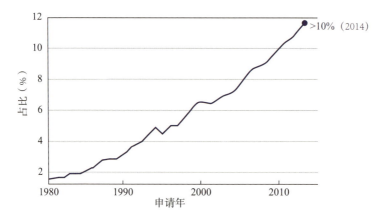

图14.3 跨境合作开发的跨国公司专利占美国专利总量比例(1981—2014)

数据来源:Branstetter,Glennon and Jensen(2019)。

开放式创新通过以下三种渠道产生经济效应:

创新生产率 开放式创新使公司和国家能够产生越来越多样化的想法和实践,从而推动创新。研究人员能够将他们的新发现应用到自己关注的领域之外。研究活动似乎具有规模效应,而企业内部使用为主的研究往往难以在超出公司核心利益之外的范围实现高效。拥有多家专业公司的集群也可以吸引通用型人才和服务,并促进同在一定地理范围内的合作。

对创新的利用 开放式创新也促进了知识汲取。在内生增长模型的生产函数中,知识储备对产出起着重要作用(Grossman and Helpman, 1991)。如果该变量不仅包括经济体自身的知识储备,还包括其他经济体的(哪怕因不完全溢出效应会有所打折),则对产出的正向影响会更大。此外,更广泛的利用促进了标准化和规模经济,降低了投入和应用的成本。

专业化 如果知识在研究活动中流畅地共享,则集群可以形成,在专注于特定研究领域的同时,还与其他地理位置的各领域联结。这有助于充分利用市场和要素的区位优势,例如与附近的大学、公司和医疗中心联结。

3.2 开放式创新面临的挑战

与所有其他类型的贸易一样,在技术贸易过程中受到负面影响的生产者和政治家常常将技术贸易视为零和博弈,例如认为技术出口使一些外国生产者变得更具竞争力。这些问题可以通过知识产权制度在一定程度上解决,技术即使在国外应用,发明人也能从中获利。当然,目前某项创新可能只会使一个国家受益,但在未来,创新也会让别国受益。创新活动专业性很强,所需资源与制造生产活动不同。因此,当想法本身可以交易时,创新的步伐就会加快。

但是,知识产权制度也会受到无意或非法泄漏的影响。泄漏可能会造成经济损失,甚至是被竞争对手应用于军事方面,从而造成国家安全风险。因此,创新系统需要保障机制以尽量减少技术泄漏,特别是那些可能影响到国家安全的技术。

经济风险 在有效的知识产权制度下,创新者可以通过转让或销售许可,在分享技术的同时保持盈利。在"强制技术转让"①的情形下,公司通过进入利润丰厚的市场也能盈利,这点在讨论中常常被忽视。但即使公司能得到补偿,也可能会经受负面溢出效应,因为国内市场的公司和工人不再享用本土技术。然而,这一结果不能归咎于开放式创新,而是由于创新活动未补偿的外部性。这种市场失灵需要额外的应对措施——比如补贴——以实现外部性的内化。设置技术外流的障碍是一个糟糕的替代解决方案,因为它降低了创新的激励。

国家安全风险　与技术在外国的商业应用相比,军事应用无疑对本国不利②,即使在经济上有所补偿。随着技术平台的出现,对国家安全存在溢出效应的知识转移在增长——例如,图像识别和机器人技术应用范围就非常广泛,其中包括重要的军事用途。这也解释了为什么中国将"军民融合"确定为技术发展的核心目标之一。美国国防部也将民用创新视为重要的思想源泉,并建立了硅谷的DIUx(Defense Innovation Unit Experimental,国防创新试验单元),同私营公司展开合作研究。同样,美国第二大防务公司——雷神公司(Raytheon)和联合技术公司(UCT)合并后的新公司——将总部设在波士顿,以便从那里获得尖端技术。在国家安全的语境下,两个国家都不希望将军民两用技术转让给对方,都希望这种创新来自国内。

价值观风险　新技术可能会导致与发明者价值观相悖的应用产生。典型问题包括隐私、言论自由和生命伦理。由于不能在国外禁止违反本国价值观的技术应用,因此有些人认为应该拒绝将某些技术转让给别国。例如,某些技术应用所引发的一些担忧,包括使用面部识别技术、少数群体监测技术以及人类DNA的基因编辑技术。这些问题没有简单的解决方案,技术所有者可能不同意其他国家甚至本国使用的规则。可实现的最佳解决方案可能需要有最低程度的全球标准,譬如国际环境协议中规定的那些标准。

---

　　① 美国所谓的强制技术转让是指中国政府对美国投资者要求技术许可,或者同中国公司建立合资企业。

　　② 对全球的影响是正是负都有可能,它取决于信息转移是否让全球安全体系更稳定。

4. 对竞争的管理和管制

一个开放的全球创新体系,需要建立应对国家安全风险和价值观差异的制度。一些承担该职能的系统业已存在,但是指导规则很少且不完整,应用也比较随意。与此同时,创新还在不断提出新的问题。

4.1 技术流动的制度框架

目前,管理技术竞争的规则不清晰、不完整,也不够及时。几十年前起草的《关税及贸易总协定》(GATT)仍然是当今规则的主要来源。它通常倾向于开放贸易,并禁止强制许可和其他技术产品贸易限制。1996年,多边的《信息技术协定》(ITA)进一步强化了GATT对计算机、电信设备和半导体等产品的规定,这些产品目前占全球贸易额的10%。ITA成员占这些产品贸易的97%,并同意将关税降为零(WTO,2015)。根据WTO规则,美国禁止同华为和其他中国公司进行贸易是违规的,除非能证实有下面即将讨论的国家安全问题①。

在美国所谓的"强制技术转让"问题上,国际治理条约尤其不清晰。2001年中国加入世界贸易组织的议定书承诺终止技术许可的要求(人民网,2002),但案件很少涉及明确的要求,并且也没有既定规则来应对不透明的监管。根据世贸组织《与贸易有关的知识产权协定》(Zhou,2019)(TRIPs),美国和其他国家提起了针对一些中国技术许可的诉讼。但中国正在扩大向外国投资者完全开放的部门清单,并计划限制对技术许可的行政干预。

十分重要的国家安全问题例外,GATT第二十一条使各国有可能在影响国家安全的情况下不理会WTO规则。有些人认为该条款是"自说自话",只要有一方认为其国家安全受到威胁时,就可以援引该条款。倘若如此,那么该条款可以被任意使用,以消除任何WTO义务。

尽管第二十一条自1947年以来一直是关贸总协定的一部分,但直至最近

---

① 2014年,世贸组织专家组裁定中国向日本出口稀土的禁令违规,中国随后终止了这一禁令。将华为列入实体清单的原因是"华为参与了违背美国国家安全或外交政策利益的活动"。

美国对其的使用前，它一直受到极大限制。事实上，乌克兰对俄罗斯提起的 2017 年诉讼（拒绝允许乌克兰产品过境）是世贸组织专家组面对的第一个案例。值得注意的是，专家组裁定世贸组织而非单个成员有权决定是否适用第二十一条，即判断案件是否构成"国际关系中的紧急情况"（该小组判定俄罗斯的做法符合规定，但仅限于这一特定案例）。其结果是，现在的管理仍然非常模糊。

4.2 国家安全贸易管制

尽管有第二十一条，但一些国家还是制定了限制出口、进口和外商投资的制度，以防范国家安全风险。理想情况下，这些制度可以确保以有限、透明的方式干预，实现合理的国家安全目标。然而，美国模糊保持经济领导地位和维护国家安全的动机，正在迅速改变原有体系。根据白宫最近的一份声明（Navarro, 2018），美国采取了"战略政策的新原则：经济安全就是国家安全"。美国正是利用这一原则来证明多种目标是合理的，包括向巴林出售武器，对美国国防工业基地的政府评估，以及对钢铁、铝和汽车等产品进口加征关税。

美国正在以国家安全为由加强贸易管制。2018 年通过的《出口管制改革法案》（ECRA）扩大了出口管制权的范围。虽然过去的管制限于武器和"军民两用"产品，但现在 ECRA 要求总统"明确一些新兴关键技术，它们在美国法律或法规规定的出口管制项目清单中暂未确定，但对于维持或增加美国技术优势可能是至关重要的"。贸易管制体系还包括针对个人及组织的"实体清单"，这些个人或组织将受到更严格的审查。

1980 年至 2018 年，美国仅因国家安全原因实施了两次进口管制。然而，目前正在审理的案件非常广泛。白宫一份关于"评估和加强美国的制造业、国防工业基础及供应链弹性"的报告（USDoD, 2018）指出，许多传统制造业对国家安全至关重要。这种宽泛的定义不可避免地需要审查个别案例，并且容易滋生"寻租"行为。截至 2019 年 3 月，已有 5 万份申请免除钢铁和铝的关税，1 万份申请免除中国产品的关税（QuantGov）。美国的进出口许可正日益变得政治化。

一份新的出口管制清单预计将很快定稿，它很可能会扭转奥巴马时代以来的简化管制作风。前国防部长罗伯特·盖茨曾引用腓特烈大帝的一句话来支持简化,"任何事情都要辩护的人,最终什么也辩护不了"①。新的管制体系将更加复杂。目前政府和大型科技公司就正在进行激烈的谈判。

美国以国家安全为由干预贸易的政策也开始影响其他国家的政策。2018年年底,欧洲议会批准成立了一个类似美国外资投资委员会(Committee on Foreign Investment in the United States, CFIUS)的机构,以国家安全为由审查外国投资。中国也正在发展自己的制度。2017年的一版草案(Trade Intelligence Asia Pacific,2018)与当时美国的类似,但最近的公告表明可能会对美国法律的变化做出回应。

4.3 国家安全投资管制

美国管制体系的第二大支柱是对外国投资的审查。2018年的《外国投资风险评估现代化法案》(FIRRMA)也扩大了投资审查的范围,并做出了许多强制性而非自愿的规定。一个关键的目标是使拥有重要技术资产的公司变得难以被收购,或者用美国一家龙头律师事务所的话来解读就是"解决中国投资问题的委婉说法"(Jalinous et al.,2018)。在新法律下,中国在美国的投资下降了93%。

FIRRMA要求监督新类别的投资,包括敏感设施附近的房地产交易,涉及基础设施的交易,以及向外国人出售不及控制权的权益。该法案还要求对"关键和新兴技术"进行监督(见表14.7)。最初的27项技术涉及领域广泛,包括无机化学、原电池和半导体等。与出口管制一样,该清单仍有待最终确定,并需要与美国技术公司进行激烈谈判。总之关键点在于,美国正采取广泛的政策来管理关键行业的贸易和投资。

表 14.7 美国出口管制的重点行业

序号	制造业	北美产业分类体系(NAICS)编码
1	飞机制造	336 411
2	飞机引擎及引擎部件制造	336 412

---

① 来自Gates(2010)。这是一句双关语,原意是什么都想保护的人,最终什么都保护不了。军事含义是兵力不能过分分散,应该重点防守。

(续表)

序号	制造业	北美产业分类体系（NAICS）编码
3	氧化铝精炼及原铝生产	331 313
4	滚珠轴承和滚珠轴承制造	332 991
5	计算机存储设备制造	334 112
6	电子计算机制造	334 111
7	导弹及空间飞行器制造	336 414
8	导弹及空间飞行器推进装置和推进装置部件制造	336 415
9	军用装甲车辆、坦克及坦克部件制造	336 992
10	核能发电	221 113
11	光学设备及镜头制造	333 314
12	其他基础无机化学制造	325 180
13	其他制导导弹及空间飞行器部件和辅助设备制造	336 419
14	石化生产	325 110
15	粉末冶金部件制造	332 117
16	电力、配电及特殊变压装置制造	335 311
17	原电池制造	335 912
18	无线电广播、电视广播及无线通信设备制造	334 220
19	纳米技术研发	541 713
20	生物技术研发	541 714
21	铝二次熔炼及合金化	331 314
22	搜索、探测、导航、引导、航空以及航海系统和设备制造	334 511
23	半导体及相关设备制造	334 413
24	半导体机械制造	333 242
25	蓄电池制造	335 911
26	电话设备制造	334 210
27	涡轮与涡轮发电机组制造	333 611

4.4 迈向更智能的控制

出于技术潜在的泄漏可能，特别是那些影响国家安全的技术，有观点主张对技术转让进行控制。然而,控制的范围越广,创新成本就越高。因此,有关技术转让控制的制度体系的有效性至关重要,集中表现为识别需要特别审查的高风险交易的能力。细致的成本效益分析和信息投资可以提高管理效率。生产商、进口商和投资者的经验数据可以与来自实验室的信息互为补充,以测试设备安全性。华为目前已在英国、德国和比利时(Chan,2019)建立了此类实验室,为当地专家提供设备和软件的访问接口。交易的事后核实也有助于追踪出口产品的用途,以确保产品到达计划买家。此外,华为还提议签署"禁止间谍"协议,但这些承诺的价值尚不清楚。

如果发生交易的公司可以信任,那么它们通常是了解风险的最佳信息来源。追踪合作伙伴可靠性的系统将激励可信赖的行为,这可以使政府在不增加风险的情况下授予更多许可。图14.4展示了技术贸易管制制度的逻辑,以及信任如何影响其效率。在低信任度下,该制度会拒绝许多交易。但是,随着对参与公司了解的深入,更高的信任被建立,可以在不增加风险的情况下提高授予许可数量①。这通过从图14.4左端的位置(低信任)向右端(高信任)转移来显示。随着信任的提升,更多的交易可以从"禁止"或"受限"类别转变为"受限"或者"自由交易"类别。这种情况下,由于低风险的交易被批准而同时高风险的交易仍然保持稳定或者下降,因此整个体系都将从信任改善中获益。

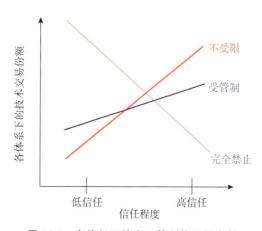

图 14.4　高信任下的出口管制体系更有效

---

① 是否会出现更多的错误将取决于统计性质,可能会出现更多的错误,但增加的贸易带来的收益足够弥补。

5. 超出竞争之外的政策

中美在技术问题上的冲突大大影响了开放式创新的前景。对于依赖国际合作伙伴的中国公司,以及美国和其他西方国家公司(如高通、美光科技、苹果和德州仪器)来说,前景变得暗淡,它们一半以上的收入和生产都依赖于中国。在幕后,两国的公司都在游说政府以避免进一步冲突。许多公司也转移中美业务,以减少风险敞口。

如前文所述,中国和西方创新体系之间某些方面正在脱钩。不确定性促使企业和政府采取激进的战略,来替代对脆弱的国际供应链的依赖。但大规模的脱钩将很难出现。如前文的若干例子所示,当前的生产系统依赖来自多个国家相互联结的组件和技术。与此同时,过往一些为"自主发展"而应对技术不兼容性的投资[1],尽管通常投资巨大,但最终都失败了。市场不能容忍效率低下,终会找到跨越障碍的方法,并将成功得到资源。随着时间的推移,技术关联带来的好处最终很可能压过政治上的分裂。

综合考虑,对中国的应对政策有以下四方面建议:

5.1 把开放式创新机制作为目标

长期来看,开放的、政治上连通的全球创新体系无可替代。大量的国际技术关联对于全球来说是最优解,对像中国这样迅速崛起的技术领军者也尤为重要。中国须确保仍作为国际创新和标准制定的核心参与者。国际合作需要达成协议,以尽量减少技术流动的障碍,维护知识产权,并避免不同国家或公司之间的歧视。作为主要的创新实践者,中国对于全球开放式创新体系的成功建立至关重要,有必要参与方向的确定。为了实现这一目标,中国需要有促进长期合作的行动,以赢得全球技术界的信任和支持。

---

[1] 例如磁带录像机、高清电视、移动电话设备。

5.2 建立国家安全防火墙

国际创新体系需要防火墙,以防止威胁国家安全的技术流动。中国应与国际社会一道努力,减少对国家安全的威胁,来降低别国运用国家安全例外措施来干预贸易的可能。中国可以通过提高本国技术管理部门的透明度,打击商业网络安全侵犯,以及严格限制在商业活动中搜集安全信息,来发挥建设性作用。

5.3 投资信任建设

中国应投资测试、验证和信任机制建设,支持使技术控制更加准确的改进。贸易品通常面临技术或检疫标准,类似的网络安全风险标准也越来越适用于金融、通信和电力供应等部门。基于这些认识,中国应引领确保这些核心技术安全的全球新倡议。

5.4 融入全球技术社区

对于在先进产业链中占据较窄利基的国家而言,全球的制度环境至关重要。在一个技术脱钩的未来,这些国家将不得不在中国和美国之间做出抉择,并缩减其活动。这可是一个庞大的群体,它包括欧洲国家,以及日本、韩国、印度和巴西等许多国家,它们共占世界市场份额的60%。到目前为止,这些国家已经远离中美对抗,但未来可能会形成联盟。因此,中国需要与第三方国家合作,制定符合自身利益的国际技术政策。

中国可以通过赢得合作伙伴的信任,帮助建立并采用全球规范,在国际舞台上扮演更重要的角色。这意味着,中国为长期利益服务的落地政策将加码,包括加速创新、分享技术、进一步开放经济、制定更加透明的法规,以及朝更公平地对待国有企业和民营企业的方向发展。

从长远来看,中国的核心利益与全面、自由的全球技术体制发展相一致。

本章中的许多问题之所以出现,是因为至今还没有这样的体制①。制度的细节政策超出了本章的讨论范围,但这一制度必须包括如下的元素:(1)开放式创新环境的基准条例;(2)授予和保护知识产权的标准;(3)对数据流的有限监管规则;(4)技术贸易管制中的可选及限制选项;(5)网络空间中公共及私人行为的期望要求。建立这样的共识对中国和世界都很重要。

参考文献

Branstetter L G, Glennon B, Jensen J B. 2019. The IT revolution and the globalization of R&D[J]. Innovation Policy and the Economy, 19(1): 1-37.

Bughin J, et al. 2018. Notes from the AI frontier: Modeling the impact of AI on the world economy [R/OL]. (2018.09) [2020.01.07]. https://www.mckinsey.com/featured-insights/artificial-intelligence/notes-from-the-ai-frontier-modeling-the-impact-of-ai-on-the-world-economy.

Chan K. 2019. Huawei opens Brussels security lab in bid to reassure EU[EB/OL]. (2019.03.06) [2020.01.25]. https://apnews.com/870bbded217548c891c4079c4118a208.

Chesbrough H W. 2006. Open Innovation: The New Imperative for Creating and Profiting from Technology[M]. Boston: Harvard Business Press.

China Daily. 2019. Top 10 5G Standards-Essential Patents owners worldwide[EB/OL]. (2019.06.06) [2020.01.25]. http://www.chinadaily.com.cn/a/201906/06/WS5cf844c0a31017657722fbd2_1.html.

CNIPA. 2018. December Statistics[DB/OL]. [2020.01.25]. http://english.sipo.gov.cn/statistics/2018/201812a/index.htm.

Dahlander L, Gann D. 2010. How open is innovation? [J]. Research Policy, 39: 6, 699-709.

Dutta S, Lanvin B. 2013. The Global Innovation Index 2013: The Local Dynamics of Innovation [R/OL]. [2020.01.25]. https://www.wipo.int/edocs/pubdocs/en/economics/gii/gii_2013.pdf.

Dutta S, Lanvin B, Wunsch-Vincent S. 2018. Global Innovation Index 2018: Energizing the World

---

① 经合组织发布的《人工智能理事会建议》(2019年5月21日)构思了这样的全球制度框架,这一框架重点关注人工智能伦理。该文件倡议公平、透明和负责任的人工智能应用。其中一些原则已经被36个经合组织成员国和其他相关国家采纳。

with Innovation[R/OL].[2020.01.25]. https://www.wipo.int/edocs/pubdocs/en/wipo_pub_gii_2018.pdf.

European Commission. 2017. Implementation of an Industry 4.0 Strategy-The German Plattform Industry 4.0[A/OL].(2017.01.25)[2020.01.25]. https://ec.europa.eu/digital-single-market/en/blog/implementation-industry-40-strategy-german-plattform-industrie-40.

European Commission. 2018. Communication Artificial Intelligence for Europe[A/OL].(2018.04.25)[2020.01.25]. https://ec.europa.eu/newsroom/dae/document.cfm?doc_id=51625.

Fu X, Xiong H. 2011. Open innovation in China: Policies and practices[J]. Journal of Science and Technology Policy in China, 2(3): 196-218.

Gates R M. 2010. Business executives for national security (export control reform)[EB/OL]. (2010.04.20)[2020.01.25]. https://archive.defense.gov/Speeches/Speech.aspx?SpeechID=1453.

Grossman G, Helpman E. 1991. Trade, knowledge spillovers and growth[J]. European Economic Review, 35(2-3): 517-526.

Hao K. 2019. Huawei is giving $300 million a year to universities with no strings attached[EB/OL]. (2019.07.03)[2020.01.25]. https://www.technologyreview.com/s/613917/huawei-is-giving-300-million-a-year-to-universities-with-no-strings-attached/?utm_source=linkedin&utm_medium=tr_social&utm_campaign=site_visitor.unpaid.engagement.

Jalinous F, Mildorf K, Schomig K, et al. 2018. CFIUS reform becomes law: What FIRRMA means for industry[R/OL].(2018.08.13)[2020.01.25]. https://www.whitecase.com/publications/alert/cfius-reform-becomes-law-what-firrma-means-industry.

McKinsey Global Institute. 2019. China and the World: Inside the Dynamics of a Changing Relationship[R/OL].[2020.01.25]. https://www.mckinsey.com/featured-insights/china/china-and-the-world-inside-the-dynamics-of-a-changing-relationship.

MIT Technology Review. 2009. The China issue[J/OL].[2020.01.25].https://www.technologyreview.com/magazine/2019/01/.

Navarro P. 2018. Why economic security is national security[EB/OL].(2018.12.09)[2020.01.25]. https://www.realclearpolitics.com/articles/2018/12/09/why_economic_security_is_national_security_138875.html.

OECD data[DB/OL].[2020.04.29].http://data.oecd.org/.

Office of the USTR(United States Trade Representative). 2018a. Section 301 Report into China's Acts, Policies, and Practices Related to Technology Transfer, Intellectual Property, and Innovation[A/OL].（2018.03.27）[2020.01.25]. https：//ustr.gov/about-us/policy-offices/press-office/press-releases/2018/march/section-301-report-chinas-acts.

Office of the USTR(United States Trade Representative). 2018b. Section 301 Report into China's Acts, Policies, and Practices Related to Technology Transfer, Intellectual Property, and Innovation(Update)[A/OL].（2018.11.20）[2020.01.25]. https：//ustr.gov/sites/default/files/enforcement/301Investigations/301%20Report%20Update.pdf.

QuantGov[DB/OL].[2020.04.29]. https：//www.quantgov.org/tariffs#section-301.

Rubio M. 2019. Made in China 2025 and the Future of American Industry[Z/OL].（2019.07.14）[2020.01.25]. http：//www.usinnovation.org/video/senator-marco-rubio-made-china-2025-and-future-american-industry.

Schleifer T. 2018. Google CEO Sundar Pichai says AI is more profound than electricity andfire[EB/OL].（2018.01.19）[2020.01.25]. https：//www.vox.com/2018/1/19/16911180/sundar-pichai-google-fire-electricity-ai.

Trade Intelligence Asia Pacific. 2018. Who's in control? China's proposed export control law[EB/OL].[2020.01.25]. https：//www.pwc.com/m1/en/services/tax/customs-international-trade/china-proposed-export-control-law-june-july-2018.html.

UN Comtrade Database[DB/OL].[2019.06.26]. https：//comtrade.un.org/.

USDoD (United States Department of Defense). 2018. Assessing and strengthening the manufacturing and defense industrial base and supply chain resiliency of the United States[R/OL].（2018.09）[2020.01.25]. https：//media.defense.gov/2018/Oct/05/2002048904/-1/-1/1/ASSESSING-AND-STRENGTHENING-THE-MANUFACTURING-AND%20DEFENSE-INDUSTRIAL-BASE-AND-SUPPLY-CHAIN-RESILIENCY.PDF.

Veugelers R. 2017. The challenge of China's rise as a science and technology powerhouse[R/OL].（2017.07）[2020.04.29]. https：//www.bruegel.org/wp-content/uploads/2017/07/PC-19-2017.pdf.

WTO. 2015. Information Technology Agreement—An explanation[EB/OL].[2020.01.25]. https：//www.wto.org/english/tratop_e/inftec_e/itaintro_e.htm.

Zhou W. 2019."Forced" technology transfer[EB/OL].（2019.03.04）[2020.01.25]. https：//

worldtradelaw.typepad.com/ielpblog/2019/03/forced-technology-transfer.html.

国务院. 2015. 关于印发《中国制造2025》的通知:国发[2015]28号[A/OL].(2015.05.19)
[2020.01.25]. http://www.gov.cn/zhengce/content/2015-05/19/content_9784.htm.

国务院. 2017. 关于印发新一代人工智能发展规划的通知:国发[2017]35号[A/OL].(2017.07.08)[2020.01.25]. http://www.gov.cn/zhengce/content/2017-07/20/content_5211996.htm.

人民网. 2002. 中国加入世贸组织议定书(标准中文版全文)[EB/OL].(2002.01.25)[2020.04.30]. http://www.people.com.cn/GB/jinji/31/179/20020125/656050.html.

中美双边投资项目[DB/OL].[2020.04.29]. https://www.us-china-investment.com/us-china-foreign-direct-investments/data?lang=zh.

CHINA'S ROLE IN THE GLOBAL
FINANCIAL SYSTEM

第十五章
中国在全球金融体系中的角色

埃斯瓦尔·S.普拉萨德（康奈尔大学约翰逊商学院）

1. 引 言

在本章中,我们将探讨研究中国在全球金融体系中不断演进的角色,尤其关注人民币的作用。中国现在是世界第二大经济体,也是全球经济增长的主要推动力,但它在全球金融中的作用以及人民币的重要性与其在世界经济中的重要性并不相称。

本章首先概述了近年来中国政府为促进人民币国际使用而采取的一些措施,这反过来又与开放中国资本账户的举措有关。由于中国在全球 GDP 和贸易中的份额不断上升,这些措施正在获得牵引力,并预示着人民币在全球贸易和金融中的作用将越来越大。本章接着回顾了这些变化对资本流入和流出中国的潜在影响,评估了中国在金融市场发展各个方面取得的进展,并讨论了这些改革措施与资本账户开放和人民币国际地位之间的密切关系。最后,本章讨论了人民币成为主要储备货币的前景。[①]

人民币在短期内走过了漫长的道路。直到 21 世纪初,中国政府才开始逐步开放国家资本账户,允许金融资本更自由地跨越国界。这个进程起初是非常缓慢的,并且在十年之后才开始加速。2010—2014 年,作为一种国际货币,人民币的进步在某些方面是非常显著的。然而,其看似不可阻挡的进展步伐在 2014 年突然停滞。从 2014 年年中开始,中国经济增长的动力似乎正在流失,国内外投资者对中国金融市场的稳定性变得不那么确信,而中国人民银行在让人民币定价更市场化的尝试中又出现了一些失误,更加剧了这些问题。

尽管如此,2016 年 10 月,国际货币基金组织正式将人民币纳入 SDR(特别提款权)货币篮子(此前包括美元、欧元、日元和英镑),成为国际官方储备货币,这一事件成为人民币国际化的一座里程碑。然而,这并不意味着人民币已经有能力重塑全球金融,人民币距离在国际金融中发挥重要作用还有很长的路要走。虽然中国政府采取了一系列措施增加人民币的国际使用,然而,由于中国

---

① 该主题的文献包括 Eichengreen and Kawai(2015),Frankel(2012),Huang,Wang and Fan(2014),Lardy and Douglass(2011),Subacchi(2017)。

政府不愿意放开汇率并完全开放资本账户,人民币在全球市场的采用还是受到了限制。

本章讨论了人民币在全球货币体系中三个相关但截然不同的方面,并阐述了中国政府在这些领域中的作为。首先讨论了中国资本账户开放程度的变化以及资本账户可兑换的进展。其次考察了人民币的国际化,这涉及其作为国际交易媒介用于跨境贸易和金融交易的计价和结算问题。最后,追踪了人民币作为储备货币的演变过程。

人民币很可能成为国际金融市场的重要参与者。即使它能保持当前已经崛起的水平,但除非中国政府进行广泛的经济和金融体系改革,否则其全部潜力可能仍然无法释放。从长远来看,人民币升值对全球金融体系意味着什么,在很大程度上取决于中国经济本身在提升货币地位的过程中如何变化。

2. 资本账户开放

在评估中国资本账户自由化的方法时,必须首先解决一个基本问题:中国经济面临许多国内挑战,包括经济增长放缓、金融体系薄弱、增长不平衡并严重依赖投资等,为什么资本账户自由化将成为中国的优先考虑因素?一个原因是,这种自由化将为国内经济带来一些附带(间接)利益,特别是它可以反过来促进国内金融市场更稳定的增长(Prasad and Rajan,2008)。

对中国家庭来说,资本自由化外流提供了在国际上实现储蓄组合多样化的机会;对目前依赖国内资金来源(家庭和企业存款)的国内银行来说,资本自由化外流为它们带来了竞争,从而刺激了国内的金融改革。为了使人民币承担更多的国际角色,私营部门应更多参与对外证券投资和直接投资。

同时,资本流入的自由化也可以带来附带利益。资本流入自由化已经并将继续允许外国投资者在进一步发展和深化中国金融市场方面发挥更大作用。例如,有大量证据表明,放开投资组合流入有助于改善新兴经济体内股票市场的流动性,这与外国银行的进入一样,将加剧银行业的竞争,从而使个人储户和借款人受益。中国金融业的其他部分,包括保险业,都依赖资本管制和其他进入限制来保持竞争力。这些细分市场将面临更大的竞争,在有效的监管之下,更多的开放流入可以带来显著的效率提升。

除了以上所述,资本账户的自由化改革还可以为中国带来更广泛的收益。开放的资本账户将推动上海发展,实现其成为国际金融中心的目标。资本账户开放,特别是在更灵活的汇率条件下,也可以优化中国的国内经济结构。这将促进金融部门的改革,推动经济实现再平衡,即从依赖出口和投资驱动的增长模式转向更多依赖私人消费驱动的平衡增长模式。金融部门改革可以促进更有效地分配资源以实现其生产性,从而在这种再平衡中发挥关键作用。更灵活的汇率将有益于为货币政策松绑,从而促进实现国内宏观经济目标,例如维持稳定的、低水平的通货膨胀(Prasad,2016)。

与所有这些目标一致,政府近年来取消了对资本流入和流出的限制,但是是以一种控制和渐进的方式。这些相关举措旨在获得金融开放带来的许多附带利益,同时促进资本更自由地流动。例如,政府已经制定了一系列允许外国投资者投资中国股票和债券市场的计划,其中包括合格境外机构投资者制度和人民币合格境外机构投资者制度。与此同时,目前已有诸多渠道可供有意将部分资金投资于国外市场的中国家庭、企业和机构投资者使用。这包括合格境内机构投资者制度和合格境内个人投资者制度。一些双向流动的渠道,例如股票连结(stock connect)和债券连结(bond connect)项目也已经开放,但政府会继续严格控制这些渠道。

中国的资本账户有多开放? 衡量资本账户开放的法律指标(de jure)通常依赖于国际货币基金组织(IMF)《汇率协议和汇率限制年度报告》(Annual Report on Exchange Arrangements and Exchange Restrictions,AREAER)中的二元指标。这些二元指标反映了对资本流入和流出众多类别的各种限制。根据AREAER数据得出的金融开放的传统法律衡量标准,过去十年中国资本账户开放度的变化很小(如果有的话)。

评估经济金融开放度的另一种补充方法是分析一个经济体融入全球金融市场的事实指标(de facto)。图15.1显示了2004年至2018年中国的外部(外国)资产和负债总额及净资产状况。截至2018年第二季度,中国拥有7万亿美元的外部资产和约5万亿美元的外部负债,资产和负债在过去10年中都大幅上升,净资产状况为2.1万亿美元。因此,中国的资本账户在事实上正越来越开放,尽管以该指标衡量,中国在经济上的开放程度仍低于许多其他储备货币经济体。

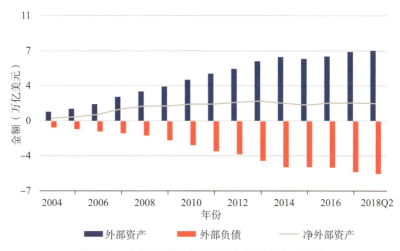

图 15.1 中国外部资产和负债变化（2004—2018）

随着中国不断开放其资本账户,过去十年资本外流的结构发生了重大变化。从中央银行外汇储备积累到非官方外流,总流出量构成要素的变化反映了中国对资本账户自由化有控制但逐步放开的举措。Agarwal, Prasad and Gu (2019)分析了中国机构投资者的配置模式,后者构成了外国证券投资流出的主要渠道。他们发现,中国机构投资者在其全球投资配置中对发达国家及高科技产业投资较少,但对发达国家的高科技股票存在过度投资。这些结果表明,获取技术可能是推动中国投资者国际投资组合分配的重要因素。通过这种方式,伴随着中国继续开放其资本账户以及国内投资者寻求更高的回报和多样化配置,国内储蓄的巨额释放可能会对全球金融市场产生重大影响。

虽然政府正在采取一系列措施来促进资本账户自由化,但其在这方面的最终目标仍不明确。政府的最终目标似乎是一个基本上开放但仍受某种程度行政控制的资本账户。香港金融管理局前总裁任志刚认为,中国的长远目标应该是资本账户完全可兑换,并将其定义为放宽资本管制但维持"软"控制的模式,这种控制包括出于监管目的的登记和报告要求。他将其与完全不受约束的资本流动制度进行了细致的区分,这是一个微妙但重要的区别,并且似乎与领导层产生了良好的共鸣,因为这个定义中的完全可兑换性提供了一条开放资本账户的途径,同时不必完全放弃控制而依靠市场力量。

3. 人民币的国际使用

中国已经在境外推广人民币，包括批准了 15 个人民币与其他货币之间可以进行交易的离岸交易中心。为了便于国内外企业使用人民币交易，而不是美元与欧元等更广泛使用的货币，中国政府还建立了一套支付系统。

这些措施使得人民币国际化的程度不断提高。人民币被更广泛地用于跨境贸易和金融交易中，即其作为国际交易媒介的作用被强化了。截至 2014 年下半年，中国约有三分之一的国际贸易以人民币计价和结算。此外，根据 SWIFT 的数据，截至 2015 年中期，人民币占全球跨境支付的比例为近 2.8%。尽管这一比例还较低，但人民币也因此被列为世界五大支付货币之一（见图 15.2）。在此期间，中国国际化的其他指标也取得了实质性的进展。这些指标包括以人民币结算的贸易交易、在香港及其他离岸金融中心发行的人民币债券，以及离岸人民币存款等。

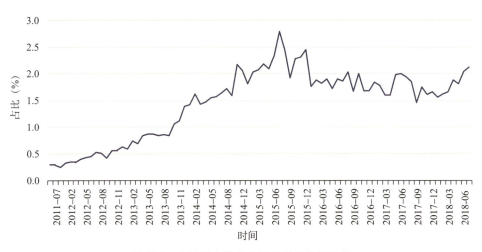

图 15.2　人民币占世界支付货币的价值比例

不过，随着中国经济增长放缓、股市大幅上涨后下跌的周期性波动，以及对债务水平上升和金融不稳定的担忧，人民币国际化进程停滞不前。自 2015 年以来，人民币作为国际交易媒介的进展有所逆转，或者至多是持平的。截至 2018 年年底，人民币占跨境支付的比例约为 2%（见图 15.2）。人民币在国际金融中使用的其他数量指标,包括人民币贸易结算和离岸人民币计价债券的发行,都表明人民币作为国际货币的发展出现了停滞的迹象。

以正确的视角看待人民币国际化进程的起伏是非常重要的。虽然资本流入和流出中国受到限制,但人民币在相对较短的时期内已经开始在国际金融中发挥更大的作用,尽管目前来看其作用仍然是温和的。SWIFT 的数据显示,人民币作为一种国际支付货币的角色日益突出,尽管距离成为可以与美元相媲美的主要支付货币还有很长的路要走。中国为交易中介设立的支付系统将为人民币提供帮助。2015 年 10 月,中国推出了更符合国际公认标准的新的跨境人民币支付系统——中国国际支付系统(China International Payment System,CIPS),这将有助于促进跨境人民币交易的结算和清算,包括贸易和投资流动,并加强人民币的国际影响力。

中国货币国际化的步伐也取决于它在国际金融交易中的使用。国际交易中对作为计量单位和交易结算的货币选择,取决于该货币在多大程度上可用于国际金融交易。国际清算银行的数据显示,截至 2016 年,人民币仅占外汇市场成交量的 4% 左右。这虽然高于任何其他新兴市场货币的份额,但远低于主要储备货币的份额。

4. 储备货币

货币在国际金融中作用的另一个方面是其作为储备货币的地位,这使得外国中央银行能将其作为抵御国际收支危机的储备货币。鉴于中国既没有灵活的汇率也没有开放的资本账户(这两个特征曾被认为是储备货币的绝对先决条件),因此讨论这个话题似乎为时过早。尽管国际货币基金组织已正式将人民币作为储备货币,但金融市场参与者的观点在确定货币地位方面还是更为重要的。

人民币作为储备货币的前景最终将受到以下标准进展的影响:(1)资本账户开放,(2)汇率灵活性,(3)经济规模,(4)宏观经济政策,以及(5)金融市场发展。本节讨论了这些标准对储备货币地位的相对重要性,并总结了中国如何衡量这些标准。

储备货币在作为对贸易和金融合作伙伴的支付方式时必须是对方可接受

的,这就要求该货币在全球金融市场中易于交易。中国正在逐步和有选择地放宽对资本流入和流出的限制。如上所述,资本账户事实上越来越开放,但仍有广泛的资本管制。

储备货币通常可以自由交易,且其外部价值由市场决定,但这并不排除该国央行在外汇市场偶尔进行干预。中国继续进行着对人民币名义汇率的管理,尽管它原则上允许市场力量在决定人民币的外部价值方面发挥越来越大的作用。人民币目前对贸易加权的一篮子其他主要货币进行管理,虽然市场参与者仍然认为中国央行会干涉汇率水平且并不总是遵循这样的管理规则。这种不完全由市场决定的汇率,尤其是利用资本管制支持的汇率,可能会影响人民币在全球金融中的崛起。

根据市场汇率计算,中国经济现在是世界第二大经济体。2018 年 GDP 约为美国的三分之二。中国也是国际贸易的重要参与者,占全球商品贸易的 13%。从其他方面来衡量,中国对世界经济的影响甚至更大。如前所述,中国是一个净额超过 2 万亿美元的全球净债权国,且自金融危机以来,中国占全球 GDP 增长的三分之一左右。

一个国家需要对其低通胀和可持续公共债务水平做出承诺,以保证该国货币的价值不会受到侵蚀,从而吸引外部资本投资其主权资产。与大多数主要储备货币经济体相比,中国的公共债务与 GDP 的比率较低,且近年来一直保持适度的通货膨胀率。

一个国家必须拥有广泛、深入和具有流动性的金融市场,以便国际投资者能够获得以其货币计价的各种金融资产。中国的金融市场仍然不够发达,存在诸如僵化的利率结构等一系列限制因素。近期中国债务市场的增长和开放表明,中国金融市场发展的步伐与其逐步增加人民币作为国际货币的接受度的意图是一致的。此外,为了满足人们对以人民币计价的、相对"安全"的资产的需求,如果人民币成为重要的储备货币,无论是官方还是私人的外国投资者,最终都需要更多地进入中国的债务市场。

值得注意的是,即使中国不符合一些传统上的先决条件,人民币也已经成为事实上的储备货币。中国庞大的经济规模以及与世界各国经济的贸易和金融联系的力量似乎已经超越了其他限制。

世界各地的许多中央银行正逐步为其外汇储备组合收购至少适量的人民币资产,这包括在地理和经济上颇具多样性的国家,如澳大利亚、奥地利、智利、尼日利亚、南非、韩国、马来西亚和日本等。根据国际货币基金组织的估计,全球约2%的外汇储备现以人民币计价的金融资产形式被持有,约有35家中央银行与中国央行签署了双边本币互换协议。这些协议使它们能够享有人民币的流动性,在流入其经济体的外国资本流失的情况下,它们也可以利用这些流动资金来保护本国货币或保持稳定的进口。

虽然人民币已获得了储备货币的地位,但其国际化进展还是可能受到欠发达的中国金融市场的限制。外国官方投资者,如中央银行和主权财富基金,通常会投资高流动性和相对安全的固定收益债券,即使这些证券的回报率相对较低。尽管中国的政府和企业债券市场相当大,但仍被视为交易量有限且监管薄弱的市场。

因此,加强金融市场的建设,无论是对于中国自身的经济发展,还是为了促进人民币的国际化,都是至关重要的。

5. 金融市场发展和改革

本国金融市场发展是该国货币国际地位的关键决定因素之一。从历史上看,在一系列动机的刺激下,每种储备货币都可以因为独特的条件登上国际舞台。但不变的是,这一直需要金融市场来应对私人和官方外国投资者的各种各样的需求。金融市场的发展有三个相关方面:

- 广度:提供广泛的金融工具,包括对冲风险的市场。
- 深度:特定市场中的大量金融工具。
- 流动性:高流动率(交易量)。

没有足够大和足够有流动性的债务市场,人民币就不可能在国际交易中被广泛使用。为了使人民币对外国中央银行和大型机构投资者具有吸引力,后者需要渠道来获得以人民币计价的政府和企业债务作为其投资组合的"安全"资产。与此同时,如果进口商和出口商无法进入衍生品市场以对冲外汇风险,他们会担心开放资本账户导致的汇率波动风险。因此，深度、广度和流动性都是评估一个国家金融部门应对资本账户开放并将其货币提升到储备货币地位的充分程度的考虑因素。

中国的金融体系仍由银行主导，国家直接控制着大部分银行系统。国内信贷分配主要由国有银行控制，并不成比例地倾向于企业部门（特别是国有企业）而不是家庭。

中国的股票市场一直存在公司治理薄弱、透明度有限、审计标准薄弱及会计实务水平低等问题。由于缺乏支持有效价格发现和股票市场整体有效运作所必需的广泛的制度和监管改革，股票市场可能仍然不稳定。以往股市的波动以及政府的应对方式加剧了这些方面的担忧。此时，即使投资组合的流入变得更加自由，国际投资者也可能回避对中国股市的大量投资。因此，中国股票市场的深化可能对人民币国际地位的确立帮助有限。

不过，中国政府认识到改善金融体系对于改善经济内部资源配置的重要性，并在近年来实施了一系列改革。例如，银行存款和贷款利率现已完全放开，商业银行可以自由地设定这些利率，尽管人民银行仍设定参考利率以指导各商业银行。明确的银行存款保险计划自 2015 年 5 月开始实施，而该计划旨在通过取代政府对所有存款的隐形全额保险，使银行的运行在一定程度上更加遵循市场规律。此外，银行监管机构能进行早期干预，破产银行也获得了改进的解决机制。不过由于这些举措相对较新，目前还没有测试用例。

这些改革是朝着正确方向迈出的重要步伐，而未来的改革和银行体系的发展将对中国金融市场的发展产生重大影响，包括公司债券市场以及更广泛的经济发展。特别地，中国将人民币作为全球储备货币的进程在很大程度上取决于其固定收益市场的发展速度。储备货币经济体通常被预期能发行高质量和信誉良好的政府债券或政府支持的债务工具，以有效对冲在全球经济衰退期间外国投资者本国货币的贬值。

从国内和国际的角度来看，中国的固定收益市场特别是公司债务市场，在过去几年中已经大幅扩张（见表 15.1）。截至 2018 年 9 月，中国政府债券存量达到 4.9 万亿美元；非金融公司债务在 10 年前几乎不存在，但已发行股票已上升至 2.9 万亿美元；中国固定收益市场的整体规模为 12.4 万亿美元，仅落后于美国、欧元区和日本。然而,在中国债务市场中用于衡量成交量的周转速率仍然很低。中国最近取消了对外国投资者参与债券市场的限制,随着时间的推移,这会改善这些市场的深度和流动性。

表 15.1 政府和公司债券存量的国际比较　　　　　单位:万亿美元

国家	政府债券	公司债券			总债务
		金融公司	非金融公司	全部公司	
美国	18.35	15.91	6.24	22.15	40.50
欧元区	9.46	8.57	1.50	10.06	19.53
日本	9.39	2.50	0.73	3.23	12.62
中国	4.89	4.61	2.92	7.53	12.42
英国	2.63	2.65	0.52	3.17	5.79
德国	1.85	1.56	0.19	1.75	3.60
印度	0.81	0.03	0.03	0.05	0.86

注:计算中仅包含有价债券;截至2018年9月月底的未偿还金额。
数据来源:国际清算银行。

总体而言,中国的金融市场在过去十年中在一些方面有所改善,但与发达国家仍存在很大差距,特别是在建设足够大且具有流动性的债务市场方面。更重要的是,债务市场的结构和质量还需要得到改善,以便人民币在国际金融交易和储备中被广泛使用。由于外债和政府债务头寸相对较少,中国的债务市场原则上可以快速扩张,而不会对通胀可信度或外部风险的脆弱性造成严重威胁。对公司债务市场建立起有效监管是一个重要的优先事项,在此基础上这些市场可以扩大而不会造成金融不稳定。

本节的主要结论是,中国在许多领域取得了重大进展,但在金融市场发展的一些关键方面仍然不足。从中期来看,中国金融体系的弱点可能会阻碍政府积极推动人民币国际化的努力。

6. 成为"避风港"货币需要制度改革

在全球金融危机中,一个新的概念已经在国际金融领域获得了关注,即"避风港货币"（Prasad, 2014）。它指的是投资者在全球金融动荡期内出于安全原因持有的货币，而不是出于使其外币资产多样化或寻求更高投资收益率考虑所进行的投资。

中国的经济影响力可能正在上升，但是否能够获得外国投资者的信任尚不明朗。这种信任对于人民币能否被视为避风港货币至关重要。寻求这种货币地位的国家必须有一个健全的体制框架，包括独立的司法机构、公开透明的政府、制度化的制衡机制，以及强大的公共机构（特别是一个可靠的中央银行）。传统上，这些因素被视为赢得外国投资者，无论是私人投资者还是官方投资者，信任的重要因素，后者包括中央银行和主权财富基金。

外国投资者通常希望能依据完善的法律程序得到公平对待，而不是受到政府一时意志变化的左右。他们还重视中央银行等机构免受政府干预的独立性，这对维护货币的可信度和价值也非常重要。因此，人民币若想获得"避风港"地位，中国政府就需要相应地在法律和体制层面做更加透明化和制度化的努力。

7. 中国对全球金融市场的影响

本节分析了人民币在全球储备货币中地位上升的潜在影响，并讨论了人民币国际化对全球资本流动结构可能产生的影响。

人民币国际地位的确立与许多复杂的国内和地缘政治因素密切相关。与所有政策一样，中国正在努力实现多重目标。目前，中国很可能会继续以香港为平台推动人民币的国际使用。一旦中国政府确定其金融市场最终足够强大以允许更开放的资本账户时，上海作为国际金融中心的推广可能更加优先，因为它更适合国内金融市场发展的目的。

在利用香港作为人民币国际化的主要舞台的同时，中国政府也在努力促进渴望从事人民币业务的金融中心之间的竞争。曼谷、法兰克福、伦敦和新加坡等区域和国际金融中心都有机会参与人民币交易。此次竞争使中国政府能够继续其人民币国际化的计划，而无须完全开放其资本账户。

为什么有这么多国家急于与中国签订货币互换额度，甚至将人民币作为其储备组合的一部分？这可能不是人民币走向全球主导地位的迹象，而是这些国家对人民币可能具有的可转换性和广泛接受度的低成本下注。同样重要的是，许多经济体希望与中国保持良好的经济关系，以期实现自身经济实力的提升。世界各国的中央银行正在为人民币将在国际金融中发挥越来越重要作用并最终可能成为事实上的储备货币的未来做准备。更开放的资本账户将使人民币在亚洲及全球贸易和金融中发挥越来越重要的作用,但这种方式也允许中国政府保持对资本流动的一些控制。

经济理论没有明确告诉我们多少种货币对于整合日益紧密的世界经济最有利。拥有多种储备货币、但只有一种主要储备货币的系统助长了诸如持续的全球经常账户失衡等一系列复杂情况,这表明从促进全球金融体系稳定的角度来看,这可能不是最佳选择。

如果确实需要多种储备货币,那么如何评估可能与美元竞争的其他货币的前景呢？储备货币上涨和下跌的历史确实提供了一些有用的教训:其中的关键是发行货币的国家得拥有明智的经济政策、发达的金融市场,以及受到国内外投资者信赖的公共机构。这些是使一个国家的货币有能力发展成储备货币的"标配"。

如果世界经济还处于一种简单形式,那么在稳定的竞争均衡中拥有多种储备货币的论点可能是大家所公认的。但鉴于目前的金融市场状况和国际金融一体化水平,这一论点远非定论。金融危机期间发生的事件与"储备货币越多越好"的观念背道而驰。

美元的主导地位使美联储成为可靠的全球最后贷款机构,这是其他央行难以发挥的作用。但是,这里存在混淆因果关系的风险。金融危机期间全球寻求美元流动性的一个原因是许多全球银行都在寻求大量廉价的美元资金来资助其全球业务。美国的货币状况导致了积极寻求收益的金融创新以及为其提供肥沃土壤的金融市场,也成为众多全球银行如此依赖美元流动性的重要因素。

虽然人民币可能在未来十年成为重要的储备货币,但它不太可能挑战美元的主导地位。中国和美国之间在政府债券等安全和流动资产的可用性方面仍存在巨大鸿沟。美国金融市场的深度、广度和流动性将成为抵御美元卓越地位受到威胁的有力缓冲。中国面临的挑战不是通过增加债务赶上美国,而是发展其他金融市场并增加高质量的人民币资产。

8. 结束语

尽管中国具有经济实力,但人民币的国际地位与其经济实力尚不相符。在世界六大经济体的货币中,人民币现在才开始成为影响全球经济的因素之一,而美元、欧元、日元和英镑等其他货币都已在全球金融中扮演着重要的角色。

鉴于其规模和经济影响力,中国正在采用一种独特的方法来确立人民币在全球货币体系中的地位。与几乎所有其他重大改革一样,中国正在更加开放其资本账户。这一举措可能涉及在通过行政和其他措施对流入和流出实施"软"控制的同时取消明确的控制措施。

资本账户自由化的选择性和校准方法在促进人民币国际化方面是有效的,但由于其他改革没有跟上步伐,也因此产生了一些风险。尽管如此,人民币仍然在国际贸易中发挥重要作用:人民币正在进军全球金融体系,并开始出现在世界各地众多中央银行的储备组合中;人民币也成为构成国际货币基金组织特别提款权的一篮子货币的组成部分。其中一些转变更具象征意义而非实质性转变,但随着时间推移将产生质的变化,并有可能开始改变全球的货币体系。但是,如果没有更积极的在岸发展,人民币国际化的全部潜力是无法实现的。例如,在没有更开放的资本账户的情况下,中国的外汇和衍生品市场很难充分发展。

人民币作为全球货币的前景最终将受到更广泛的国内政策的影响,尤其是与金融市场发展、汇率灵活性和资本账户自由化相关的政策。随着中国金融市场变得更加发达,以及私人投资者增加其投资组合的国际多元化配置,中国对外投资模式的这些变化可能会更加明显。因此,支持人民币国际化所需的各种政策改革也可能对中国经济及其资本流入和流出模式产生重大变化。

有许多关键改革可以提高人民币在全球金融中的地位,也有助于中国自身的经济发展。一个是金融体系的市场化,包括进一步发展固定收益和二级(衍生品)市场。另一个是通过以校准的方式取消对流入和流出的限制,以进一步开放资本账户。此外,按照更多商业原则运作并具有更好的治理结构的银行系统也很重要。资本账户开放应伴随更灵活的、由市场决定的汇率,这将为更加自主地强调价格而非数量工具的货币政策制度奠定基础。最后,一个更加全面和强大且增强而不是取代市场规律的监管框架,也将有助于建立全球对中国金融市场的信心。

人民币正在成为国际贸易和金融领域中被广泛使用的货币。只要中国继续在金融业和其他市场化改革方面取得进展,人民币很可能在未来十年内成为重要的储备货币,尽管可能逐渐弱化但仍不会取代美元的主导地位。然而,要使人民币成为避险货币,不仅需要经济和金融改革,还需要重大的制度改革。

参考文献

Eichengreen B, Kawai M. 2015. Renminbi Internationalization:Achievements, Prospects, and Challenges[M]. Washington:Brookings Institution Press.

Frankel J. 2012. Historical precedents for the internationalization of the RMB[J]. International Economic Review, 27(3):329-365.

Huang Y, Wang D, Fan G. 2014. Paths to a reserve currency:Internationalization of the Renminbi and its implications[J/OL]. SSRN Electronic Journal, 1.[2020.02.21]. https://www.researchgate.net/publication/272299892_Paths_to_a_Reserve_Currency_Internationalization_of_the_Renminbi_and_Its_Implications.

Lardy N, Douglass P. 2011. Capital account liberalization and the role of the Renminbi[J/OL]. Peterson Institute for International Economics Working Paper No. 11-6.(2011.02.25)[2020.03.23]. https://papers.ssrn.com/sol3/papers.cfm?abstract_id=1768041.

Subacchi P. 2017. The People's Money:How China is Building a Global Currency[M]. New York:Columbia University Press.

Prasad E S, Rajan R. 2008. A pragmatic approach to capital account liberalization[J]. Journal of Economic Perspectives, 22(3), 149-72.

Prasad E S. 2016. Gaining Currency:The Rise of the Renminbi[M]. New York:Oxford University Press.

Agarwal I, Gu G W, Prasad E S. 2019. China's impact on global financial markets[J/OL]. NBER Working Papers 26311.(2019.09)[2020.03.23]. http://www.nber.org/papers/w26311.pdf.

Prasad E S. 2014. The Dollar Trap:How the U.S. Dollar Tightened Its Grip on Global Finance[M]. Princeton:Princeton University Press.

CHINA'S EVOLVING ROLE IN THE INTERNATIONAL ECONOMIC INSTITUTIONS

第十六章
中国在国际经济组织中的角色

杜大伟(布鲁金斯学会)

1. 贸易、外商直接投资和世界贸易组织

自 2001 年加入世界贸易组织以来,中国已成为其中一个非常活跃的成员国。2006—2015 年,涉及中国作为申诉国或被告国的案件有 44 起,占 WTO 案件总数比例超过四分之一。在此期间,只有美国和欧盟的待审理案件数超过中国。此外,总体来说,中国在败诉时往往已经对法律法规做出了必要的修改从而完全能够遵守 WTO 的裁决。由此可以看出,中国已经非常成功地融入了贸易争端解决机制中。

然而,哈佛大学法学院教授伍人英(Mark Wu)令人信服地提出了一个不容乐观的情形。中国给贸易体制带来了许多独特的挑战,"自大萧条以来,WTO 诉讼已经逐渐发展为'老牌强国对中国'的互动模式"(Wu,2016:264)。2009—2015 年,在美国、欧盟、日本和中国这四大经济体间发生的纠纷案件中,与中国相关案件占 90%。虽然美国、欧盟和日本之间的纠纷曾经很普遍,但它们现在纷纷把矛头指向了中国。

伍人英教授认为(Wu,2016),问题的关键在于"中国公司"是与众不同的:"中国公司的特质是什么?中国如今的经济有许多相互矛盾的地方。虽然很多人认为中国经济是国家主导的,但中国经济的增长在很大程度上是由民营企业推动的。此外,中国并非各处、各时都充斥着经济干预。在中国,中国共产党('党')与国家是密不可分的,'党'是一个在国有企业管理中扮演积极角色的独立的政治主角。中国经济包含市场主导的部分,但并非严格意义上的自由市场经济制度……这些因素使得某些法律问题在 WTO 规则下很难裁定,比如判断一个经济主体是否与国家有关联,以及如何界定中国的整体经济模式。这些因素还增加了落在 WTO 目前管辖范围之外的经济活动所占比重。"

举例来说,世界贸易组织很难处理投资限制、强制技术转让和知识产权盗窃等问题。虽然自 1979 年《中华人民共和国中外合资经营企业法》颁布以来,中国关于外商直接投资(FDI)的政策随时间推移发生了演变,但始终与其他新兴市场大国有所不同(Chen and Song,2003)。这一法律允许外国通过合资企业进行投资,通常的做法是与国有企业合资。这种限制加上外汇管制,导致

1979—1985 年 FDI 的增量非常小,且其中绝大部分来自香港地区,这一时期可以看作第一阶段。1986 年至 1991 年是第二阶段,这一时期中国对 FDI 的开放拓展到更多地方,并施行了关于全资子公司的法律,为 1992 年至 2000 年的第三阶段奠定了基础。全资子公司法律体系的创立,以及邓小平南方谈话后加强市场主导作用的倾向,开启了 FDI 迅速流入的新时期,其中也包括来自发达经济体的资金。中国于 2001 年加入世界贸易组织,这标志着第四阶段的开启,更多的经济部门对外开放,外商直接投资真正起飞。

虽然中国对于外商投资的政策一直在逐步放开,但它在一些关键领域始终保留了要求合营的政策。例如,在汽车产业中,外国投资者必须与本土公司以 50∶50 的比例合作经营,其中本土公司大多是国有企业。而在投资银行等金融服务领域,外商持有股权份额的上限还不到 50%。这项限制性政策的目的是增强国内公司的经营能力。经济合作与发展组织(OECD)计算了其成员国以及主要发展中国家的 FDI 限制性指数(FDI restrictiveness index),图 16.1 显示了 2018 年这一限制性指数的情况。中国的总体限制性指数为 0.3,远高于巴西和南非的水平,后者的这一限制性指数在 0.1 左右,与发达经济体相近。印度的开放程度较低,总体限制性指数在 0.2 左右,但也比中国更开放。该指数最早从 1997 年开始公布,当时中国的总体限制性指数高达 0.6。可以看出,中国在过去 20 年中明显更加开放了,但对直接投资的开放程度仍然低于其他新兴市场。

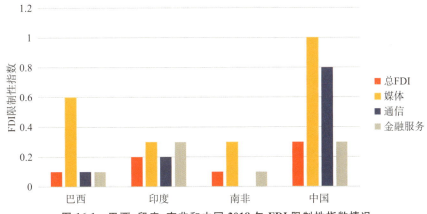

图 16.1　巴西、印度、南非和中国 2018 年 FDI 限制性指数情况

注:1=完全封闭。

数据来源:OECD。

中国经济体制为混合所有制,这体现为许多行业是完全开放的,并且有很大一部分 FDI 进入中国是以外商独资运营的形式。但因为中国的一些重要部门非常封闭,因此整体限制性指数较高。图 16.1 也显示了在媒体、通信和金融服务领域对 FDI 的限制程度。相比其他新兴市场,这些产业在中国都受到更多限制。而有许多美国龙头企业对这些服务行业饶有兴趣,因为美国经济更偏重服务业而非制造业。因此,美中的贸易紧张局势很大程度上源于中国的开放领域与美国的优势领域之间的不匹配。

另外,值得一提的是,中国在过去 20 年是逐步开放的。中国在筹备加入世界贸易组织期间和刚刚正式加入时进行了相当大程度的贸易自由化努力。但在之后的 10 年中几乎没有开展进一步的改革。而近几年汽车行业和金融服务业的自由化程度又有了显著的提高,并且有进一步发展的前景。因此,中国的情况有一定的复杂性,虽不同于 FDI 开放的常态,但随着时间的推移,包括在过去几年中,中国已经在正确的方向上有了突破性的进展。

对 FDI 的限制因为涉及"强制技术转让"问题而非常重要,这已经成为一个政治热点问题。外国的汽车公司不能直接在中国生产和销售,而必须加入以 50∶50 股权比例合资的企业,并与合作的中国本土公司分享它们的技术。在相当多的制造业和服务业产业中,可以说外国公司是在培养未来的竞争对手。中国政府不喜欢"强制"这个词,因为遵从这些条件进入中国市场是这些公司自己的选择。如果它们想利用所掌握的技术从庞大的中国市场获利,那么它们必须分享现有技术并加速技术的更新换代。许多跨国企业接受了这样的条件,并认为它们能以足够快的速度发明新技术,从而始终领先于中国的竞争对手。总体而言,在中国,FDI 的回报率很高,因此到目前为止,对于一般的跨国公司来说,这样的过程进行得很顺利。但是,未来情况如何尚不可知。

中国制约投资的政策带来的强制技术转让问题是中国与其主要贸易伙伴——包括美国、欧盟和日本——之间的关键矛盾之一。但是,中国在知识产权保护上也存在更为普遍的问题。除了通过企业合资进行技术共享,许多外国公司的专利权和商标权也受到了侵害,并且它们认为在中国的法律体系中很难得到合理的补偿。随着中国的发展,外商投资逐渐转向高科技领域和服务业。与服装、鞋类、电子组装等相对简单的领域相比,这些领域存在更多潜在的争议。在此背景下,中国面临的一个关键问题是:自身法律体系的建设是否跟上了国家发展的脚步?

这是一个不易回答的问题,但我们可以从世界治理数据库(World Governance Database)的法治指数(Rule of Law Index)中看出一些端倪。该指数记录了对于公民信任和遵守社会规则的程度的看法,特别是关于合同的法律效力、对财产权的保护力度、警察和法院的水平,以及犯罪和暴力事件发生可能性的看法。法治指数平均值为 0,标准差为 1.0,数据从 1996 年开始,囊括了许多国家。

图 16.2 显示了多国 2016 年的法治指数,横轴是按购买力平价计算的人均 GDP 的对数值,中国和韩国的数据点在图中被标示了出来。另外,图中还包括 1996 年中韩两国的数据。虽然图中显示中国 1996 年的法治水平很低(大约比全球平均值低半个标准差),然而中国当时是一个贫穷落后的国家,相对其收入水平而言,其法治水平并不差。这从它在回归线之上、距离回归线大约半个标准差就可以看出。从 1996 年到 2016 年,中国的收入水平大幅增加,但从图中来看法治没有明显改善。到 2016 年,中国法治指数的位置远低于回归线,相对其收入水平而言,其法治水平就较低了。可以看到,1996 年的韩国与 2016 年的中国收入水平大致相当,但法治程度要好得多。

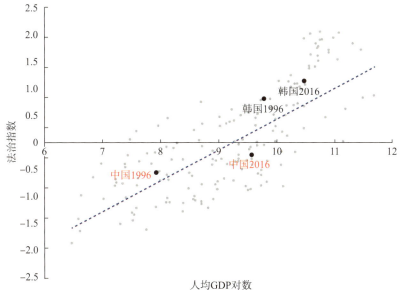

图 16.2　2016 年人均 GDP 和法治指数

数据来源:世界银行。

因此，在对投资的开放以及相关的产权和法治问题上，中国表现还有待进步。中国领导人近年多次提及开放更多的经济部门接纳直接投资。但是，如果法治水平无法同步提高，那么在需要高技术（对制造业而言）或繁复的监管（对现代服务业而言）的复杂行业中，很难构建一个真正公平的竞争环境。

西方经济体希望世贸组织能够逐步解决这些问题，但这必须得到中国的配合。世贸组织中的每个国家都拥有基本的否决权，但经济大国的态度尤为重要。如果中国、美国、欧盟和日本能够就现代化贸易和投资规则达成协议，那么世界其他国家和地区很可能会表示支持。但如果局势没有向这个方向发展，世贸组织的作用就有可能越来越弱化，而老牌强国和中国将可以自由地采取它们认为必要的单方面措施来解决"不公平贸易的问题"。

应该指出的是，在2010年后，美国对WTO和贸易协定的态度开始更频繁地出现自相矛盾的地方。美国与不包括中国在内的其他11个亚太经济体达成跨太平洋伙伴关系（TPP）协定，又在协议即将达成之时突然退出。TPP协定中包括了解决投资、服务、数据、知识产权保护、环境和劳动等现代问题的部分。美国在退出协定的同时，却在最新的北美自由贸易协定（NATFA）和美韩贸易协定（US-Korea Trade Agreements）中使用了TPP协定中的这些部分，这表明美国认为这些谈判条款是有益的推进。对于世界贸易组织，美国不同意任命新的上诉法院法官，并以在2020年前中断世贸组织的争端解决机制为威胁。在当前背景下，很难想象中国和美国就WTO的改革在细节上能够达成一致。然而，展望2049年，这是全球经济走向稳定繁荣的关键保障，因此最终以务实的态度实现积极的改革还是有一定希望的。中美两国正在就开放和知识产权保护上的一些关键问题举行双边谈判。然而，两国间达成的任何双边协议都缺乏由第三方保证的履约机制，因而很可能随时间推移而瓦解。但是，两国的讨论仍然可能推动在WTO改革问题上达成实质性的妥协。

2. 多边开发银行和"一带一路"倡议

谈到多边开发银行，从1980年邓小平与罗伯特·S.麦克纳马拉（Robert Strange McNamara）之间的著名会面开始，中国便与世界银行建立了长期的积极关系。邓小平对麦克纳马拉说,无论是否得到世界银行的援助,中国都将实现现代化,但如果得到援助这个过程将会大大加速。多年来,就项目的金额和数量而言,中国都是世界银行最大的借款方。世行首先启动的是电力和交通方面的基础设施项目,随后逐渐转向更加复杂的问题,例如流域管理、城市供水与卫生、重新造林及城市交通。

在此过程中,中国与世行的关系遭遇了一些障碍,因为中国政府开始觉得世行正渐渐背离为基础设施和国家增长提供资金的初衷。世行的基础设施项目也由于环境和社会保障方面烦琐的条例而举步维艰。这使得许多成员国不再向世行寻求基础设施方面的援助。在世行成立的最初几年,其基础设施项目占贷款总额的70%,但这个比例近年来已降至约30%。发展中国家对世行基础设施项目复杂的规程和过长的时滞倍感失望(Humphrey,2015)。

在全球金融危机期间,由墨西哥前总统埃内斯托·塞迪略(Ernesto Zedillo Ponce de Leon)担任主席的国际委员会评估了世界银行和其他多边开发银行的运作表现,并提出了推动其现代化的建议(Zedillo,2009)。该委员会也能较好地代表发展中国家的声音(其成员包括中国人民银行前行长周小川),且提出了一系列切实可行的建议:根据发展中国家在世界经济中日益提升的重要性相应增加其投票权;在现代化技术的辅助下废除常驻董事会这种成本高且过时的制度;提高多边开发银行的贷款能力以满足发展中国家不断增长的需求;重启对于基础设施建设和经济增长的关注;提高环境保护和社会保障措施的实行效率以加快项目的推进。

中国大体上认同这些对于世界银行以及亚洲开发银行等机构的批评。然而,在塞迪略发布关于世界银行治理改革的报告《为21世纪的世界银行注入新动力》(Zedillo,2009)之后,实质性的改革却迟迟没有启动。对世界银行改革停滞不前的失望,加上对美国主导的全球金融体系的普遍不满,促使中国建立了新的开发银行——亚洲基础设施投资银行(简称"亚投行")。加拿大国际治理创新中心全球经济高级研究员何兴强(He,2016)指出:"的确,中国和其他新兴大国对世界银行和IMF低效、监管过度的贷款审批流程已经颇有微词。目前对基础设施投资的需求与国际现有筹资机构可提供给发展中国家的投资之间存在很大差距,这为新兴经济体提供了建立一个专注于这一领域的新型银行的机会。"这个新成立的银行也是中国以多国参与的形式对国内的超额储蓄加以利用的一种方式,并且中国在其中享有主要发言权。

亚投行的章程与世界银行和亚洲开发银行的宗旨非常相近,但它同时纳入了几乎所有塞迪略报告所给出的建议:发展中国家拥有多数股权,不设常驻董事会,对一定的资本金授予更高的贷款额度,对基础设施建设和经济增长给予特别关注,以及环境和社会保障相关条例的具体实施应"视风险水平而定"。

环境和社会保障问题是围绕新银行成立的舆论风波的关键成因。美国和日本反对亚投行的成立,主要是基于质疑其对环境和社会保障等问题的管理方式。其他主要的西方国家,如英国、德国、法国和澳大利亚则选择加入亚投行,从内部参与这一角力。亚投行已经颁布了关于环境和社会保障问题的政策,从书面文件来看其与世界银行相关保障措施所体现的原则很相似:对环境和社会风险进行评估;及时公开披露关键信息;与各利益相关方协商;在决策时充分考虑相关风险。然而,亚投行与世界银行在具体执行方法上有所不同,它在流程管理方法上规避了细节化的规定。世界银行长达几百页的详细规定不可避免地导致了实际执行过程过于缓慢和烦琐。

亚投行的领导层希望它能够符合国际标准,同时在时效性和成本节约上做到更好。这很大程度上是关乎具体执行的问题,需要时间积累实际经验才能得知这一尝试是否成功。在开始运营的头两年,亚投行向12个不同的国家提供了合计44亿美元的贷款,其中三分之二的项目是与世界银行或区域性开发银行共同出资的。到目前为止,印度是最大的借款国,且亚投行目前正向非洲和拉丁美洲扩张。亚投行需要一定的时间来开发一系列由自己独立承接的项目。如果亚投行能够达到环保标准且运行更加高效,这将成为一项非常有积极意义的创举。倘若亚投行的举措能够对世界银行和区域性开发银行形成压力,促使其简化程序,加速推进基础设施项目,那么这将是中国为全球体系带来的一个有益改变。目前的体系中已有多个开发银行,因此中国主导设立亚投行的行为对于全球体系而言应当被视为一个革新而非挑战。

建立亚投行的大背景是中国近年来正在成为发展中国家的主要资金来源。自20世纪80年代以来,中国的经常账户盈余占GDP比例平均为2%。这使得中国成为重要的净债权国。图16.3显示了2011年多国的国外资产净额占GDP

的比例(Lane and Milesi-Ferretti,2017)。图中也显示了中国 2017 年的较新数据。中国 2017 年的国外资产净头寸在正常范围内,只是略高于回归线。但作为一个高储蓄经济体,中国很可能维持净债权国的状态。随着其 GDP 的增长,中国有可能成为全球最大的净债权国。但也未必如此,人口结构变化和投资回报率降低使得中国的储蓄率和投资率都在下降,因此储蓄与投资之间缺口的变化趋势将很难预测。我们以中国在中期继续保持平均大致为 GDP 的 2% 盈余作为预测基准。随着中国 GDP 持续增长,2% 现在意味着每年超过 2 000 亿美元。因此,中国有能力在全球范围内提供各类融资。中国最引人注目的举措是提出"一带一路"倡议。这是习近平提出的为古丝绸之路,以及从中国向南沿苏伊士运河,途经东南亚和南亚地区,直至欧洲的"海上丝绸之路"沿线的国家和地区提供基础设施和促进互联互通的愿景。

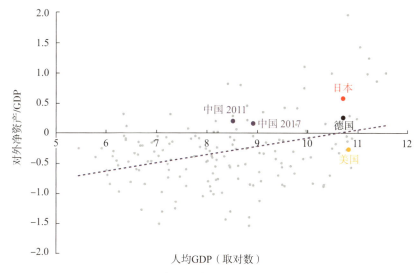

图 16.3　2011 年国外资产净额相对于 GDP 比例

数据来源:世界银行。

中国开发性金融(China's development finance,CDF),指的是为发展中国家提供贷款并主要用于基础设施建设的金融服务,其资金主要来自两个政策性银行,即中国国家开发银行和中国进出口银行。国家开发银行和中国进出口银行在国内和国际资本市场上借入资金,并加上借贷利差放出贷款,因此它们在资金上能够自给自足。中国进出口银行还可以从政府预算中获得一定的补贴,从而能够给予一些贷款利率优惠。中国此举一是出于经济上的考量:国内存在储蓄过剩以及建筑公司和重工业部门就业不足的问题;二是,如果合作伙伴国的基础设施得到改善,那么中国在贸易扩张中可以间接受益。中国此举也具有战略意义,通过这些项目中国可以在国际上赢得支持者,提升影响力。

　　对中国开发性金融的一个批评是其缺乏透明度。政策性银行不提供向不同国家贷款的官方数据,如相关的项目和条款。Dreher et al.(2017)编制了一个关于中国开发性金融的名为 AidData 的数据库。该数据库包含了 2000 年至 2014 年间中国面向非洲、亚洲、欧洲和拉丁美洲国家的开发性金融的项目层面的信息。根据 AidData 的数据,全球金融危机前中国开发性金融的体量是不大的,但此后有显著增加,在 2009 年达到了 500 亿美元的峰值,随后减少到每年约 400 亿美元。AidData 的数据更新到 2014 年,恰好是"一带一路"倡议的吸引力逐渐上升之时。贷款总额在过去几年里可能已上升至每年 1 000 亿美元左右。当然,迄今为止,来自政策性银行的贷款额仍远高于来自亚投行的数额。

　　根据 AidData 数据,中国开发性金融项目中大约一半的融资流向了"一带一路"沿线国家。AidData 数据库还包含了分行业的项目情况。两个融资额最大的领域是运输(占总融资的 39%)和发电(32%)。贷款中不到 3% 的比例是以人民币形式借出的,大部分是以美元的形式,且采用可变利率。这些贷款项目大多被归为非优惠性贷款,因为它们反映的是政策性银行的借款成本加上利差。但是,许多发展中国家没有其他借款来源能够提供如此具有吸引力的低利率,因此从这个意义上说,中国开发性金融项目使得这些国家从中受益。开发性金融项目对借款国的吸引力在于可以从中获得大量融资,以解决其严重的基础设施建设资金缺口。这些基础设施建设项目通常由中国的建筑公司承接,而且它们常常自带施工团队。

　　从全球角度来看,中国的开发性金融在 2012—2014 年有 37% 的融资流向非洲,25% 流向亚洲沿海地区,14% 流向拉丁美洲,仅 14% 流向了亚洲内陆地区(Dollar,2018)。分析 2012—2014 年接收中国开发性金融资金最多的 20 个国家,我们可以获得更多的发现(见表 16.1)。表中的确包括一些"一带一路"沿线的亚洲经济体,如伊朗、巴基斯坦、哈萨克斯坦和印度尼西亚。但其中也包括 8 个非洲国家(安哥拉、科特迪瓦、埃塞俄比亚、肯尼亚、尼日利亚、南非、苏丹和坦桑尼亚),以及3个拉丁美洲国家(委内瑞拉、厄瓜多尔和阿根廷)。纵观这20个最大的借入国,有几个国家的法治程度高于发展中国家的平均水平,例如印度尼西亚、斯里兰卡、哈萨克斯坦、埃塞俄比亚、南非和坦桑尼亚;但其他国家在法治方面十分落后,如委内瑞拉、厄瓜多尔、安哥拉、尼日利亚、苏丹、伊朗和巴基斯坦。这意味着大量来自中国的资金流入了高风险的环境之中。中国的开发性金融业务没有明显的地理位置特征,表明其更多是需求导向、由各国的借款意愿决定的,而非供给驱动、由中国的大政方针决定的。

表 16.1　中国开发性金融:前 20 大借款国(2012—2014)

单位:十亿美元

国家	2012—2014 年平均年借款额	2015 年法治指数
巴基斯坦	4.16	−0.79
老挝	2.74	−0.75
埃塞俄比亚	1.85	−0.44
委内瑞拉	1.82	−1.99
安哥拉	1.65	−1.07
白俄罗斯	1.48	−0.79
斯里兰卡	1.45	0.07
肯尼亚	1.29	−0.49
科特迪瓦	1.25	−0.62
厄瓜多尔	1.19	−1.03
乌克兰	1.02	−0.8
柬埔寨	0.95	−0.92
尼日利亚	0.94	−1.04
阿根廷	0.92	−0.8
印度尼西亚	0.91	−0.41
坦桑尼亚	0.86	−0.43
哈萨克斯坦	0.85	−0.37

(续表)

国家	2012—2014年平均年借款额	2015年法治指数
苏丹	0.74	-1.18
南非	0.73	0.06
伊朗	0.71	-0.95

注：所有发展中国家的平均法治指数为-0.48。

数据来源：AidData数据库和世界银行世界治理指标。

中国日益增长的开发性金融业务引发了有关全球治理的一些问题，其中便包括债务可持续性的问题。发展中国家已多次遭遇严重的外债危机，例如20世纪90年代的东南亚危机。外债与国内债务的不同在于，外债最终必须通过出口来还本付息。流向发展中国家的资本存在周期性：有时全球投资者为追求高收益愿意以相对较低的利率放出大量贷款，此时借用外部资金来为基础设施建设融资，是很有吸引力的。然而，资本流动方向逆转和利率上升的风险总是存在的。中国的银行对其贷款条款保密，但大多数的贷款都采用灵活的商业贷款利率，并以美元计价。2012—2014年，中国只有约四分之一的开发性金融业务的利率优惠力度达到了"官方发展援助"的标准。对于非优惠性贷款，随着纽约和伦敦市场上利率的上升，向中国偿还贷款的成本将会增加。

近年来，部分向中国大量借贷的国家（但并非全部）正面临债务危机的风险。世界银行的世界发展指标（WDI）中给出了外债相对于国民收入总值的数据，涵盖了中国开发性金融数据库中的大多数国家，且包括了前20个最大的借款国。平均起来，这20个国家的外债占国民收入总值的比例从2008年的35%增加到2015年的50%。而其他77个发展中国家的平均外债占比只是略有增加，从2008年平均占国民收入总值的45%增加到2015年平均48%。中国的主要借款国的平均债务水平尚未达到警戒水平，但过高的增速还是令人担忧。更重要的是，平均值无法反映各国之间的巨大差异。在过去几年由于债务大幅增加而面临全国性风险的国家有安哥拉、白俄罗斯、科特迪瓦、埃塞俄比亚、肯尼亚、南非、乌克兰、委内瑞拉和坦桑尼亚。其中一些国家的治理情况非常糟糕，债务难以得到有效利用也就不足为奇了。外债相对GDP的增长是一个值得监测的指标,因为强劲的增长会增加 GDP 且使这一比率保持稳定;而疲弱的增长则会使债务相对 GDP 上升,最终达到不可持续的水平。同样值得注意的是,中国已经为埃塞俄比亚和委内瑞拉(可能还有其他国家)进行了债务重新安排,因为原来的还款计划对它们来说过于沉重。

中国是否违反了全球开发性金融的规范？在这一时点上,这个问题还很难讨论。在已向中国大量借款的国家之中,科特迪瓦、肯尼亚和乌克兰目前正在通过 IMF 的项目解决财政不可持续和国际收支的问题(IMF,2017a)。而其他一些向中国大量借款的国家的财政和金融状况良好,例如哈萨克斯坦和印度尼西亚。

关于债务可持续性问题的一个公允的评判是,大多数受惠于中国基础设施融资的发展中国家目前财政状况良好。其中,少数国家已经过度举债,正向 IMF 寻求政策调整和紧急融资方面的传统解决方案。委内瑞拉是一个可能由于中国的援助资金使其糟糕的经济政策得以苟延残喘的例子。但中国已经减少了在委内瑞拉的债务风险敞口,目前来看委内瑞拉最终也可能会转向 IMF 寻求帮助。

未来的关键问题是:中国在双边开发性金额贷款上能否更加公开透明？相对双边借贷的形式,亚投行能否在中国开发性金融中占据更大份额？世界银行和区域性开发银行能否通过改革更好地反映中国和其他发展中国家的诉求,而不只是表达在配额上占主导的富国的偏好？

3. 国际金融和国际货币基金组织

中国与国际货币基金组织的关系已然发生了一个有趣的转变。1980 年,中国恢复了在 IMF 和世界银行的合法席位,且在其后十年中始终保持低调。而在 1997 年亚洲金融危机爆发时,中国是强烈声讨 IMF 的亚洲国家之一,认为 IMF 在危机中提供的援助不足,其制约性条件过于严苛且介入过多。中国不需要进行这种有辱国格的借款,但也表达了与受牵连的泰国、印度尼西亚和韩国相似的担忧。进入 21 世纪的头十年,中国与 IMF 愈发对立。这是因为在这个时期人民币被低估,中国经常账户盈余激增,直逼 GDP 的 10%,而美国财政部通过对 IMF 施压在全球失衡和汇率失调问题上大做文章。

中国与 IMF 之间这种尴尬关系形成的背景如下：在改革初期，中国多种通货并存，某些国际交易需要外汇兑换券（FEC）。FEC 以人民币计价，但交易时相对本币存在溢价。这是一个效率低下的货币体系。1994 年 FEC 终止流通，通货统一，人民币汇率经历了贬值。在接下来很长一段时间内，人民币以 8.3∶1 的汇率钉住美元。对于一个试图维持宏观经济稳定，并欲在贸易伙伴国和国内民众中建立起公信力的贫穷落后的发展中国家而言，钉住汇率制是一个恰当的选择。在人民币与美元挂钩期间，中国也与日本、韩国等其他亚洲伙伴及欧洲进行了大量贸易。这些国家和地区的货币兑美元的汇率都存在波动。

在评判货币量是否合适时，我们应当考虑贸易加权汇率或"有效"汇率。图 16.4 显示了中国从 1994 年至今的有效汇率水平。虽然 1994 年钉住美元的汇率政策在某种意义上保证了人民币的稳定性，但具有讽刺意味的是，这也导致了 1994 至 1998 年有效汇率的快速升值。从结果来看，这对中国而言是一条适当的发展路径，因为中国那时可贸易品的生产效率已经开始快速增长。在生产率快速增长的经济体中，采用固定汇率制会使其在越来越多的部门有很强的竞争力并开始出现贸易顺差。由于 1994 至 1998 年美元升值，这种情况最开始没有出现在中国。然而，2001 年之后美元开始贬值，而中国选择随之贬值。从图 16.4 可以看出，中国的有效汇率在 2002 至 2005 年间贬值了 20%。

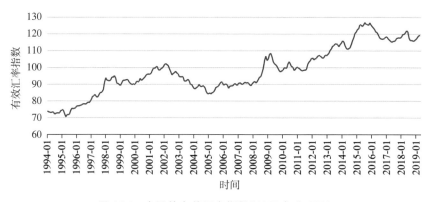

图 16.4　中国的有效汇率指数（2010 年为 100）

数据来源：国际清算银行。

在此之后不久,中国开始出现巨额的经常账户盈余,2005 年占 GDP 近 6%,2007 年上升至近 10%。在 10 年代中期,中国通过出口实力获得了一定的民族自豪感,但巨额贸易顺差对于发展中国家而言未必是好事。因为贸易顺差必然对应着别国的贸易赤字,这将导致贸易摩擦和可持续性问题。

中国仅在 2005 至 2008 年这 4 年中的贸易顺差非常大,不应认为这完全是由汇率低估导致的。但汇率的作用非常关键,因为它对其他领域有很强的溢出效应。为了维持与美元以 8.3∶1 的汇率挂钩,面对贸易顺差增加,中国人民银行被迫购买了很多美元作为外汇储备,这一数额最高曾达到 4 万亿美元。这些都是低回报资产,持有量超过维持国家稳定的必须水平将会带来实际损失。人民银行的做法本质上是在以本币向本国居民借款,并以很低的利率向美国财政部放贷。人民银行也不愿将中国的利率提高到经济快速增长的发展中国家的合理水平,因为这会使其对冲操作复杂化。因此,为维持钉住汇率所进行的操作导致了中国的金融抑制,进而在鼓励投资和推动房地产繁荣的同时牺牲了消费。

汇率低估对出口部门有强烈的刺激作用,但它给非贸易品和资产的价格,尤其是住房价格,带来了通胀压力。2005—2008 年经常账户盈余处于顶峰的时期,中国采取非常紧缩的财政政策,推迟了卫生、教育和基础设施方面应有的支出。这便是贸易顺差带来的实际损失。美国居民使用了许多中国制造的产品,并通过商业承兑汇票向中国支付货款,而中国在内需上花费却严重不足。在这一时期,中国与 IMF 几乎没有沟通。

人民币汇率低估带来的损失在 2005 年开始突显,中国在当年放弃了钉住汇率制。从那开始,人民币经历了一段对美元缓慢升值的时期。参考图 16.4 中有效汇率的变化曲线,它从 2005 年开始直至 2015 年一直在稳步升值。在这 10 年中,人民币升值幅度超过 50%。这显然是对之前低估的纠正,也包含了生产率持续增长的因素。中国的贸易顺差在全球金融危机期间开始降低,随后进一步下降。IMF 和大多数经济学家都认为人民币的估值处于合理水平,因为它使得贸易失衡维持在一个较低的水平。在过去的几年中,有效汇率一直较为稳定。

在这样的背景下,中国与 IMF 间关系的后续发展是十分引人注目的。随着对汇率的关注减少,IMF 在 2009 年左右开始将其关于中国的项目更多地放在金融监管上,并提供了一系列令人欣然接受的专业的干预和政策建议(Dollar,2019)。由美国推动的 IMF 的配额改革将份额转移到新兴市场,尤其是中国,与此同时牺牲的主要是欧洲国家的利益。虽然中国在 IMF 的份额有所增加,但相对其在世界经济中的重要性而言仍然过少。图 16.5 显示了 1984 年至 2016 年中国和美国按购买力平价计算的 GDP 和在 IMF 的配额在 G20 国家中所占比例。简而言之,在此期间,中国按购买力平价计算的 GDP 已上升至与美国相当的水平,与此同时其在 IMF 的配额有所增加,但仍远远落后于美国——约占 G20 国家总配额的 10%,而美国则为 25%。虽然应当考虑除经济规模外的其他因素,特别是中国在全球金融体系中的作用仍然较微弱,但不可否认中国和其他新兴市场国家在 IMF 中的代表性是严重不足的。

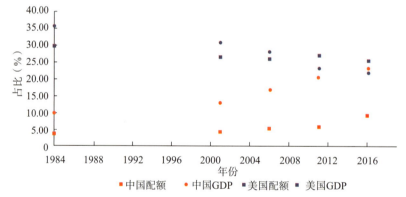

图 16.5　中美按购买力平价计算的 GDP 和 IMF 配额在 G20 国家中所占比例(1984-2016)

近年来,美国对中国和其他新兴市场国家要求所占配额进一步增加的态度已经变得强硬起来。在 IMF2019 年春季会议上,美国财政部长公开反对在可预见的未来进一步增加新兴市场国家的配额。但美国财政部前官员马克·索贝尔(Mark Sobel)认为,"鉴于目前的美中关系,美当局可能支持新借款安排(New Arrangements to Borrow,NAB)而不会支持配额增加,部分原因是不希望给中国更多的投票权。美国政府对中国大规模补贴等产业政策存在不满是无可厚非的。但中国在 IMF 的投票权仅仅约为 6%,而其在全球经济中所占份额约为 16%,显然中国的配额应当有所增加(Sobel,2019)。"

中美之间也有部分分歧是关于 IMF 资金池的合理规模的。如前所述,中国正在成为全球主要的净债权国,并希望 IMF 能够良好运行。而美国官员已经公开表明反对利用 IMF 的资金来救助那些背负中国债务的国家。

除了配额问题外,中国现在已经掌握了 IMF 的一个高级职位(副总裁)。全球金融危机带来了 IMF 对欧洲经济体一系列规模非常庞大的救助计划。即使配额增加,IMF 也并没有足够的资金。因此,IMF 寻求愿意为其 NAB 出资的盈余国家,这一借款安排本质上是一个与 IMF 核心资金池并行的贷款提供机制。这对中国很有吸引力,因为这是除购买美国国债外,另一种外汇储备的利用途径。

鉴于中国在 IMF 的重要性日益增加,在 2016 年的特别提款权(SDR)例行定期审议中同意人民币加入特别提款权货币篮子也就是很自然的了。随着中国成为世界上越来越重要的债权国,深化与 IMF 的关系是大势所趋,因为 IMF 负责监管国际资本流动,并在负债的主权国家无力偿还债务时开展救助计划。

一个值得关注的最新进展是,中国正出资 5 000 万美元资助建立"中国—国际货币基金组织联合能力建设中心"(China-IMF Capacity Development Center)(IMF,2017b)。该虚拟中心位于北京,由 IMF 管理,将在中国境内外提供关于 IMF 的核心主题的课程。大约一半的参与者将是中国官员,另一半是来自包括"一带一路"沿线国家等其他发展中国家的官员。首先会被给予高度关注的重要主题之一是债务可持续性分析。中国人民银行是这一举措背后的主导者。中国人民银行在非洲开发银行和美洲开发银行等多边开发银行之中代表中国,这是不同寻常的,因为通常在开发银行中是由财政部代表国家。对中国而言,非洲和拉丁美洲国家是从中国贷款并且可能存在债务可持续性问题的国家。人民银行自然比中国的其他机构对这一问题有更深刻的认识,并希望这种认识能在全国传播,同时也希望加强其他发展中国家的治理能力建设。最终,借款国政府应当能够展现出更高的自律性和前瞻性。

4. 结　论

国际经济组织是全球贸易和投资的重要基础,因而也是增长和繁荣的基础。在贸易领域和资本流动领域,主要的机构(WTO 和 IMF)是自然垄断的。

也就是说,两个或多个机构一同为全球贸易制定规则并裁定国家间贸易争端是不现实的。同样,很难同时存在两个机构充当最后贷款人的角色。这种制度安排可能会导致贸易集团和投资联盟的发展,大多数交易将发生在联盟内部。这样一来,在全球经济效率上会产生很大损失。同时,开发银行并非自然垄断者。在中国崛起前,世界上就已经存在一个由多个开发银行组成的体系,各银行之间存在一定程度的竞争,并且在政策上相互协调得较好,因为它们主要的配额持有者往往是同样的一些国家。

从短期来看,要实现这些经济组织的现代化是很难的,主要是因为中美双方存在着利益分歧。从现在起至 2049 年,中美将是全球两个占绝对优势的最大的经济体,如果它们之间不合作,那么经济组织的改革将很难进行。在短期,美国希望 WTO 能够加强对投资、服务贸易、数据和知识产权保护等问题的督查,而中国对 WTO 主要关注商品贸易而忽视这些其他问题的现状感到满意。中国在 2018 年提出了一项关于 WTO 改革的建议,强调维护对发展中国家的特殊和差别化待遇,并倡导实行一些有利于中国的具体措施,特别是给予国有企业公平待遇(商务部世界贸易组织司,2018)。

IMF 中的情形则刚好相反。美国对现状感到满意,出于意识形态层面和实际效果层面的原因,美国不希望 IMF 的配额增加。在意识形态层面,保守人士担心如果有太多唾手可得的资金用于对国家进行救助会催生道德风险问题。在实际效果层面,配额增加将使中国和其他新兴市场国家拥有更大的影响力。而中国自然希望通过 IMF 的改革提升其影响力。此外,中国很可能成为全球最大的净债权国,因此它非常希望 IMF 有充足的资金和人员配备。

在多边开发银行(multilateral development banks,MDB)中,世界银行和亚投行可能会成为两个主导的机构。与其他区域性银行不同,亚投行已然走向全球化,并且中国随时可以向亚投行大量增资。这两个机构目前合作良好,但它们在实际做法和目标上有出现分歧的可能。目前,中美在国际机构体系改革方面的合作前景是不容乐观的。

不过,如果我们把目光放长远到 2049 年,或许可以稍微乐观一些。美国和中国作为两个最大的经济体,在稳步发展、不断增长的全球经济中占有很大份额。因为中美双方在各个机构中涉及的利益将持续存在很大分歧,进行一个涵盖所有机构的大规模协商将比逐一进行改革更加容易。这一大型协商的达成将需要中国支持 WTO 处理投资、服务、知识产权保护和数据等问题,同时美国接受 IMF 的扩张和发展中国家重要性的不断上升。

如果未能推动 WTO 和 IMF 的改革并协调开发银行的活动,可能会形成一个与理想状态相悖的局面,国家间的贸易和投资关系会演化为政治联盟,联盟中较小的国家会被迫与其中最强大的国家达成有利于它们的协议。世界将会陷入运行效率低下、经济不景气的状态,并且随着经济脱钩,军事冲突将愈发普遍。中美合作可以促成重大共同利益的实现,但这需要双方都做出妥协。

参考文献

Chen J, Song Y. 2003. FDI in China: Institutional Evolution and Its Impact on Different Sources [C/OL]. Proceedings of the 15th Annual Conference of the Association for Chinese Economics Studies Australia. [2020.02.21]. http://mams.rmit.edu.au/l85gl0z02ukp.pdf.

Country Case Studies from Asia and the Western Hemisphere[R/OL]. (2018.12.14) [2020.03.23]. https://ieo.imf.org/~/media/IEO/Files/evaluations/completed/01-15-2019-financial-surveillance/FISBP180210IMFFinancialSurveillanceinActionCountryCaseStudiesfromAsiaandtheWesternHemisphere.ashx?la=en.

Dollar D. 2018. Is China's development finance a challenge to the international order? [J]. Asian Economic Policy Review, 13(2): 283-98.

David Dollar. 2019. China Case Study[R/OL]//International Monetary Fund, Independent Evaluation Office. IMF financial surveillance: 2019 evaluation report, Ch2. [2020.04.04]. https://ieo.imf.org/en/our-work/Evaluations/Completed/2019-0115-fis-evaluation.

Dreher A, Fuchs A, Parks B, et al. 2017. Aid, China, and growth: Evidence from a new global development finance dataset[J/OL]. AidData Working Paper #46. (2017.10.10) [2020.03.21]. https://www.aiddata.org/publications/aid-china-and-growth-evidence-from-a-new-global-development-finance-dataset.

He A. 2016. China in the international financial system: A study of the NDB and the AIIB[J/OL]. CIGI Papers, NO. 106: 3-4. (2016.06.10) [2020.03.21]. https://www.cigionline.org/publications/china-international-financial-system-study-ndb-and-aiib.

Humphrey C. 2015. Challenges and opportunities for multilateral development banks in 21st century infrastructure finance［R/OL］.（2015.06）［2020.03.21］. https://www.greengrowthknowledge.org/sites/default/files/downloads/resource/Challenges_and_Opportunities_for_Multilateral_Development_Banks_in_21st_Century_Infrastructure_Finance-GGGI_G-24.pdf.

IMF. 2017a. IMF Lending Arrangements as of July 31, 2017［EB/OL］.［2017.09.05］. http://www.imf.org/external/np/fin/tad/extarr11.aspx?memberKey1=ZZZZ&date1key=2020-02-28.

IMF. 2017b. IMF and the People's Bank of China establish a new center for modernizing economic policies and institutions［EB/OL］.（2017.05.14）［2020.03.21］. https://www.imf.org/en/News/Articles/2017/05/14/pr17167-imf-and-china-establish-a-new-center-for-modernizing-economic-policies-and-institutions.

Lane P R, Milesi-Ferretti G M. 2007. The external wealth of Nations Mark Ⅱ: Revised and extended estimates of Foreign Assets and Liabilities, 1970–2004［J］. Journal of International Economics, 73(2): 223–50.

Sobel M. US Treasury misguided on IMF quotas［EB/OL］.（2019.04.24）［2020.03.23］. https://www.omfif.org/2019/04/us-treasury-misguided-on-imf-quotas/.

Wu M. 2016. The "China, Inc." challenge to global trade governance［J］. Harvard International Law Journal, 57(2): 261–324.

Zedillo E. 2009. Repowering the World Bank for the 21st Century: Report of the High-Level Commission on Modernization of World Bank Group Governance［R/OL］.［2020.03.21］. http://siteresources.worldbank.org/NEWS/Resources/WBGovernanceCOMMISSIONREPORT.pdf.

商务部世界贸易组织司. 2018. 中国关于世贸组织改革的立场文件［EB/OL］.（2018.12.17）［2020.03.21］. http://sms.mofcom.gov.cn/article/cbw/201812/20181202817611.shtml.